Microsoft Outlook 2000

para LEIGOS passo a passo

Bob Temple

Microsoft Outlook 2000

para LEIGOS passo a passo

Cópia não autorizada é crime • Lei 5.988 • Respeite o direito autoral

Tradução
Maria Cláudia Chagas

EDITORA CIÊNCIA MODERNA

Do original
The Complete Idiot's Guide to Microsoft Outlook 2000
Authorized translation from the English language edition published by Que Corporation
Copyright© 1999
All rights reserved. No part of this book may be reproduced or transmitted in any form or by any means, electronic or mechanical, including photocopying, recording or by any information storage retrieval system, without permission from the Publisher.
Portuguese language edition published by Editora Ciência Moderna Ltda.
Copyright© 1999

Todos os direitos para a língua portuguesa reservados pela EDITORA CIÊNCIA MODERNA LTDA.
Nenhuma parte deste livro poderá ser reproduzida, transmitida e gravada, por qualquer meio eletrônico, mecânico, por fotocópia e outros, sem a prévia autorização, por escrito, da Editora.

Editor: Paulo André P. Marques
Produção Editorial: Carlos Augusto L. Almeida
Capa e Layout: Renato Martins
Diagramação e Digitalização de Imagens: Patricia Seabra
Tradução: Maria Cláudia Chagas
Revisão: Maria José Dias P. Silva
Assistente Editorial: Érika Loroza

Várias **Marcas Registradas** aparecem no decorrer deste livro. Mais do que simplesmente listar esses nomes e informar quem possui seus direitos de exploração, ou ainda imprimir os logotipos das mesmas, o editor declara estar utilizando tais nomes apenas para fins editoriais, em benefício exclusivo do dono da Marca Registrada, sem intenção de infringir as regras de sua utilização.

FICHA CATALOGRÁFICA

Temple, Bob
Microsoft Outlook 2000 para leigos passo a passo
Rio de Janeiro: Editora Ciência Moderna Ltda., 1999.
Organização de dados em microcomputadores
I — Título
ISBN: 85-7393-065-9   CDD 001642

Editora Ciência Moderna Ltda.
Rua Alice Figueiredo, 46
CEP: 20950-150, Riachuelo — Rio de Janeiro — Brasil
Tel: (021) 201-6662/201-6492/201-6511/201-6998
Fax: (021) 201-6896/281-5778
E-mail: lcm@novanet.com.br

Sumário

Introdução XV
Parte I - Para começar: como iniciar o Outlook 2000. 1
   Capítulo 1 - Por onde começar? 3
     Por que toda a dúvida quanto ao Outlook 2000? 3
     O que o Outlook pode fazer por você 5
       Gerenciamento de correio eletrônico 5
       Como transmitir um fax 6
       Contatos 7
       Calendário 9
       Notas 9
       Leitura de grupos de debates da Internet. 10
       Outros recursos do Outlook 10
     O que o Outlook não pode fazer por você 10
     Prepare-se: o que você precisa para executar o Outlook 10
   Capítulo 2 - Como configurar? 13
     Como iniciar 13
       A decisão de configuração 14
       Escolha um modo, qualquer que seja 15
       Como configurar o correio eletrônico somente para Internet. 16
       Como configurar seu correio eletrônico para o Modo Corporativo 20
     Como compartilhar informações na Internet 21
   Capítulo 3 - Sem fotos, por favor 23
     Como iniciar o Outlook 24
     Dê uma olhada na janela do Outlook 25
       Barra de menu 27
       Barra de ferramentas padrão do Outlook 27
     Como encontrar atalhos onde for possível 28
       Atalhos do Outlook 30
       Meus atalhos 30
       Outros atalhos 30
     Como iniciar os principais recursos do Outlook 32
       Correio eletrônico 32
       Calendário 32
       Contatos 33
       Tarefas 34
     Como sair do Outlook 34
   Capítulo 4 - Parada para pedir informações 35
     O Assistente do Office 36
       Como fazer perguntas 37
       Como trabalhar com o Assistente do Office 39
     Como obter ajuda do modo tradicional 40
     O que é isto? 42
     Como obter ajuda on-line 43
     Como utilizar o serviço Faxback da Microsoft 43

Capítulo 5 - Divirta-se com arquivos e pastas 45
   Como vigiar seus arquivos e pastas 46
      Atalhos do Outlook 46
      Meus Atalhos 47
      Outros atalhos 47
   Como verificar as pastas do Outlook 49
      Como abrir caminho para as subpastas 51
      Como criar um atalho 54
   Como brincar com arquivos e pastas 54
      Copiar e mover 54
      Renomear 55
      Como excluir e recuperar 56

Capítulo 6 - A hora das ferramentas 59
   O mistério mágico da barra do Outlook 60
   Qual é seu modo de exibição? 60
      A barra de ferramentas Avançada 60
      O modo de Exibição Atual 61
   Como utilizar as opções personalizadas 63
      Como criar um novo modo de exibição 63
      Como personalizar um modo de exibição já existente 64
      Como classificar e agrupar 65
   Quais são suas preferências? 65
   Como navegar através do Outlook 66
   Como personalizar o Outlook Today 67

Parte II - Ganhe a vida: como falar com o mundo lá fora 69

Capítulo 7 - Qual a grande novidade sobre o correio eletrônico? 71
   Por que será que todos, menos você, já utilizam o correio eletrônico? 72
   As muitas aplicações diárias do correio eletrônico 73
   Como funciona o correio eletrônico 74
   .com isto, .com aquilo 75
   Como obter uma configuração com um Provedor de Serviços de Internet (ISP) 77

Capítulo 8 - Treinamento básico para usuários de correio eletrônico 79
   A pasta Caixa de Entrada do Outlook 80
      Principais campos 81
      Campainhas, avisos sonoros (indicadores e outros mais) 83
   Como configurar o seu próprio modo de exibição 85
      Como adicionar/remover campos 85
      Como alterar o modo de visualização 86
      Outras configurações 88
   Etiqueta para utilização do correio eletrônico 89

Capítulo 9 - Escreva-me algumas linhas 91
   Como escrever a primeira mensagem de correio eletrônico 92
   Como formatar e outras opções 95
      Como manter a mensagem simples 95
      Mensagens mais elaboradas 95
      HTML, Baby 96
      Como assinar suas mensagens 98
      Outras opções 98
   Como fazer a verificação ortográfica 98
   Como personalizar seus documentos utilizando os modelos de papel de carta 100
   Para enviar e receber mensagens 101

Sumário

O que há no correio? 102
Como responder e encaminhar as mensagens 104
Um erro. E agora? 105
Capítulo 10 - Estou procurando seu endereço antigo 107
Por que utilizar o catálogo de endereços? 108
Como adicionar um item ao catálogo de endereços 109
   É novo (e melhor?) 109
   Interrupção no correio eletrônico 110
Como importar um catálogo de endereços 112
Escreva uma carta 113
Por que enviar quando você pode distribuir? 114
   O que é uma lista de distribuição? 115
   Como criar uma lista de distribuição 115
   Adivinhem o que vem 116
Capítulo 11 - Como gerenciar muitas mensagens 119
Você gostaria de arquivar isto para mim? 120
Imprimir ou salvar? 120
Mais pastas, por favor 122
   Como criar uma nova pasta 122
   Como mover itens para a nova pasta 123
Como organizar seu próprio "organizador" 125
   Mais opções de pastas 127
   Como mudar as cores e as formas de visualização 127
   Formas de visualização 128
   Como lidar com mensagens indesejadas 129
Como utilizar os filtros 130
Capítulo 12 - Complementos: arquivos anexados às mensagens de correio eletrônico 133
O que pode ser enviado? 134
Um estudo de arquivos de anexos 134
Como anexar um arquivo? 135
Quando o tamanho é importante 138
Como anexar itens do Outlook 139
Eu tenho um anexo! 140
Capítulo 13 - Somente o fax 143
Uma máquina a menos a se comprar 144
Qual o seu tipo? 144
Como configurar a Edição para Iniciantes no WinFax 145
Como enviar um fax 147
Como anexar documentos 149
Como enviar faxes para um grupo 150
Como receber e abrir faxes 151
Parte III - Como gerenciar contatos 153
  Capítulo 14 - Como manter contato 155
  Por que utilizar o item Contatos do Outlook? 156
  Como registrar um contato 157
     Como alterar o item Formulário de contato 158
     Como fazer anotações 160
     Detalhes 160
     Como salvar um contato 161

Como editar os contatos 162
　Não é necessário corretivo 162
　Como retirar o contato 163
Como visualizar seus contatos 163
Com registrar um contato 164
　Como enviar mensagens de correio eletrônico 165
　Mensagem na garrafa 165

Capítulo 15 - Como trabalhar com os contatos 167
Uma nova pasta só para você 168
Como acelerar o processo 169
Como categorizar 171
　Como adicionar categorias 171
　Como criar as suas próprias categorias 172
　Como apagar categorias 173
Como organizar os contatos 174
　Procure e encontrará 174
　Fazendo pesquisas avançadas 175
Como classificar e filtrar 176
　Classificações 176
　Um filtro sem café 177

Capítulo 16 - Como personalizar 179
Qual é o problema ? 180
Como configurar 181
　Mudanças básicas 182
　　Um clique aqui e outro ali 182
　　Como usar a Escolha de Campo 184
　　O seu próprio campo 186
Como usar a Caixa de Ferramentas de Controle 187
Como adicionar uma página (ou mais) 188
Como organizar o Ordenador de Guias 189
Como publicar um formulário 190

Parte IV - Não desperdice tempo? Como se organizar 193

Capítulo 17 - Mais do que caixas numeradas em uma página 195
Por que utilizar o Calendário do Outlook? 196
　Em casa 196
　No trabalho 197
Como iniciar 197
　Como trabalhar com o padrão 198
　Configuração básica 199
Uma visão geral dos recursos do Calendário 199
　Compromissos. 200
　Eventos 201
　Compromissos periódicos 202
Como visualizar 203

Capítulo 18 - Como fazer o calendário trabalhar 207
Adicionando um compromisso 208
　Defina o assunto 208
　Local 209
　Quando? 210
　Outras configurações para compromissos 211
Outras maneiras de adicionar compromissos 212

Sumário

Como mudar 213
Como apagar um compromisso 214
Como planejar um evento 214
Pesadelos repetidos 215
    Marcando eventos anuais 216
    Como trabalhar com compromissos periódicos 216
Como agendar um reunião 217
    Como convidar outras pessoas 217
    Disponibilidade dos subordinados 218

Capítulo 19 - O maior e o menor: os itens Diário e Notas 221
O objetivo das notas 222
Faça uma nota 222
    Como criar notas 223
    Como fechar o item Notas 224
    Como editar e apagar notas 225
Como configurar as opções de notas 225
    Além do que a vista alcança 226
    Como classificar notas 226
    Como fazer contatos 227
Como visualizar as notas 227
O objetivo de manter um diário 228
Por que os diários podem não ser necessários? 229
Registros automáticos do item Diário 230
Registros manuais do item Diário 230

Capítulo 20 - Multitarefas utilizando listas 233
O que é uma tarefa? 234
Como as listas de tarefas podem ajudar 234
Como abrir a tela Tarefas 235
    Como registrar uma tarefa na janela de Novas Tarefas 236
    Explore os detalhes 237
    Um plano simples 238
A automação revoluciona a indústria 239
    Pela Caixa de Entrada 240
    Pelo Calendário 241
Como trabalhar com tarefas 242
    Como editar tarefas 242
    Como delegar tarefas 242
    Como apagar tarefas 244
Como mudar a aparência das tarefas 244
Como visualizar a sua lista de tarefas 244

Parte V - Sobras de novo? Outros recursos do Outlook 247

Capítulo 21 - Impressão 249
Qual é o seu estilo? 250
    Os estilos básicos – Tabela e Memorando 251
    Estilos especiais para o Calendário 252
    Estilos especiais para Contatos 252
Vamos dar uma olhada 253
Finalmente, imprimindo 254
Achando seus arquivos e pastas 254
Arquive! 255
    Manualmente 256
    Usando o arquivo automático 257

Como exportar arquivos do Outlook 257
Como copiar arquivos 259
Capítulo 22 - Novidades que você pode utilizar 261
O que é o Outlook Express? 262
O que são os grupos de debates? 263
Como usar o Leitor de Notícias do Outlook para ler mensagens dos grupos de debates 264
    Como configurar o seu Leitor de Notícias 265
    Como encontrar grupos de debates 265
    Uma inscrição sem um cartão 266
Como ler as notícias 267
Como fazer a sua marca 268
    Comece e veja se alguém responde 268
    Como responder uma mensagem já existente 269
    Como responder em modo privado 269
Como trabalhar com a Web 269
    Como ver sites 270
    Favoritos 271
    O resto da barra de ferramentas Web 272
Capítulo 23 - Como tornar o Outlook parte da família 275
Por que o Outlook faz parte do Office? 276
Como criar um novo documento do Office 276
Do Office para o Outlook 278
    De documento para item 279
    Um atalho para o Office 280
Importar/Exportar 281
Como vincular e embutir e outras travessuras 282
Glossário 285
Apêndice A - O que há de novo no Outlook 2000? 295
Apêndice B - Como se inscrever em uma conta na Internet 299
Índice 305

O autor

Bob Temple é Gerente geral e Diretor de Serviços da WEB em uma empresa de jornais semanais nos subúrbios de Minneapolis, St. Paul, EUA. É, também, proprietário da Red Line Editorial, Inc., uma empresa de serviços editoriais. Este é o seu terceiro livro. O primeiro, *Sports on the Net,* foi publicado pela Que em 1995. O segundo, *Sams Teach Yourself AOL 4.0 in 24 Hours*, foi publicado pela Sams em 1998. Trabalha há 11 anos como redator esportivo *free lance* para a Associated Press, cobrindo todos os grandes esportes profissionais simultaneamente. Tem escrito diversos artigos para revistas e jornais de todo o país. Seu e-mail para contato é btemple@summitpoint.com.

Dedicatória

Para Emily, Robby, Sam e a tudo o que faz cada um deles especial.

Agradecimentos

Há tantas pessoas para agradecer que hesito em nomeá-las, com receio de esquecer alguém. É como ganhar um Oscar: não há como gentilmente agradecer a todos os que contribuíram. Então, não perco tempo com isso.

Estava brincando.

Há várias pessoas que trabalharam até cansar para ajudar este livro a ser impresso. Randi Roger, meu editor de aquisições na Macmillan, que suportou minhas inúmeras perguntas e ainda encontrou tempo para respondê-las. Foi um prazer trabalhar com você novamente, Randi.

Do lado familiar, Teri, minha esposa há mais de doze anos, por se mostrar uma fortaleza quando eu estava fora (e quando eu estava em casa!). E, principalmente, por manter a sanidade diante de uma filha de oito anos e de dois gêmeos de cinco.

Ao meu pai, Robert E. Temple, por sua contribuição de diversas formas. Por ter acreditado esse ano em meu trabalho, apesar de tudo e, o mais importante, em mim.

A Emily Temple, de oito anos, obrigado por continuar sendo minha garotinha, e não tenha muita pressa em substituir as American Girls pelas Spice Girls.

A Robby Temple, de cinco anos, obrigado pelos sorrisos de todos os dias e, por favor, tente não enlouquecer sua irmã.

A Sam Temple, de cinco anos, obrigado por sempre me obedecer e tente se lembrar de que o jardim de infância não vai lhe matar.

Introdução

Chegou o Microsoft Outlook.

Depois do lançamento junto com a suíte Microsoft Office, as últimas atualizações do Outlook surgiram para complementar os demais programas do Office.

Hoje em dia, o Outlook pode ajudá-lo em praticamente todas as tarefas realizadas no seu computador, se você permitir. E, também, ajudar a manter o restante de sua vida organizada, ou seja, a parte que está fora do computador.

O Outlook é mais do que uma agenda pessoal, embora também o seja e de forma eminente. Todos aqueles que pensam ser preciso deixar o computador ligado durante todo o tempo para utilizar o gerenciador eletrônico de informações estão enganados.

O Outlook apresenta todas as informações em conjunto, conforme relacionadas abaixo:

- ➤ Um Calendário para ajudar no controle de sua agenda de compromissos pessoais e profissionais.
- ➤ Uma função de Tarefas que permite a você gerenciar seus projetos de longo prazo e uma lista de afazeres.
- ➤ Um banco de dados de Contatos que permite a você organizar em listas todos os endereços e números de telefone.
- ➤ Um módulo de Anotações que lhe permite enviar mensagens para a tela do computador com lembretes importantes.
- ➤ Um módulo Diário que controla suas comunicações mantidas com os contatos e outras informações importantes.

Mas o Outlook ainda oferece mais do que isso. Você pode se comunicar através de recursos de fax e correio eletrônico do programa. Pode até mesmo navegar na Internet sem precisar sair dele.

A melhor parte é poder classificar, agrupar ou organizar todas as informações de diversas maneiras. O Outlook é o programa ideal para quase todas as pessoas, uma vez que pode ser personalizado de acordo com os gostos pessoais. Com o Outlook Today, você obtém na tela rapidamente um acesso a todas essas informações.

Melhor ainda, é possível acessar os arquivos de outros programas dentro do próprio Outlook, bem como organizar as unidades de disco. Tudo isto torna o Outlook uma ferramenta valiosa para todos os sistemas de computador, mesmo que existam partes dele que você não precise utilizar.

O que este livro é

Este livro é um apanhado sobre os recursos do Outlook em nível iniciante. Ele abrange as principais razões para a existência de cada área do programa, seus recursos básicos e como eles se aplicam à vida diária.

Ele também ultrapassa o nível básico para apresentar alguns dos recursos mais interessantes que o Outlook oferece. Demonstra como o Outlook trabalha com os seus companheiros do Office e com outros programas, mostrando ainda como utilizar o Outlook para organizar calendários, contatos, correios eletrônicos, tarefas e até mesmo os arquivos do seu computador.

O objetivo é transmitir um conhecimento básico sobre o programa. A partir daqui, você deve ser capaz de avançar por conta própria para áreas mais complexas do Outlook, sendo este livro uma referência valiosa para consultas futuras.

O que este livro não é

O presente livro não é uma novela de suspense de Tom Clancy, um *thriller* psicológico, um roteiro filme de ação, um romance de Barbara Cartland ou uma história em quadrinhos da Marvel. Também não pretende ser um manual completo para usuários do Outlook 2000.

É impossível relatar todas as características e recursos do Outlook em um livro deste tamanho e, uma vez que ele está destinado a usuários iniciantes, não há motivos para se aprofundar mais.

Então, relaxe, recoste-se na cadeira, ligue o computador e vamos trabalhar!

Parte I

Para começar:
como iniciar o Outlook 2000

O Microsoft Outlook apresenta diversos recursos fantásticos para ajudar a simplificar sua vida. Porém, se o básico não for conhecido, o Outlook irá causar decepções tornando sua vida ainda mais complicada. Assim, começaremos com o Outlook 101, a base do programa. Os diversos recursos do programa serão apresentados, de forma rápida, e discutiremos como instalar e configurar o software. Será feito um rápido passeio pelo programa demonstrando como e onde encontrar ajuda. Em seguida, falaremos um pouco sobre o gerenciamento de arquivos e algumas das ferramentas do Outlook.

Capítulo 1

Por onde começar?

> **Neste capítulo**
> ➤ O que vem a ser o Outlook.
> ➤ As muitas coisas que o Outlook pode fazer por você.
> ➤ Algumas coisas que o Outlook não pode fazer por você.
> ➤ As necessidades de sistema para executar o Outlook.

Lembro do primeiro dia de trabalho no meu primeiro emprego depois da faculdade. Lá estava eu, um recém-formado, aspirante de jornalista, pronto para abraçar a carreira que me conduziria... bem, a escrever este livro.

Uma das primeiras coisas que me foi apresentada foi um "planejador". Lembro-me de olhar para aquele organizador de folhas de papel soltas, impressionado com a quantidade de coisas que eu poderia controlar com ele. Era incrível também que ele viesse ainda com um pequeno manual de instruções. Como seria complicado escrever meus compromissos, endereços e tudo mais? Afinal, eu era um recém-formado. Contudo, rapidamente descobri como a utilização, de forma consciente, de uma agenda poderia ajudar a gerenciar o meu tempo.

Aproximadamente 400 anos depois daquele dia, muito mudou no mundo das agendas. Para começar, agora são chamadas de gerenciadores de informações pessoais, ou (PIMs), são em geral eletrônicas e podem lidar com muitos mais tipos de informações.

Por que toda a dúvida quanto ao Outlook 2000?

O Outlook é um gerenciador de informações pessoais da Microsoft para o seu computador e o Outlook 2000 é a última versão deste produto. Ele é mais do que apenas uma agenda de compromissos e endereços. Pode ajudar a organizar as mensagens de correio eletrônico e de fax, podendo ainda organizar o próprio computador.

Mas, estamos indo rápido demais. Vamos parar e dar uma rápida olhada nos muitos recursos que o Outlook 2000 oferece:

- ➤ Ferramentas de correio eletrônico e fax que ajudam a lidar com as mensagens.
- ➤ Uma lista de contatos que auxilia o manuseio de endereços comerciais e pessoais.
- ➤ Um calendário que permite acompanhar horários de compromissos e reuniões entre outros.
- ➤ Ferramentas que ajudam a organizar os arquivos e pastas do computador.
- ➤ Diários e anotações para utilização pessoal.
- ➤ Listas de tarefas que ajudam a priorizar e acompanhar projetos.

A questão é: o que é mais impressionante, que o Outlook 2000 possua todos esses recursos ou que todos eles estejam abordados neste pequeno livro?

As listas anteriores demonstram as características básicas oferecidas pelo Outlook 2000, porém, acredite ou não, há muito mais. Quando utilizado em combinação com outros programas do Microsoft Office 2000, o Outlook transforma-se em uma ferramenta ainda muito mais poderosa. Por exemplo, utilizando o Outlook e o Microsoft Netmeeting é possível programar e realizar uma reunião on-line ao vivo, com sons e imagens, com qualquer número de participantes. Ou, ainda, pode-se utilizar o Outlook para marcar apresentações de negócios importantes, desenvolvê-las no PowerPoint e, em seguida, utilizar o Outlook para enviar mensagens de correio eletrônico e faxes aos contatos que estarão presentes na reunião.

O Outlook 200 também está integrado com o Internet Explorer 5, a última versão do navegador da Microsoft.

Conversa técnica.

Um Gerenciador de informações pessoais é um Dispositivo eletrônico (como um PalmPilot) ou um programa de software (como o Outlook) que ajuda você a organizar sua vida, tanto pessoal quanto profissional. Entre outras coisas, ele pode auxiliá-lo na manutenção do seu calendário, endereços e mensagens.

Capítulo 1 ➤ Por onde começar?

Não se assuste!

Se está preocupado em ter de aprender todos esses recursos incríveis, acalme-se. Este capítulo é apenas uma visão geral sobre o que o Outlook tem para oferecer. Você pode aprender esses os recursos a seu tempo, pois todos são tratados em detalhes, posteriormente neste livro.

O que o Outlook pode fazer por você

Todos esses recursos maravilhosos são importantes para o produto mas, na verdade, o Outlook 2000 organiza suas atividades diárias. Vamos dar uma olhada rápida em outros recursos básicos que o Outlook 2000 oferece.

Gerenciamento de correio eletrônico

O correio eletrônico era utilizado somente para uso comercial. Profissionais ocupados descobriram que enviar rapidamente notas aos seus contatos era uma forma mais econômica de realizar suas comunicações de negócios. Porém, foi apenas uma questão de tempo para que o correio eletrônico passasse a fazer parte do dia-a-dia das pessoas. Hoje em dia, ele nos ajuda a manter relacionamentos de longa distância, sem ser preciso pagar as tarifas telefônicas e, ainda, auxilia na manutenção dos contatos com amigos e parentes entre outros.

Embora algumas pessoas preocupem-se com o fato de que as mensagens curtas de correio eletrônico estejam tomando o lugar das longas cartas manuscritas, "mais significativas", esta é uma questão para filósofos e cientistas sociais. O correio eletrônico chegou e pode ser um grande benefício.

Mesmo que você já seja um usuário veterano de correio eletrônico, o Outlook pode ajudar a melhorar suas mensagens com mais organização. É possível, também, torná-las um pouco mais atraentes em relação ao layout e design.

O Outlook oferece um cliente de correio eletrônico com muitos recursos, tornando a comunicação mais fácil e eficaz. Você pode utilizar o programa para fazer o seguinte:

- ➤ Enviar e receber uma mensagem de correio eletrônico;
- ➤ Gerenciar diversas contas de correio eletrônico;
- ➤ Preparar mensagens e formatar texto;
- ➤ Enviar e receber arquivos anexados.

É muito fácil, também, utilizar o recurso de correio eletrônico do Outlook. Para preparar uma mensagem, abra o menu suspenso Novo e escolha Mensagem de correio. Aparecerá uma janela como a apresentada na figura seguinte.

Além do correio eletrônico, é possível também utilizar o Outlook para organizar as mensagens em pastas diferentes. Isto permite livrar-se de mensagens indesejadas de modo rápido e efetivo. Na verdade, existem tantos tipos de recursos de correio eletrônico no Outlook, que uma seção inteira deste livro, na Parte 2, é destinada ao assunto - "Ganhe vida: como falar com o mundo exterior".

Como transmitir um fax

Aqui está outra conveniência moderna, sem a qual não podemos mais viver. Tendo o Outlook por perto, passar um fax tornou-se extremamente fácil. Melhor ainda, ao transmitir um fax com seu computador, o Outlook livra você do problema e da despesa de comprar um aparelho de fax tradicional.

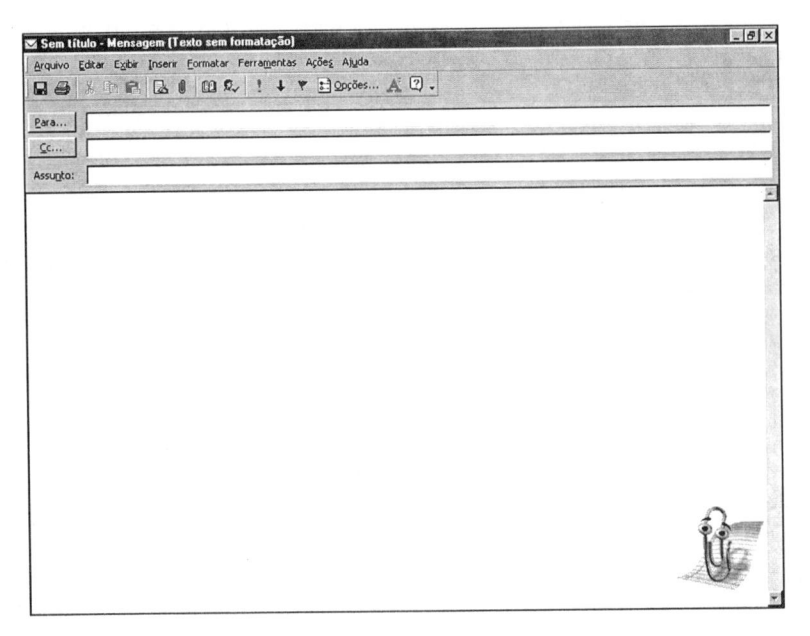

A janela de correio eletrônico do Outlook se parece com as de outros programas.

Ao utilizar o modem, é possível enviar faxes do seu computador para outro aparelho de fax ou computador com software de fax. Pode-se também receber faxes de qualquer pessoa e imprimi-los utilizando a própria impressora, além de programar faxes para serem enviados em um determinado horário e, ainda, enviá-los para uma pessoa ou um grupo.

Contatos

Indica que há dois lugares para os endereços, catálogo de endereços e para os contatos. Isto não é mais necessário com o Outlook 2000. Todos os endereços e listas de distribuição podem constar nos contatos. É possível adicionar categorias para separar os contatos pessoais dos profissionais ou, ainda, criar outra pasta de contatos e armazenar os itens separadamente.

De uma forma ou de outra, quase todas as pessoas possuem um catálogo de endereços. Quer seja um pequeno livro preto e engraçado ou uma lista de cartões de Natal, um catálogo de endereços bem organizado é sempre muito útil.

Com o Outlook, é possível criar seu próprio catálogo de endereços particulares utilizando o item Contatos. Pode-se preenchê-lo com os nomes das pessoas com que se mantém contato mais freqüentemente ,ou preenchê-lo com os nomes de todas as pessoas conhecidas, se assim o desejar.

O Outlook torna fácil acrescentar nomes, endereços, números de telefone e fax e endereços de correio eletrônico, entre outros. Você pode adicioná-los um a um ou importá-los eletronicamente, caso já possua um catálogo de endereços configurado em outro programa.

Uma vez digitados os nomes e endereços, é possível utilizá-los para fins tradicionais, como enviar cumprimentos e pôr em dia a conversa com velhos amigos no telefone. Mas, é possível também utilizá-los para enviar mensagens de correio eletrônico, faxes e muito mais.

Embora você não precise utilizar as listas de contatos para fins comerciais, este é o seu uso mais comum.

Além das informações tradicionais, como nome, endereço, telefone, fax e correio eletrônico, pode-se também acrescentar para o contato seu cargo, nome da empresa e o endereço de Web site , como o apresentado na figura abaixo.

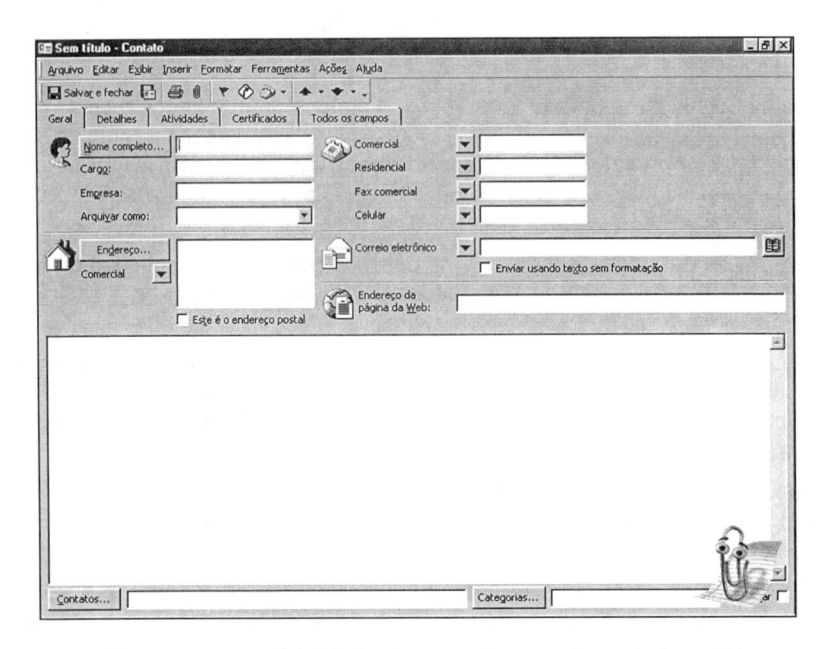

Adicionar um contato é tão simples quanto preencher este formulário.

Existem espaços para comentários ou anotações e áreas para categorias que podem ser utilizadas para agrupar as listas de contatos. O Outlook torna fácil a entrada e a edição de todas essas informações.

Há uma variedade de formas diferentes para visualizar as listas de contatos. É possível visualizá-las como cartões de endereços, e também classificá-las de diferentes modos:

- Por número de telefone;
- Por país;
- Por empresa;
- Por categorias definidas ao digitar as informações no banco de dados;
- Pela próxima data em que precisa encontrar um contato.

Uma vez que os contatos estejam lançados, pode-se utilizar o Outlook para executar uma variedade de funções que irão melhorar as comunicações profissionais. É possível marcar uma entrevista enviando um convite criado, utilizando a lista de contatos. Ou, ainda, se você possui subordinados, é possível delegar-lhes tarefas utilizando os mesmos recursos. Pode-se enviar mensagens de correio eletrônico para os contatos, ou uma mensagem pessoal para cada um de um determinado grupo. É possível, até mesmo, utilizar o Assistente de carta do Microsoft Word em conjunto com a lista de contatos do Outlook para enviar uma carta para um ou mais contatos.

E, em um dos exemplos finais sobre como integrar o Outlook à sua vida, pode-se até mesmo utilizá-lo associado com o Microsoft Internet Explorer 5 para localizar um mapa rodoviário na Internet para um endereço de contato.

Calendário

A vida é um emaranhado de teias, mas o Outlook possui recursos suficientes para fazer o seu dia-a-dia ter algum sentido.

Por exemplo, vamos supor que você tenha agendado com sucesso uma reunião com dois dos seus contatos importantes ,utilizando a lista de contatos do Outlook. É preciso fazer uma anotação sobre a data e a hora da reunião ou, então, você será o único convidado a não comparecer. Qual é a solução? O Calendário do Outlook!

O recurso principal de qualquer programa de organização é o calendário, porque é onde, na verdade, você planeja seu tempo. Ao utilizar o calendário do Outlook ,é possível avançar além dos recursos básicos de gerenciamento de tempo.

Ao contrário da maioria dos calendários de papel, o calendário do Outlook permite marcar compromissos com antecedência. Por exemplo, se o seu irmão resolveu finalmente ficar noivo, mas o casamento não será realizado até 2002, é possível colocar essa data no Outlook. Depois, se a data do casamento for alterada, é possível movê-la facilmente dentro do próprio calendário do Outlook.

Quando se está trabalhando com o calendário, é possível visualizar seus compromissos de diversas formas diferentes. Você pode olhar para uma data específica, visualizar a programação da semana ou ter uma visão geral do mês inteiro.

É possível, ainda, utilizar o calendário para criar uma lista de afazeres e facilmente exibi-la, a fim de acompanhar o progresso dos seus objetivos. Por exemplo, se você possui uma consulta semanal com seu fisioterapeuta ,é possível facilmente marcá-la como um compromisso que irá se repetir no futuro. Da mesma forma, se você possui uma reunião com sua equipe todas as segundas-feiras pela manhã, acrescente-a em seu calendário e você nunca mais irá esquecê-la.

Notas

Quando sua esposa liga para lembrar que a reunião na escola de sua filha será logo mais à noite, você provavelmente escreve uma pequena anotação em um pedaço de papel. A função notas do Outlook serve para isso. É um local onde é possível anotar lembretes rápidos que não se encaixam em nenhuma outra categoria – não são compromissos, reuniões ou tarefas, mas também são importantes.

Uma anotação do Outlook pode ser curta ou longa, de acordo com a sua vontade e podem ficar armazenadas na pasta Notas. Você pode visualizar suas anotações de formas diferentes e podem ser classificadas de acordo com suas categorias, inclusive pelas datas em que foram criadas ou por assunto.

Leitura de grupos de debates da Internet.

Em geral, os novos usuários de Internet, não conhecem quase nada sobre os grupos de debates, porque este é um aspecto subestimado (e pouco divulgado) na rede. Os grupos de debates são como quadros de avisos, organizados por assuntos, que permitem a troca de informações entre pessoas com interesses comuns e que estão interessadas em compartilhar seus conhecimentos (ou a falta deles) entre si.

O Outlook oferece, através do Outlook Express, um leitor de notícias com muitos recursos que permite utilizar os grupos de debate de forma completa. Você pode escolher em uma grande quantidade de listas desses grupos apenas aqueles que lhe interessarem. Depois, pode ler as mensagens que gostar e enviar outras por conta própria.

Outros recursos do Outlook

Há muitos recursos no Outlook. Alguns deles são mais úteis do que outros, dependendo de suas necessidades pessoais, porém todos possuem o seu valor. Você aprenderá mais sobre esses recursos neste livro.

O que o Outlook não pode fazer por você

O Outlook é um programa maravilhoso, cheio de recursos que ajuda você a ter noção do quanto sua vida pessoal e profissional é desorganizada. Porém, ele não faz milagres. De uma forma ou de outra, será preciso o seu envolvimento no processo. Você terá do Outlook apenas o que for colocado nele, da mesma forma como com qualquer outro gerenciador de informações pessoais. O Outlook não vai ajudá-lo, por exemplo, a administrar seus contatos, se você não fizer antes de tudo um bom trabalho de lançamento desses dados.

Mas, você provavelmente vai achar que o Outlook torna o fato de ser organizado tão fácil, que se empenhará pessoalmente para que ele funcione, como nunca.

Prepare-se: o que você precisa para executar o Outlook

O Outlook é um programa auto-suficiente que se instala por conta própria. Porém, como ele é geralmente instalado como parte das aplicações da suíte Microsoft Office, é melhor verificar o que é preciso para executar toda a suíte. Além disso, o Outlook funciona melhor quando está integrado ao restante do Office.

Capítulo 1 ➤ Por onde começar?

A configuração recomendada para executar o Office é a seguinte:
- ➤ Um computador Pentium (ou equivalente) com 32MB de memória RAM.
- ➤ Aproximadamente 200MB de espaço livre no disco rígido para a instalação típica.
- ➤ Um drive de CD-ROM.
- ➤ Uma placa de vídeo VGA ou de alta resolução (Super VGA, recomendado 256 cores).
- ➤ Um mouse.
- ➤ Um modem de 9600 bps ou superior (recomendado 28.800 bps ou superior).
- ➤ Windows 95, posteriores ou Windows NT Workstation 4.0 com Service Pack 3.0 instalado.

O mínimo que você precisa saber

- ➤ O Outlook é um gerenciador de informações pessoais (PIM) que ajuda você a organizar sua vida diária.
- ➤ O Outlook pode ajudar a organizar o seu correio eletrônico, as informações de contatos pessoais (e/ou comerciais), o calendário e até mesmo as suas tarefas.
- ➤ No entanto, o Outlook não faz milagres. Se você for desorganizado ao utilizá-lo, não se tornará mais organizado do que era antes de possuí-lo.

Capítulo 2

Como configurar?

> **Neste capítulo**
> ➤ Opções de configuração
> ➤ Internet somente para correio eletrônico
> ➤ Modo de grupo de trabalho corporativo
> ➤ Como configurar sua conta de correio eletrônico
> ➤ Como compartilhar informações na Internet

Você já tem uma idéia do que o Outlook oferece.

Porém, não é possível avançar muito até que o software esteja instalado de fato nesta grande caixa cinza em sua mesa e configurado apropriadamente.

Muitos já devem possuir o Outlook instalado, talvez como parte integrante da suíte de aplicativos Microsoft Office. Você pode tê-lo no computador de casa, do trabalho ou em ambos. Este capítulo é todo sobre a configuração desta nova versão do Outlook. Assim que já o tiver lido, você estará pronto para usá-lo (e, uma vez configurado, será mais fácil acompanhar o restante do livro).

Como iniciar

Na primeira vez em que iniciar o Outlook, você terá que tomar algumas decisões que irão influenciar no modo como o Outlook estiver instalado. Essas decisões também afetarão a aparência e o modo de funcionamento do programa e o tipo de recursos que ele terá a oferecer.

Por que eu preciso do Internet Explorer funcionando junto com o Outlook?

O Outlook pode visualizar páginas da Web, porém ele necessita do Internet Explorer para ser capaz de exibi-las. Ou seja, sem o Internet Explorer instalado em seu computador, não será possível visualizar as páginas da Web no Outlook

Notas para quem quer se atualizar.

Se você possuir uma versão anterior do Outlook instalada em seu computador, na primeira vez em que iniciar o Outlook 2000 irá aparecer uma janela perguntando se você já utilizou a versão antiga para ler o correio eletrônico. Em caso afirmativo, o Outlook 2000 poderá utilizar as mesmas configurações já definidas. Isto elimina a necessidade de passar por todas as opções de configuração do correio eletrônico.

A decisão de configuração

Quando o Outlook estiver instalado, será a última versão do Internet Explorer 5, navegador da Web Microsoft. Este é um ótimo recurso caso você seja um iniciante em Internet (ou computadores), pois isto oferece a você o melhor navegador utilizado para visualizar as páginas da Web.

Caso já possua o Internet Explorer instalado em seu computador, esta nova versão será instalada no mesmo lugar automaticamente. No entanto, se preferir utilizar um navegador diferente (como o Netscape) para navegar na Internet, também será possível. Não é necessário escolher o Internet Explorer como o navegador da Web padrão.

Ele é instalado apenas para possibilitar o uso de todas as funções do Outlook, inclusive a possibilidade de visualizar páginas da Web.

Ainda, caso possua uma versão anterior do Outlook instalada em seu computador ela será substituída pelo Outlook 2000.

Capítulo 2 ➤ Como configurar?

Escolha um modo, qualquer que seja

Decisões, decisões, decisões.

Quando você iniciar o Outlook pela primeira vez, será solicitada a escolha sobre como gostaria de configurar o correio eletrônico. Há três opções.

Na primeira, você pode escolher não utilizar o Outlook para correio eletrônico. Isto não é uma boa idéia, pois ele é um programa importante para lidar com mensagens e oferece muitos recursos que facilitam a vida dos usuários de correio eletrônico.

Uma vez decidido que o Outlook é a sua melhor opção para o correio eletrônico, será preciso escolher se você irá utilizar a opção de somente para Internet ,ou a Corporativa ou de trabalho de grupo para configurá-lo.

Em muitos casos a decisão sobre que configuração utilizar é pessoal. Por exemplo, se o seu computador estiver conectado a uma rede de trabalho corporativo e você utiliza o correio eletrônico para enviar mensagens internas da empresa assim como externas, provavelmente será necessário optar pela configuração Corporativa.

Se o Outlook for utilizado em casa ou para questões comerciais, porém conectado à Internet através de um modem em seu computador (em vez de no servidor da empresa), será melhor escolher a configuração de somente para Internet . A decisão é feita na caixa de diálogo vista na figura a seguir.

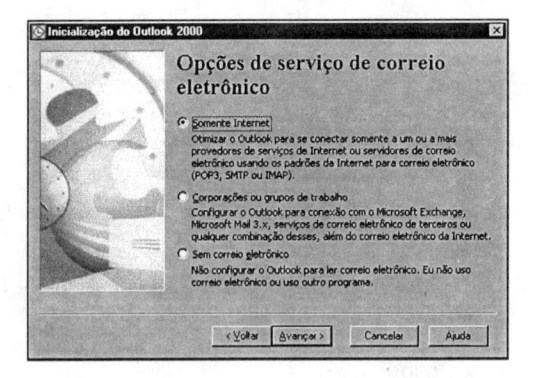

Durante a instalação, será solicitado que você escolha o tipo de configuração de correio eletrônico que deseja utilizar.

A grande maioria dos recursos a serem utilizados no Outlook não será afetada por esta importante decisão quanto à configuração. Os itens Caderno de Endereços ,Listas de Contato, Calendário, Diários ,Anotações e Tarefas irão aparecer e funcionar exatamente da mesma forma, independente da sua escolha quanto à configuração do correio eletrônico.

Na verdade, os únicos recursos que serão diferentes entre as duas configurações serão o correio eletrônico e o serviço de fax. Entre as diferenças estão o tipo de formatação a ser utilizado nas mensagens enviadas e a forma na qual você pode compartilhar suas informações do Outlook com outros usuários.

Porém, a maior diferença nunca será realmente vista. As diferentes configurações informam ao seu computador como você se comunica com a Internet, uma parafernália técnica com que na verdade *você* não precisa nem se preocupar, mas que é muito importante para que seu computador complete seu trabalho com sucesso.

Seja atento!

Antes de instalar qualquer programa em seu local de trabalho, você deve informar seu administrador de sistema (ou pelo menos, seu chefe). Desta forma, você poderá ter certeza de que está escolhendo a melhor opção para configurar seu computador. Por exemplo, algumas empresas possuem redes internas que são configuradas de forma que não é preciso selecionar o modo Corporativo do Outlook. Por isso, é melhor perguntar e obter as informações corretas.

Como configurar o correio eletrônico somente para Internet.

Uma vez feita a opção por correio eletrônico somente para Internet , será preciso configurar suas contas de correio eletrônico a fim de que o Outlook saiba onde ir buscar suas mensagens.

Caso você já possua uma conta de Internet configurada – ou seja, se estiver fazendo a atualização para esta versão do Outlook ou utilizando o programa para substituir outro cliente do correio eletrônico – é possível importar, facilmente, as informações do seu correio eletrônico para atualizar o Outlook 2000.

Ao iniciar o Outlook 2000 pela primeira vez, você será apresentado ao Assistente de Configuração, que o guiará através de todo o processo. Caso possua outro programa de correio eletrônico, como o Outlook Express ou o Eudora, instalado em seu computador, o Assistente de Configuração irá avisá-lo através de uma janela semelhante à apresentada na figura seguinte.

Capítulo 2 ➤ Como configurar? **17**

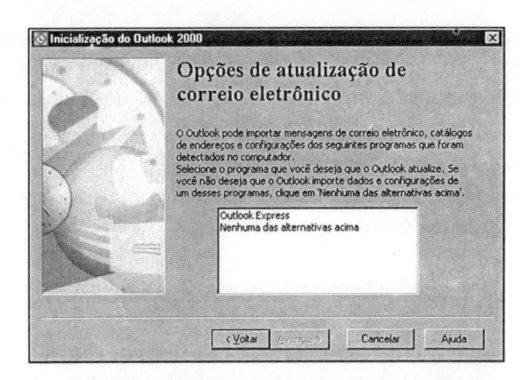

É possível importar as configurações antigas de seu correio eletrônico para o Outlook 2000

Como você pode ver, o programa pede para que selecione um cliente de correio eletrônico a partir do qual você gostaria de importar os dados. Apenas selecione o cliente de correio eletrônico que estiver utilizando e as configurações de sua conta anterior serão copiadas para dentro do Outlook. Se não estiver utilizando o computador para correio eletrônico, selecione Nenhuma das opções acima e o Outlook será iniciado completamente vazio.

A tecnologia moderna é uma maravilha. Contudo, se você não tiver utilizado o computador para correio eletrônico anteriormente (por exemplo, caso tenha acabado de adquirir o computador ou nunca tenha realizado uma conexão na Internet), o Assistente de conexão à Internet irá aparecer durante o processo do Assistente de Configuração, tornando-o mais fácil.

Não é necessário realizar este processo ao utilizar o Outlook pela primeira vez , e é possível evitá-lo. Afinal, se você não deseja configurar sua conta neste momento, por quê motivo estaria lendo esta seção?

Primeiro é necessário um acesso à Internet

Antes de avançar em relação à configuração do serviço de correio eletrônico somente para Internet , é preciso ter uma conta em um Provedor de serviços de Internet (ISP). Existem muitas empresas locais e nacionais à sua escolha, porém algumas informações sobre configuração vindas da própria empresa serão necessárias antes de seguir adiante. Por exemplo, você precisará de um endereço de correio eletrônico e dos nomes dos servidores de correio, entre outros.

O Assistente de Conexão à Internet guia você através de todo o processo. Caso decida não utilizá-lo em um determinado momento, poderá voltar a ele mais tarde. Para isto, basta clicar no menu de Ferramentas e selecionar Contas. Em seguida, clique em adicionar e estará pronto para iniciar.

A primeira pergunta feita pelo Assistente de Conexão à Internet é o seu nome, conforme mostrado na figura seguinte. Digite o nome pelo qual a maioria das pessoas lhe conhece (pode ser seu nome completo ou um apelido).

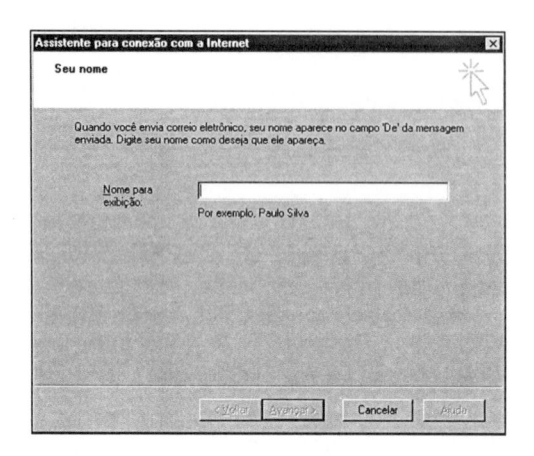

Digite o nome de como deseja ser chamado.

Este será o nome que irá aparecer ao enviar suas mensagens de correio eletrônico. Depois disto, contudo, as perguntas ficarão um pouco mais complicadas. Após completar cada janela, clique no botão Próximo para seguir em frente. Vamos ver quais são essas janelas:

➤ *Seu endereço de correio eletrônico* — Este é o endereço que as pessoas irão utilizar para enviar uma mensagem para você. Na maioria dos casos, é algo como seunome@suaempresa.com. Por exemplo, btemple@reditorial.com (reditorial é o nome do domínio da minha empresa, Red Line Editorial) é meu endereço de correio eletrônico.

➤ *Seu servidor de POP3.* — Este é o endereço do computador através do qual você receberá suas mensagens. POP3 significa Protocolo de Correio versão 3, que vem a ser um conjunto de normas que o seu provedor utiliza para transferir mensagens entre os computadores. Este endereço deve lhe ser fornecido pelo provedor, quer seja uma empresa particular ou a que você trabalha.

➤ *Servidor de SMTP.* — É o endereço do computador através do qual você enviará mensagens para outras pessoas. SMTP significa Protocolo de Simples Transferência de Correspondência, que vem a ser um conjunto de normas utilizadas pelos computadores ligados à Internet para troca de correio entre si. Este endereço também deve ser fornecido por seu provedor ou administrador de rede.

Capítulo 2 ➤ Como configurar? 19

- ➤ *Conexão à Internet.* — É o nome do usuário e a senha utilizados para conectar ao computador do provedor.
- ➤ *Tipo de conexão.* — As opções são muito simples: é possível conectar-se utilizando a linha telefônica, a rede de sua empresa ou manualmente.

Caso esteja utilizando um computador em casa e esteja conectando à Internet utilizando um modem, você deve selecionar a linha telefônica como opção. Desta forma, o computador vai realizar a discagem para o provedor automaticamente, toda vez que for selecionado Enviar e Receber. Se o estiver fazendo manualmente, será preciso conectar o provedor separadamente, antes de verificar as mensagens utilizando o Outlook. A figura seguinte mostra a caixa de diálogo em que é feita esta seleção.

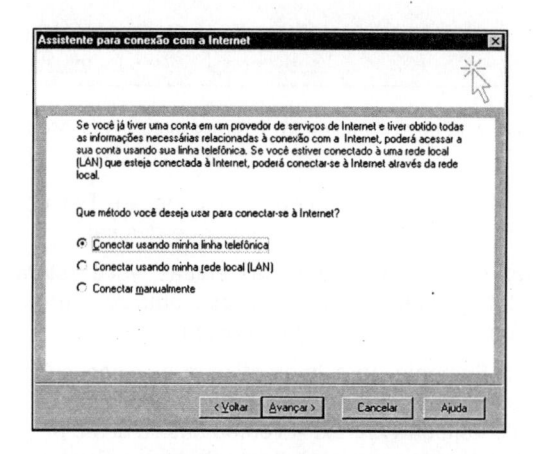

Faça esta opção, se estiver conectando à Internet utilizando um modem.

Se optar por se conectar à Internet utilizando a linha telefônica, será solicitado escolher uma conexão de discagem já existente ou criar uma nova a fim de realizar a conexão.

- ➤ *Conexão discada.* — Se você possuir uma conta de Internet que está sendo utilizada com outro software, (um navegador como o Internet Explorer ou outro programa de correio eletrônico) é possível selecionar uma conexão já existente que será configurada automaticamente.

No entanto, caso esteja conectado pela primeira vez usando o computador, será preciso configurar uma nova conexão discada.

Este processo é muito fácil. — Somente será necessário fornecer o nome do usuário, a senha da sua conexão de Internet e o número de telefone que seu computador deve utilizar ao discar para o provedor, conforme apresentado na figura a seguir.

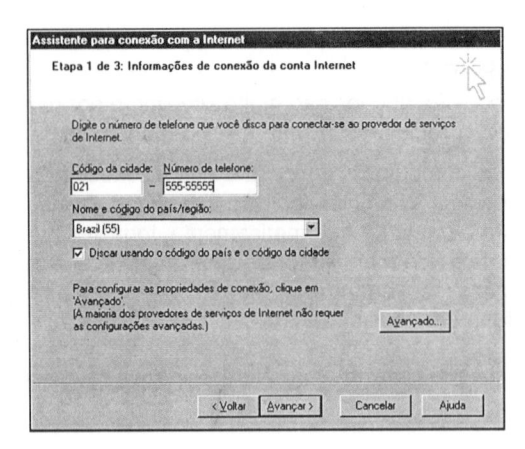

Configure uma nova conexão de Internet caso ainda não a possua.

Finalmente, será necessário nomear sua conexão. Em geral, utilizo o nome do provedor, porém você poderá dar o nome que desejar.

Tudo pronto! Uma vez realizadas todas essas etapas, você estará pronto para enviar e receber mensagens através da Internet. O funcionamento do correio eletrônico é tratado na Parte 2 "Ganhe vida: como falar com o mundo exterior".

Ao selecionar o modo Somente para Internet para seu serviço de correio eletrônico, é possível também escolher uma forma para o envio e recebimento de faxes utilizando um programa de software chamado WinFax. A versão básica deste programa (Edição Iniciante de WinFax) vem instalada junto com o Outlook. Pode ser simples, mas o WinFax permite enviar e receber faxes através do computador, de forma tão técnica como precisa ser.

A utilização deste software é tratada no Capítulo 13 "Somente o fax".

Como configurar seu correio eletrônico para o Modo Corporativo

Antes de selecionar o modo Corporativo para a configuração do correio eletrônico, é recomendável consultar o administrador de rede de sua empresa a fim de assegurar que esta é a opção certa a se fazer.

Se o seu administrador de rede recomendar a seleção do modo Corporativo para a configuração de correio eletrônico, provavelmente ele já configurou uma conta de correio para você.

Se você trabalha para uma boa empresa , será necessário selecionar seu próprio nome de usuário e senha. Se trabalhar para uma empresa medíocre, que costuma atribuir esses itens, é melhor começar a procurar imediatamente por uma boa empresa para trabalhar. Estava brincando.

Capítulo 2 ➤ Como configurar? 21

É uma vantagem poder utilizar a configuração Corporativa, pois o Outlook oferece alguns recursos avançados aos usuários deste modo, tais como a possibilidade de compartilhar seu calendário e outras pastas do Outlook na rede. Isto será abordado na próxima seção.

Utilizar a configuração Corporativa não significa necessariamente que somente será possível enviar mensagens dentro da própria empresa. Se desejar enviar e receber mensagens de correio eletrônico através da Internet ,(para usuários de fora da empresa), você pode criar uma conta de correio eletrônico além da que já possui .

É possível adicionar uma conta de correio a qualquer momento. O processo é muito semelhante ao que é feito para o modo Somente para Internet , descrito anteriormente neste capítulo. Somente o passo iniciante é diferente. Para iniciar o processo, clique no menu Ferramentas e em seguida clique em Serviços. Na caixa de diálogo Serviços, clique em Adicionar e prossiga da mesma forma como para uma configuração Somente para Internet.

Corporativo ou não?

Muitas empresas que possuem redes internas de computadores e fornecem acesso à Internet ainda não contam com redes de correio eletrônico . Por exemplo, o meu trabalho possui o seu próprio nome de domínio e muitas pessoas com contas de correio eletrônico e, ainda, a empresa oferece acesso à Internet aos seus empregados. No entanto, lá não existe um servidor próprio de Internet, então quando envio uma mensagem de correio eletrônico para um colega de trabalho, ela vai para o computador do provedor, onde meu amigo está conectado para recebê-la. Assim, deveríamos utilizar lá o modo Somente para Internet para o correio eletrônico .

Como compartilhar informações na Internet

O Outlook oferece a possibilidade de compartilhar informações através da Internet de outras formas além do correio eletrônico. Por exemplo, é possível compartilhar arquivos e pastas específicos e, em alguns casos, você pode compartilhar a sua lista de contatos, entre outros. O que é possível compartilhar e como fazer isso depende do tipo de configuração escolhida durante a instalação.

O Servidor de Troca da Microsoft , um programa utilizado por muitas empresas em suas redes internas, permite que tanto o calendário quanto a sua lista de contatos sejam disponibilizados em uma pasta pública. Muitas empresas consideram isto válido, pois permite que os empregados verifiquem facilmente, por exemplo, se outras pessoas estão disponíveis para reuniões. Permite também definir outras pessoas (por exemplo, sua secretária) para a verificar seu calendário e acessar o correio eletrônico ,entre outras coisas.

Público ou Particular

Com o Servidor de Troca da Microsoft, as mensagens de cada usuário, informação de calendário, contatos, tarefas e tudo o mais fica armazenado em uma pasta particular. Informações de um mesmo tipo podem também ser armazenadas em pastas públicas. Caso você queira compartilhar uma pasta, é necessário simplesmente dar permissão para aqueles com quem deseja trabalhar. Para isto, clique uma vez com o botão direito do mouse sobre a pasta que deseja compartilhar. Em seguida clique na guia Permissões e as atribua para as pessoas escolhidas.

A informação do seu calendário é mantida em uma pasta pública oculta. Ao reservar um horário em seu calendário, uma entrada é aberta nesta pasta pública oculta. O horário fica reservado para você, porém sem dar maiores detalhes. Desta forma, quando um usuário desejar agendar uma reunião com outras pessoas da empresa, o programa precisa apenas checar um local para confirmar se algum dos convidados está ocupado.

O Servidor de Troca da Microsoft permite também compartilhar itens externos ao Outlook. Por exemplo, se você estiver preparando uma apresentação junto com um colega de trabalho, é possível permitir que ele tenha acesso à pasta em que estão sendo guardados os documentos da apresentação. Desta forma, cada um pode controlar as alterações que o outro venha a fazer.

O Outlook 2000 possui também novos recursos chamados Pastas de rede, que permitem aos usuários compartilhar as informações contidas no Calendário ou Contatos através da Internet com outros usuários do Outlook.

O mínimo que você precisa saber

➤ A configuração Somente para Internet do Outlook 2000 é a mais indicada para aqueles que utilizam o modem para se conectarem à Internet.

➤ O modo Corporativo do Outlook 2000 é o mais indicado para aqueles que possuem redes internas de correio eletrônico no local de trabalho.

➤ É preciso ter um acesso à Internet antes de configurar a conta de correio eletrônico Somente para Internet no Outlook.

➤ É possível compartilhar informações do Outlook com outros usuários utilizando tanto o modo Corporativo quanto o Somente para Internet.

Capítulo 3

Sem fotos, por favor

Neste capítulo
- ➤ Como iniciar o Outlook
- ➤ Como dar uma olhada na janela do Outlook
- ➤ Como encontrar atalhos para tarefas comuns
- ➤ Principais recursos do Outlook
- ➤ Como sair do Outlook

Você já tem o Outlook instalado corretamente no disco rígido, provavelmente em conjunto com os outros programas do Office. A configuração do seu correio eletrônico já está pronta. O que fazer agora?

Você pode escolher apenas ficar sentado olhando para sua área de trabalho, deixando todos os recursos do programa irem para o lixo, ou então pode iniciar o Outlook por conta própria e começar a brincar com ele até que se sinta confortável com o mesmo. Mas, se você fosse escolher qualquer uma dessas opções, provavelmente não teria comprado este livro.

O Outlook é o tipo de programa sem o qual você não vai mais poder viver, uma vez que se acostumar com ele. É possível fazer todo o computador funcionar a partir dele, acompanhando seus os arquivos e pastas, bem como o calendário e os contatos. É o tipo de programa que pode ser utilizado à vontade. Mas, se você vai utilizar o ambiente do Outlook, vai querer conhecê-lo um pouco mais e verificar seus principais recursos.

É disso que este capítulo trata. É um tipo de festa de boas-vindas na casa do Outlook – uma chance de parar, verificar seus diversos cômodos, apreciar a vista e até mesmo testar um ou dois de seus utensílios, sem sofrer aqui nenhuma pressão de venda. A melhor notícia é que você já se encontra qualificado para isto, caso contrário não teria uma cópia do programa instalada em seu computador. Assim, pode começar assim que quiser!

Como iniciar o Outlook

Como em qualquer boa residência, há muitas portas de entrada para o Outlook 2000. Porém é hora de parar com uma analogia entre uma casa e o programa. Quando você entra em uma casa por uma porta diferente, está em um local também diferente ; já no Outlook não importa como você entrar, estará iniciando-o sempre da mesma forma.

Há três modos básicos para iniciar o Microsoft Outlook. Nenhum deles é muito difícil e um não é realmente melhor que o outro. É mais uma questão de gosto pessoal.

> *Através do ícone da área de trabalho.* — Nada é mais simples que isto. Durante a instalação, um ícone de atalho com o nome de Microsoft Outlook foi colocado em sua área de trabalho, mesmo sem seu consentimento. Um pouco rude, talvez, mas foi feito de qualquer modo. Clique duas vezes nele com o mouse para iniciar o Outlook. Caso não goste de ícones de atalho em sua área de trabalho, você pode arrastá-lo até a Lixeira e ele será eliminado. Você poderá, então, iniciar o Outlook através das duas outras maneiras.

> *Através da barra de ferramentas de atalhos do Office.* — Se você instalou toda a suíte do Microsoft Office e não somente o Outlook, pôde escolher se gostaria de ter uma barra de ferramentas de atalhos do Office instalada na área de trabalho. Caso tenha inserido a barra de ferramentas, pode iniciar o Outlook a partir dela clicando uma vez no seu ícone.

> *O menu Iniciar* — Provavelmente este é o caminho pelo qual você inicia a maioria dos seus programas, a menos que seja um grande defensor do método de inicialização através dos ícones da área de trabalho. Neste modo, basta clicar no botão Iniciar, depois em Programas e em seguida em Microsoft Outlook.

Conforme dito anteriormente, não importa a forma como o Outlook é iniciado. Algumas pessoas preferem a área de trabalho sem muitos ícones, por isso eliminam o ícone do Outlook e a barra de ferramentas de atalhos do Office. Elas devem ,então, iniciar o programa a partir do menu Iniciar. Outros preferem clicar duas vezes no ícone a partir da área de trabalho ao invés de ter que procurar o Outlook em uma grande lista de programas nos seus discos rígidos. Se você gosta de viver de forma diferente, pode alternar entre modos distintos. Seria excitante. De qualquer maneira, a primeira tela do Outlook será provavelmente igual a da figura seguinte.

Em alguns casos, no entanto, é possível ir diretamente para a caixa de diálogo do Outlook ao iniciar o programa.

Capítulo 3 ➤ Sem fotos, por favor   **25**

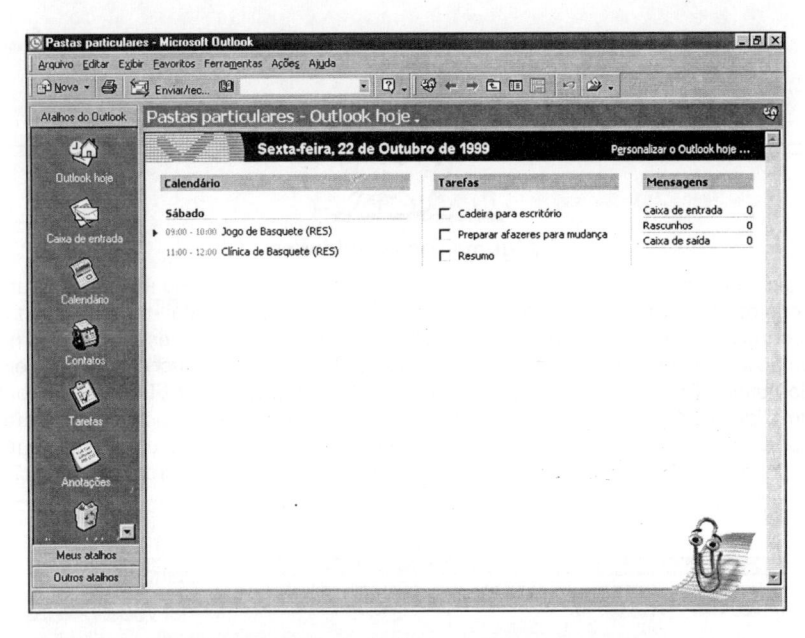

A tela de abertura do Outlook será sempre a mesma, não importando a forma como se iniciou o programa.

Dê uma olhada na janela do Outlook

A parte principal da janela do Outlook, quando é iniciado, é o Outlook Today.

O Outlook Today é um resumo dos eventos do dia. É uma excelente ferramenta para uma pessoa ocupada, tanto se for uma profissional quanto uma dona-de-casa. Exibe, de forma imediata, quaisquer compromissos que tenha para o dia, as tarefas que se tem a cumprir e o número de mensagens de correio eletrônico recebidas ou que estão à espera para serem enviadas. Se o programa não iniciar com a pasta do Outlook Today, clique neste ícone localizado no lado esquerdo da barra do Outlook. Ele deve ser o primeiro da lista.

Pessoalmente, adoro utilizar este recurso no início de cada dia de trabalho. Chego no trabalho, ligo o computador, abro o Outlook e tenho num piscar de olhos uma visão geral do meu dia, como pode ser visto na figura a seguir.

Algumas possibilidades

Dois itens podem vir um pouco diferentes na sua tela em relação à vista na figura seguinte. Em primeiro lugar, a sua tela pode não estar maximizada – ou seja, talvez o programa não esteja ocupando a tela toda. Caso isto esteja acontecendo, clique no botão Maximizar, que é o segundo a partir da direita no canto superior direito da janela do Outlook. Em segundo lugar, o Assistente do Office pode aparecer. Ele se parece com um clipe de papel (embora às vezes mude para o formato de uma bicicleta) e em geral aparece no canto inferior direito da tela. O Assistente do Office é um componente importante do Outlook, explicado detalhadamente no Capítulo 4, "Que direção seguir?".

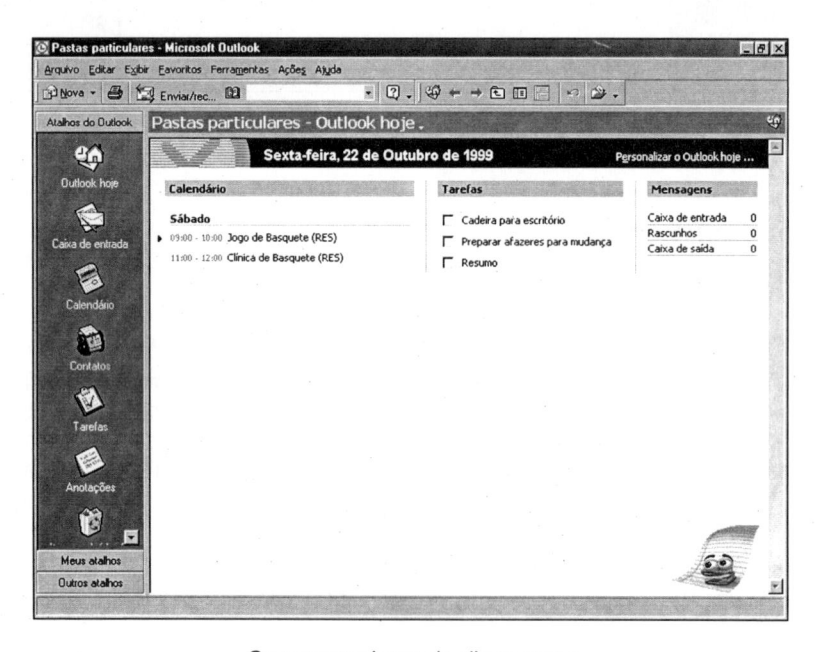

Os compromissos do dia e outras coisas mais aparecem no Outlook Today.

Na margem inferior esquerda da janela está a barra do Outlook, que oferece acesso rápido à maioria dos seus recursos mais utilizados. Ela também possibilita também o acesso a outros arquivos do computador entre outras coisas. (Este ponto é tratado com mais detalhes na próxima seção deste capítulo).

Barra de menu

No topo da janela está a barra de menus, que a maioria dos programas possui. Os menus à disposição de escolha - Arquivo, Editar, Exibir, Favoritos, Ferramentas, Ações e Ajuda – estão todos discutidos em detalhe em um ponto ou outro deste livro.

Barra de ferramentas padrão do Outlook

Logo abaixo da barra de menus encontra-se a barra de ferramentas padrão do Outlook que oferece formas rápidas de realização de tarefas no programa.

O botão provavelmente mais utilizado nesta barra de ferramentas é o de menu Novo, localizado à esquerda. Ele mostra uma grande lista de opções para serem adicionadas no Outlook, conforme apresentado na figura seguinte.

O menu Novo fornece acesso rápido a uma grande lista de itens.

Menus IntelliSense

O Microsoft Office 2000 apresenta um tipo de sistema de menus diferente do utilizado nas versões anteriores do software. Se você ainda não experimentou o sistema no Word, Excel, ou em outro programa do Office, é uma boa hora para começar.

É possível ativar um menu IntelliSense através das duas setas para baixo apresentadas na parte inferior do menu. Ao clicar nestas setas o menu exibe mais opções. O menu também é expandido se deixar o cursor sobre o nome do menu por alguns segundos.

Os menus IntelliSense são desenvolvidos para "perceber" quais opções de menu são mais utilizadas por você. Ao utilizar algumas das opções do programa com freqüência cada vez maior, elas são "hierarquizadas" em uma lista, movendo as opções menos utilizadas para abaixo das setas. O objetivo é lhe oferecer um menu menor, somente com as opções mais utilizadas.

Os itens do menu adicional, apresentados após clicar nas setas para baixo, parecem estar vazios, mas na verdade estão funcionando.

O menu Novo serve para adicionar opções rapidamente: uma nova mensagem de correio eletrônico que gostaria de enviar, um novo compromisso no calendário, um novo contato, uma anotação ou registro no diário novos ou até mesmo uma forma de abrir novos documentos em um programa diferente do Office.

A barra de ferramentas padrão do Outlook possui ainda: um botão para impressão, outro para enviar e receber correio eletrônico de forma rápida e mais um botão para acessar rapidamente o seu catálogo de endereços ou a lista de contatos. E, no final dela, aparece um ponto de interrogação. Este botão dá acesso à própria barra de ferramentas, o que torna possível remover os botões que não serão utilizados ou adicionar outros que gostaria de ter.

A Microsoft oferece uma barra de ferramentas excelente, além da opção de poder personalizá-la de acordo com suas preferências pessoais.

Como encontrar atalhos onde for possível

Se você é como eu, quando era criança sua mãe muitas vezes lhe pedia para lavar os pratos. E provavelmente muitas vezes você não completou o trabalho e pulou no sofá para assistir um programa na TV. Isso é o que se chama pegar um atalho. (E se você é como eu, passa pouco tempo sem a televisão.)

Os atalhos que você encontrar no Outlook não irão trazer problemas. Na verdade, eles irão ajudá-lo a realizar seus trabalhos de forma rápida e bem feita, que tenho certeza, sua mãe apreciaria.

Capítulo 3 ➤ Sem fotos, por favor

A barra do Outlook, que fica localizada na parte inferior do lado esquerdo da sua tela, contém um grande número de atalhos desenvolvidos para aumentar sua produtividade. Os atalhos são divididos em três categorias distintas – Atalhos do Outlook, Meus atalhos e Outros. Tente não desprezar o item Outros, pois ele traz recursos interessantes, mesmo não possuindo um nome que soe importante. Como você vai ver, os atalhos da barra do Outlook economizam tempo nas tarefas do próprio programa e podem ajudá-lo a fazer funcionar todo o seu computador.

Cada um dos três menus de atalhos possui um botão de cabeçalho, onde é possível clicar para acessar o menu. Por exemplo, na figura a seguir a barra de atalhos do Outlook está aberta, enquanto os itens Meus atalhos e Outros estão no canto inferior esquerdo, fechados.

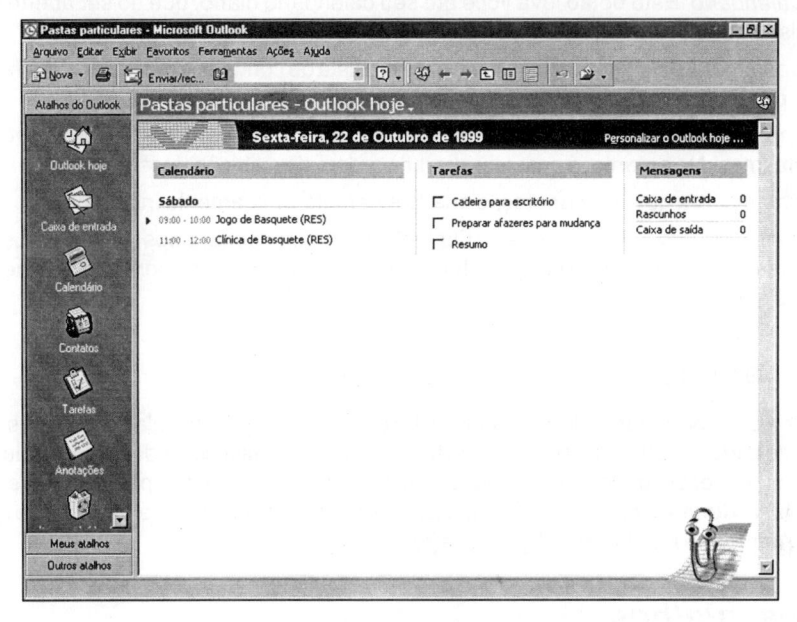

Para abrir o menu de atalhos basta clicar nos seus botões na barra do Outlook.

Para abrir a barra Meus atalhos basta clicar com o mouse sobre ela. As três barras permanecem na mesma ordem, com a barra de atalhos do Outlook acima, porém a Meus atalhos está aberta.

Vamos dar uma olhada no que está disponível em cada um desses menus. Mais à frente neste livro, você irá aprender como modificar estes menus e adicionar atalhos às pastas mais utilizadas fazendo do Outlook um programa ainda mais útil e funcional.

Atalhos do Outlook

Esta barra de menus oferece um rápido acesso aos recursos do próprio Outlook. Geralmente é composta por oito ícones, e não será possível visualizar todos de uma só vez. Será preciso utilizar a seta para baixo, na parte inferior da barra, ou a seta para cima, na parte superior. Basta clicá-las para visualizar o restante dos ícones:

- ➤ *Outlook Today*. Conforme visto anteriormente, o Outlook Today fornece uma visão geral rápida do calendário, tarefas e mensagens do dia.
- ➤ *Caixa de entrada*. Este é o local onde irão aparecer as mensagens de correio eletrônico e de fax recebidas.
- ➤ *Calendário*. Este botão leva você até seu calendário diário, que ao ser aberto em uma visão geral do dia da data atual.
- ➤ *Contatos*. Ao clicar neste item você abre sua lista de contatos e um menu organizados em ordem alfabética.
- ➤ *Tarefas*. Abre sua lista de tarefas, em geral classificada a partir da data de ocorrência das mesmas. No entanto, é possível alterar a ordem de exibição desses afazeres.
- ➤ *Notas* . Abre qualquer anotação criada e permite rapidamente inserir novas.
- ➤ *Itens excluídos*. São os itens do Outlook que foram descartados, tais como as mensagens de correio eletrônico que já foram lidas e excluídas. Elas permanecem neste local até que você as remova.

Meus atalhos

Ao iniciar o Outlook, a barra Meus atalhos exibe quatro ícones, todos relacionados à sua configuração de correio eletrônico: Rascunhos, Itens enviados, Caixa de saída e Itens excluídos. Ao clicar em qualquer um desses itens, é exibido o conteúdo da respectiva pasta. Por exemplo, ao clicar no botão Itens enviados, irá aparecer a lista de mensagens de correio eletrônico que você mandou, conforme mostrado na figura a seguir.

Outros atalhos

O item Outros atalhos oferece um vínculo entre o programa Outlook e todo seu computador.

Você verá um ícone Meu computador, que permite visualizar e abrir arquivos que se encontram armazenados no disco rígido, nas unidades de disco flexível e CD-ROM entre outros. Também serão mostradas pastas para o item Meus documentos,(às vezes chamada de Pessoal) e Favoritos. Esta é uma ótima barra de menu para personalizar, adicionando a ela suas pastas mais utilizadas. Iremos aprender como personalizar esta barra de menus mais à frente no Capítulo 5, "Divirta-se com arquivos e pastas".

Capítulo 3 ➤ Sem fotos, por favor 31

Atenção ao botão Novo!

O botão Novo, situado no canto superior esquerdo, é incrível. Ao clicar na pequena seta próxima a ele, obtém-se uma lista completa de recursos. No entanto, ao clicar na palavra "Novo", o resultado é diferente, dependendo de que janela você esteja. Por exemplo, se estiver em Calendário e clicar em Novo, estará prestes a acessar um novo compromisso. Porém, se estiver em Contatos e clicar em Novo, estará pronto para adicionar um outro contato.

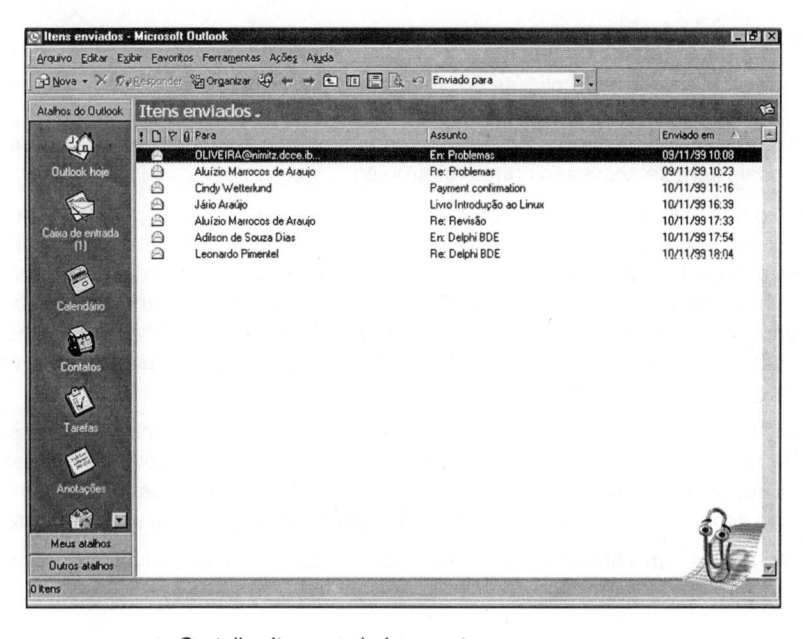

O atalho Itens enviados mostra as mensagens de correio eletrônico enviadas para outras pessoas.

Como iniciar os principais recursos do Outlook

No Capítulo 1, "Por onde começar?", vimos como o Outlook pode ser útil a você. Ninguém gosta de provocação, então estou pronto para mostrar como prosseguir com o programa. Pensou que nunca fosse chegar até aqui ,não é mesmo?

O Outlook possui uma infinidade de recursos, porém na verdade existem quatro áreas principais, com as quais a maioria das pessoas trabalha regularmente: Correio eletrônico, Calendário, Contatos e Tarefas. Todas elas são abordadas em pelo menos um dos capítulos deste livro e outras em uma série deles. Esta seção não faz uma abordagem completa desses tópicos; é apenas uma lição rápida para iniciantes. Também será possível ver como esses recursos estão integrados com o Outlook e como eles interagem com todos os outros recursos.

Correio eletrônico

As mensagens de correio eletrônico estão por todas as partes dentro do Outlook. Dê uma olhada novamente na janela do Outlook Today que cumprimenta você ao iniciar o programa (clique no Outlook Today na barra de atalhos do Outlook, caso o mesmo não esteja visível em sua tela). Há diversos locais para se acessar o correio eletrônico.

Logo abaixo do Outlook Today, no menu Atalhos, encontra-se o atalho para a pasta Caixa de entrada. Clique sobre ela para visualizar uma lista de mensagens recebidas. É possível também acessar a pasta Caixa de entrada, clicando no item correspondente, que aparece abaixo do cabeçalho Mensagens, na janela principal do Outlook Today. Também abaixo do cabeçalho Mensagens, é possível clicar em Rascunhos para visualizar as mensagens que você começou mas ainda não concluiu ou ainda, clicar sobre Caixa de saída para visualizar as mensagens escritas mas que ainda não foram enviadas.

Se clicar no botão Novo, abre-se uma janela onde é possível compor uma nova mensagem de correio eletrônico. Se clicar no botão Enviar/Receber, o computador envia quaisquer mensagens que já foram escritas e verifica outras novas no servidor (se necessário, o modem irá iniciar a discagem, a menos que tenha sido escolhida a forma manual durante sua configuração).

Lembre-se, caso a barra Meus atalhos estiver sendo exibida, será possível visualizar todas as pastas do seu correio eletrônico.

Calendário

O Calendário é uma ferramenta que possui muitos recursos, que permitem realizar muito mais do que você imagina. Ou seja, é mais do que um simples recurso que serve apenas para lembrá-lo de seus compromissos (embora também faça isso).

Capítulo 3 ➤ Sem fotos, por favor

Na janela Outlook Today, é possível visualizar os compromissos de hoje ou de alguns dias adiante. Para definir um novo compromisso, clique no botão Calendário na janela de atalhos do Outlook . Isto deve abrir uma janela com uma visualização diária da data atual. (Caso isto não aconteça, clique no botão 1-Dia ,situado próximo à parte superior da tela, e em seguida clique no dia corrente no calendário de visualização mensal, na parte superior à direita). A seguir, clique em qualquer um dos campos de meia em meia hora do calendário atual. O campo ficará azul. Então, digite as informações sobre o seu compromisso.

Uma vez terminada a digitação do compromisso, clique no botão Enter e, depois, no Outlook Today a partir da barra de atalhos do Outlook .Você verá seu compromisso listado em uma parte do Calendário no Outlook Today, conforme aparece na figura seguinte.

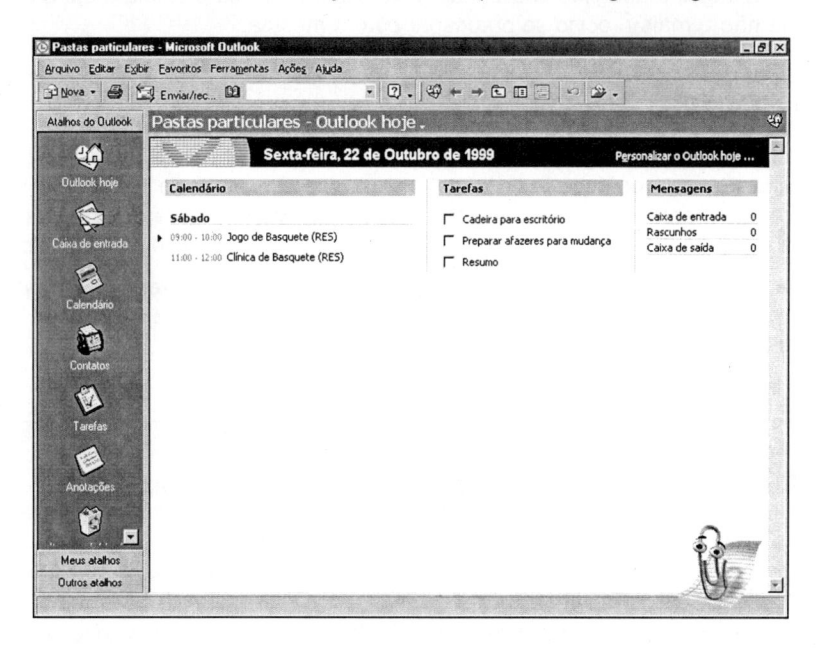

Os compromissos aparecem na janela do Outlook Today.

Contatos

Clique no botão Contatos na barra de atalhos do Outlook para abrir sua lista de contatos. Caso deseje adicionar um novo , basta clicar no botão Novo a partir da barra de ferramentas superior.

A partir da janela Contatos, é possível: enviar uma mensagem de correio eletrônico para seu contato, agendar um compromisso ou delegar a ele uma tarefa.

Tarefas

As suas tarefas também aparecem na janela do Outlook Today, e podem ser classificadas de acordo com a data de realização ou de uma série de outros modos.

Clique em Tarefas no menu de atalhos do Outlook para visualizar a lista completa de tarefas que estão esperando por uma resolução. Para adicionar uma nova, basta clicar no botão Novo a partir da barra de ferramentas superior. Uma vez digitada uma nova tarefa, retorne à janela do Outlook Today, clicando no próprio item a partir da barra de atalhos. A nova tarefa será exibida.

Uma vez que a tarefa tenha sido finalizada, basta clicar na caixa próxima a ela e um risco mostrará que não é mais preciso se preocupar com a mesma.

Como sair do Outlook

Sair do Outlook é exatamente igual sair de uma centena de outros programas de seu computador. Basta clicar no pequeno X que fica situado no canto superior direito da tela. O Assistente do Office vai, provavelmente, aparecer e dar uma piscadela para você ou talvez virar de costas com uma bicicleta e ir embora. Há mais informações sobre o Assistente do Office no próximo capítulo.

Caso possua itens ainda pendentes, tais como uma mensagem de correio eletrônico que não foi salva ou um compromisso que ainda não tenha sido preenchido completamente, o Outlook irá perguntar se deseja salvar suas alterações antes de sair.

O mínimo que você precisa saber

- ➤ É possível iniciar o Outlook a partir do ícone em sua área de trabalho, a partir do menu Início ou então a partir da barra de atalhos do Office, caso a tenha aceito durante a instalação.
- ➤ Uma vez dentro do Outlook, há diversos caminhos para acessar cada um dos recursos do programa - a partir do menu Novo, da barra do Outlook ou do Outlook Today.
- ➤ As três barras de atalhos existentes no Outlook fornecem acesso rápido aos recursos do programa e a outras pastas, armazenadas no disco rígido do computador.
- ➤ Os quatro recursos mais utilizados do Outlook - o Correio eletrônico, o Calendário, Contatos e as Tarefas - são totalmente integrados uns com os outros e podem ser facilmente acessados a partir de diferentes pontos dentro do programa.

Capítulo 4

Parada para pedir informações

> **Neste capítulo**
> ➤ O Assistente do Office.
> ➤ Como procurar ajuda.
> ➤ Como fazer perguntas.
> ➤ A ferramenta O que é isto?
> ➤ Como obter ajuda on-line
> ➤ Como utilizar o serviço Faxback da Microsoft

Provavelmente você não é o tipo de pessoa que compraria um programa de software, tentaria decifrar como instalá-lo sem ler as orientações e depois ainda tentaria descobrir todos os recursos incríveis do mesmo apenas remexendo em um ou outro lugar.

Esses tipos de pessoas conseguem arrumar problemas. Elas criam documentos importantes e depois não conseguem achá-los. Seus computadores param nas horas mais impróprias. (Se é que exista alguma hora própria para isto.) Talvez o mais importante de tudo seja que elas perdem um grande número horas tentando descobrir como realizar tarefas simples.

Não sou nenhum adivinho, mas acho que você não é esse tipo de pessoa. Caso fosse, não deveria ter adquirido este livro.

Na verdade, experimentar qualquer programa (até um certo ponto) é uma boa idéia e já que tratamos das principais ofertas e até mostramos um pouco de como entrar nos melhores recursos do programa, você pode decidir sair do seu lugar por um minuto ou dois a fim de verificar o que pode encontrar.

Isto não é um problema. Se você sempre pede por informações ou o faz casualmente, este capítulo lhe será importante. Mesmo se ler este livro do começo ao fim, seguir todas as recomendações e praticar muito, vai haver uma hora em que precisará de mais ajuda.

O Outlook – e as demais aplicações da suíte Microsoft Office – possui um assistente animado para você, além dos menus normais de ajuda. É possível também encontrar ajuda na Internet, através do America Online, ou a partir da própria Microsoft.

O Assistente do Office

Discutimos de forma rápida ,nos capítulos anteriores ,sobre o Assistente do Office , mas agora é hora de tornar-se mais familiarizado com o nosso pequeno amigo apresentado na figura a seguir.

Normalmente, ele aparece como um clipe de papel com olhos, porém muda de formato de acordo com o que está sendo feito. Ele "se senta" em um pedaço de papel, e fica lá esperando que você solicite sua ajuda. Se não estiver visível por alguma razão, basta clicar no botão Assistente do Office na barra de ferramentas. (Parece com um balão de estórias em quadrinhos com um ponto de interrogação dentro dele.)

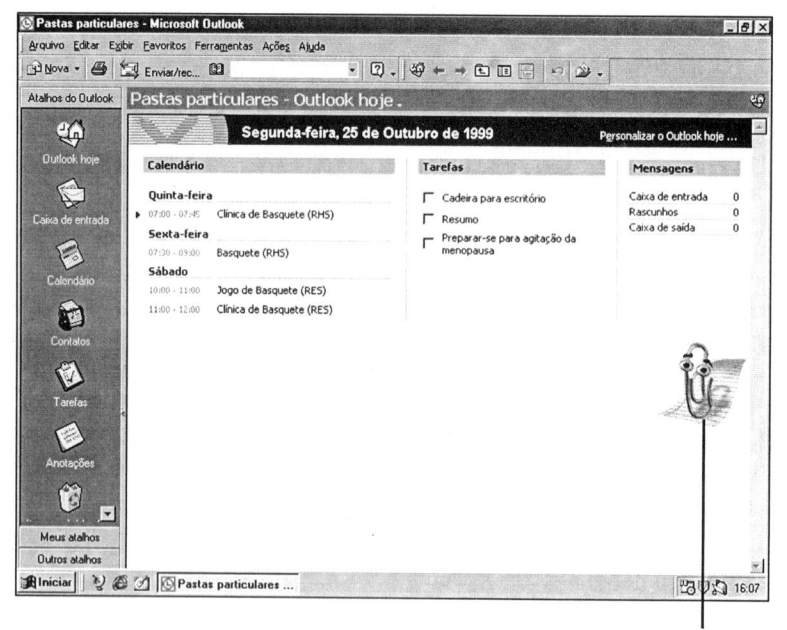

O assistente do Office está pronto para ajudar quando for preciso.

Capítulo 4 ➤ Parada para pedir informações 37

O Assistente do Office é designado para usuários de computador pouco experientes no uso dos menus de ajuda, onde os tópicos procurados podem não estar relacionados exatamente sob os títulos que se espera.

Como fazer perguntas

Solicitar ajuda ao Assistente do Office é fácil porque basta digitar uma pergunta que gostaria de ser respondida.

Por exemplo, digamos que você esteja se perguntando sobre como apagar um compromisso de seu calendário. Para ativar o Assistente do Office, clique uma vez sobre o mesmo. Um balão com texto vai aparecer logo acima do recurso, perguntando o que você gostaria de saber, conforme mostrado na figura a seguir. Digite sua pergunta na caixa fornecida e em seguida clique no botão Pesquisar. Por exemplo, sua pergunta pode ser "Como apago um compromisso do meu calendário?"

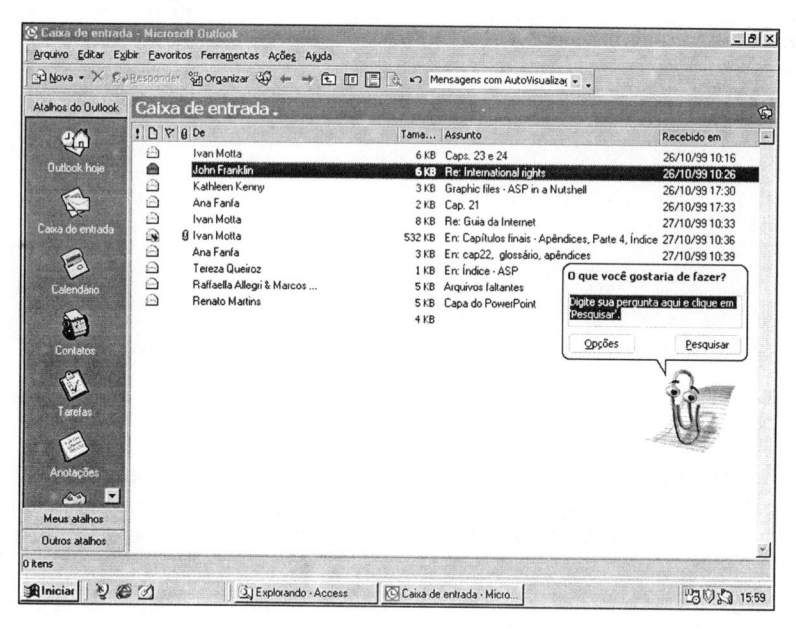

Digite sua pergunta e o Assistente do Office irá pesquisar as possíveis respostas.

O Assistente do Office seleciona as palavras-chave de sua frase e apresenta os tópicos de ajuda pertinentes. Por exemplo, a resposta do recurso para a pergunta anterior aparece na figura seguinte.

Pelo menos, um desses cabeçalhos de tópicos provavelmente conterá informações que irão responder à sua pergunta. Os outros podem ou não respondê-la, mas você irá possivelmente clicar em um que melhor atenda a sua pergunta.

A pergunta do exemplo é bem básica.. Conforme for fazendo perguntas mais detalhadas, no entanto, algumas das respostas podem não estar tão próximas daquilo que se quer. Nestes casos, é aconselhável reduzir a pergunta apenas às palavras-chave essenciais.

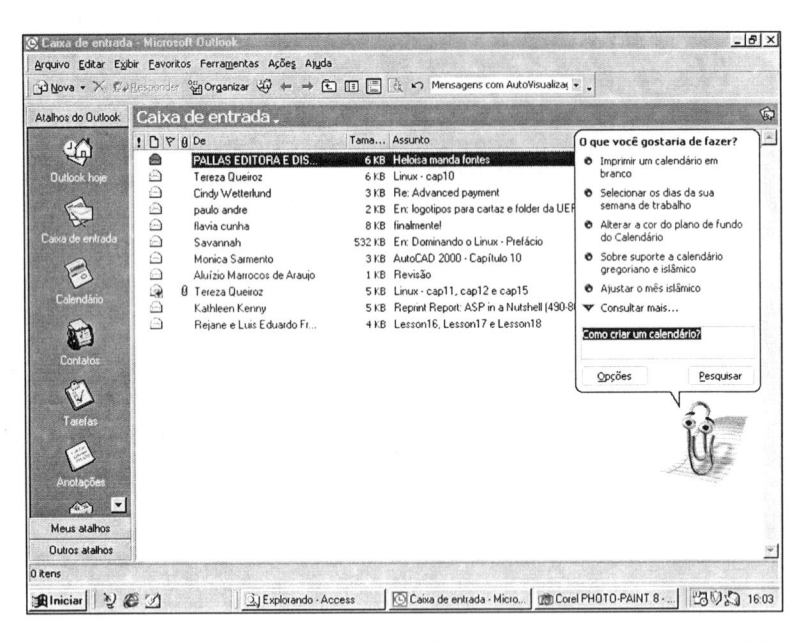

O Assistente do Office mostra os tópicos de ajuda com base na pergunta feita.

(Ao contrário dos editores deste livro, o Assistente do Office não se importa com fragmentos de frases). Em nosso exemplo anterior, se tivesse sido digitado "apagar compromisso", os tópicos obtidos como resposta teriam sido praticamente os mesmos de quando feita a pergunta inteira.

Encontrado um tópico que você ache mais próximo de responder sua pergunta, clique-o uma vez. A janela Ajuda do Outlook abrirá no lado direito de sua tela, reduzindo a janela principal do Outlook a uma área menor ,do lado esquerdo. A janela de Ajuda estará onde a sua resposta completa será exibida.

Capítulo 4 ➤ Parada para pedir informações 39

Como trabalhar com o Assistente do Office

O Assistente do Office pode ser personalizado para se adaptar ao seu estilo pessoal. Todos os tipos de alterações podem ser feitos, inclusive mudar a aparência da animação que está lhe servindo.

Caso esteja interessado em fazer alterações, clique no Assistente do Office e em seguida no botão Opções. Você verá a janela do recurso, ou então, clique com o botão direito do mouse sobre o Assistente do Office e escolha as opções a partir do menu que aparecer.

A janela abre automaticamente com a guia Opções selecionada, conforme mostrado na figura seguinte. Neste ponto, é possível modificar as configurações básicas do Assistente do Office , tal como quando é solicitada uma ajuda automática do recurso e você quer que esse comando corresponda à tecla F1, entre outras possíveis modificações.

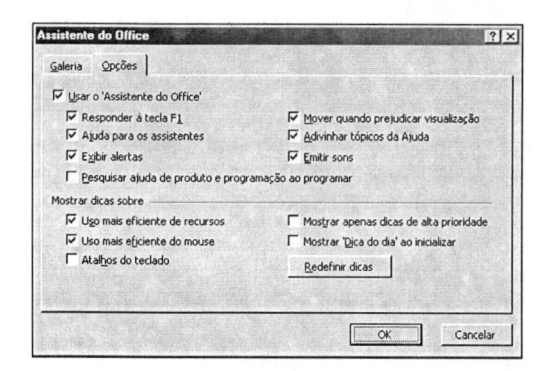

Na janela do Assistente do Office, você pode mudar a aparência e o modo de responder do seu recurso.

A caixa de seleção no topo da janela, Use o Assistente do Office , é selecionada. Se não se sentir confortável em ter um personagem animado observando-o a cada movimento, basta desmarcar esta caixa e o Assistente do Office não aparecerá mais. Mais tarde, se desejar tê-lo de volta, basta abrir o menu Ajuda e selecionar Exibir Assistente do Office .

É possível também definir quando (ou se) você quer que o recurso forneça informações úteis ao trabalhar com um especialista. O Assistente do Office pode ser utilizado para exibir alertas para você.

Um recurso que acredito ser muito útil é o Mover quando no modo de caixa de seleção. Ele move automaticamente o Assistente do Office quando o cursor se aproxima. Por exemplo, ao escrever uma mensagem de correio eletrônico, o recurso ficará fora do seu caminho.

A guia Galeria é onde a graça realmente acontece. Nela descobre-se que o nome do seu amigo clipe de papel é Clippit. Clique no botão Próximo para ver outros personagens que podem ser selecionados. O meu favorito é o Genius, que se parece com um pequeno Albert Einstein animado. (Sinto-me como se tivesse conseguido um verdadeiro gênio para me ajudar.) Você também pode alterar o seu Assistente clicando o botão direito do mouse no Assistente e selecionando Escolher Assistente. Se quiser ver o movimento dele, clique com o botão direito do mouse sobre o mesmo e selecione Animar.

Como obter ajuda do modo tradicional

Você vive à moda antiga? Não quer um artefato animado respondendo às suas perguntas? Se for assim, o Outlook permite que você se livre do Assistente do Office e ainda continue obtendo a ajuda que necessita.

Em primeiro lugar, é preciso desativar o Assistente do Office, conforme foi feito na seção anterior: clique uma vez sobre ele, clique em Opções, e depois desselecione o botão Uso do Assistente do Office. Em seguida clique em OK. O recurso estará desativado.

Para obter ajuda, então, será necessário trabalhar a partir do menu Ajuda. Clique em Ajuda e em seguida em Ajuda do Microsoft Outlook. Mais uma vez, a janela será exibida na tela, cobrindo o programa principal do Outlook.

O botão superior esquerdo na janela de Ajuda do Outlook (veja na figura seguinte) é o de exibir/ocultar. Se não conseguir visualizar as três guias chamadas de Conteúdo, Assistente de resposta e Índice no seu lado esquerdo, clique no botão exibir/ocultar e ele as exibirá.

Há uma primeira vez para tudo

Na primeira vez em que utilizar o Ajuda do Outlook, pode levar algum tempo até que ele carregue todos os tópicos. Pode ser preciso reinserir o CD-ROM do Office. Aguarde apenas um minuto e estará pronto para prosseguir.

Capítulo 4 ➤ Parada para pedir informações

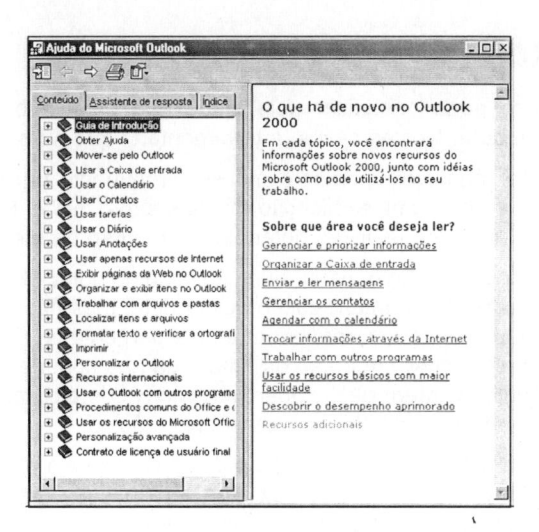

A janela Ajuda do Outlook oferece ajuda no modo tradicional.

Cada uma dessas guias oferecem ajuda aos usuários do Outlook e a que você escolher para utilizar dependerá da sua preferência pessoal. Vejamos rapidamente como cada uma delas funciona:

➤ *Conteúdos* — Se estivesse procurando por um tópico neste livro, iria para o sumário, localizado no início, ou para o índice remissivo no final da publicação? Se você sente-se mais à vontade para utilizar o sumário, a guia Conteúdos é feito para você. Os tópicos não estão organizados em ordem alfabética, então é preciso percorrer toda a lista para encontrar aquele que procura. Uma vez encontrado, clique no sinal de adição próximo a ele e as subcategorias serão exibidas.

➤ *Assistente de Resposta* — Funciona de forma muito parecida com a do Assistente do Office . Digita-se uma pergunta ou uma série de palavras-chave, e ele apresenta uma lista de tópicos a partir dos quais é possível escolher.

➤ *Índice* — Este é para aquelas pessoas que ao procurarem ajuda preferem utilizar o índice remissivo no final do livro. A listagem é organizada por tópicos, em ordem alfabética. É possível percorrer a lista e clicar duas vezes no tópico escolhido. Ou, digitar uma palavra-chave e clicar em Pesquisar, a fim de obter uma lista de possíveis correspondências. Clique duas vezes sobre o tópico da janela inferior e as respostas aparecerão no painel à direita.

O que é isto?

Algumas vezes, você pode pesquisar pela ajuda que precisa e ainda não encontrar exatamente o que procura. Nestes casos, a ferramenta O que é isso? pode ajudar.

Com O que é isto? é possível apontar o mouse diretamente para aquilo que está lhe colocando em dúvida e obter uma explicação rápida sobre o que é. Pode-se até obter uma sugestão sobre como pode-se usar um determinado recurso da melhor forma.

Para acessar O que é isto? Puxe o menu Ajuda e clique no botão O que é isto? Seu cursor ficará com um grande ponto de interrogação acima dele, mas não o tempo todo. Apenas alguns aspectos do Outlook podem responder a uma pergunta do O que é isto?, assim se você mover o seu cursor sobre um botão ou uma área não coberta, seu cursor aparecerá normal. Quando o ponto de interrogação aparecer, você poderá clicar sobre o objeto e uma caixa de ajuda será exibida com informações sobre o tópico.

Na figura apresentada a seguir, o anúncio da pasta é clicado e a caixa de ajuda do O que é isto? explica qual anúncio é e o que ele faz. Também mostra uma outra utilização para o anúncio da pasta, apenas no caso de ser de seu interesse.

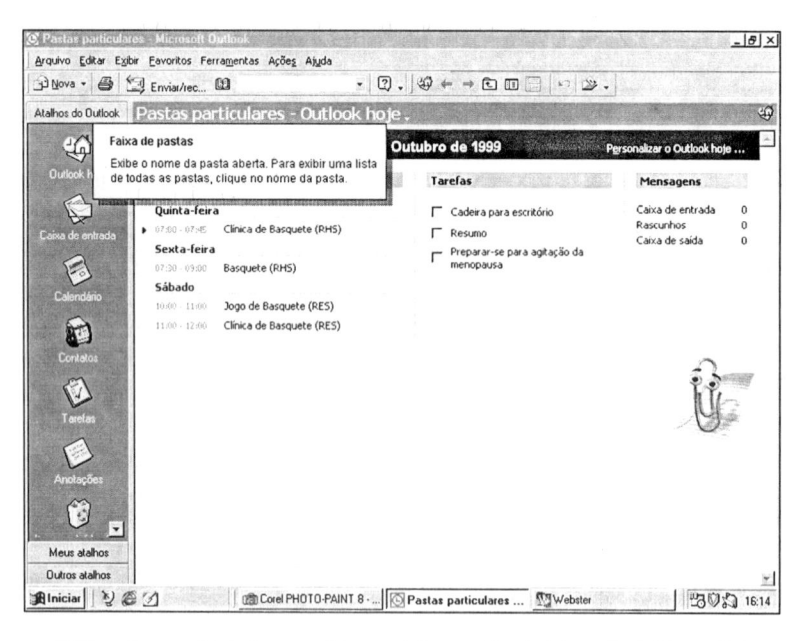

Utilizar O que é isto? para obter as informações básicas é rápido e fácil.

Capítulo 4 ➤ Parada para pedir informações   43

Como obter ajuda on-line

Microsoft facilita a obtenção de ajuda na Web para todos os seus programas. No novo Office 2000, é mais fácil do que nunca pois acrescentaram um Office na seleção da Web.

A partir do menu Ajuda, basta clicar no Office na Web .Caso tenha uma conexão à Internet, será conduzido diretamente para o navegador padrão e enviado para a home- page de atualização do Office da Microsoft. A partir daí, clique no botão Pesquisar para procurar os produtos de que precisa de ajuda – neste caso, o Outlook.

Ainda melhor, é ir até o Banco de Conhecimento da Microsoft.. Este é o mesmo banco de dados utilizado pelo pessoal de suporte técnico da Microsoft quando tentamos ser atendidos por telefone. O endereço na Web do Banco de Conhecimento da Microsoft é www.support.microsoft.com.

É um ótimo lugar para visitar caso o Outlook não esteja funcionando apropriadamente em uma determinada área. Qualquer falha relatada para o suporte técnico está registrada aqui, então é provável encontrar sempre uma explicação para o seu problema, se não uma solução para o mesmo.

Como utilizar o serviço Faxback da Microsoft

Se você possuir acesso a um aparelho de fax, poderá utilizá-lo para obter informações diretamente da Microsoft. O serviço faxback da Microsoft é chamado de Dicas rápidas e pode ser contatado através do número 00 XX 001-800-936-4100. Na primeira ligação, você pode solicitar um "mapa" do Outlook que irá fornecer códigos para ajudá-lo a solicitar faxes que respondam às suas perguntas (em uma segunda ligação). Pode não ser o método mais fácil e rápido para a obter respostas, mas funciona.

O mínimo que você precisa saber

➤ O Assistente do Office responde às questões escritas em frases completas (ou em palavras-chave) e fornece diversas informações para resolver o seu problema.

➤ O Assistente do Office pode ser personalizado para funcionar em modos específicos, para desaparecer ou até mesmo alterar sua aparência.

➤ O Outlook oferece ajuda tradicional através da Ajuda do Outlook, no menu Ajuda. É possível utilizar três guias diferentes: Conteúdos, Assistente de Resposta e Índice.

➤ A opção O que é isto? permite apontar para uma objeto com o cursor e descobrir o que ele é, como funciona, e algumas opções sobre como utilizá-lo de modos diferentes.

➤ É possível obter ajuda a partir da Microsoft na Internet, tanto a partir do Banco de Conhecimento da Microsoft quanto do vínculo do Office na Web a partir do menu Ajuda do Outlook.

➤ É possível obter respostas automáticas através do fax, utilizando o Dicas Rápidas, serviço de faxback da Microsoft.

Capítulo 5

Divirta-se com arquivos e pastas

> **Neste capítulo**
> ➤ Como selecionar, mover e copiar arquivos
> ➤ Como criar novas pastas
> ➤ Como renomear arquivos e pastas
> ➤ Diferentes modos de visualização de arquivos
> ➤ Como adicionar pastas à barra do Outlook
> ➤ Ferramentas de gerenciamento de arquivos

Se você tem passado horas trabalhando (ou brincando) com seu computador, sabe que tudo nele funciona baseado em um sistema de arquivos e pastas.

Você escreve uma carta para sua mãe, e salva o documento num arquivo dentro de uma pasta. Você calcula o orçamento familiar, e salva num arquivo dentro de uma pasta. E o melhor – você criou um arquivo na semana passada e agora não se lembra onde o colocou.

Se ao menos você conseguisse lembrar o nome daquela pasta...

O Outlook não é diferente. Não importa se você criou uma lista de tarefas ou contatos, digitou um punhado de informações no calendário, ou enviou mensagens de correio eletrônico para cem pessoas, de qualquer forma criou, salvou, moveu e excluiu arquivos, talvez até mesmo sem saber que estava fazendo isto.

O que fazer com todos esses arquivos e pastas? Como encontrar com facilidade os mais importantes? Como criar um sistema particular de pastas a fim de organizar melhor seus arquivos? O Outlook pode ajudar com arquivos e pastas utilizados em outros programas? Você gosta de filmes de guerra?

Bem, esqueça o último.

Verdade seja dita, o Outlook foi desenvolvido para ser muito mais do que apenas outro programa que ocupa espaço em seu computador, enquanto o ajuda a realizar uma ou duas funções. Basta deixar e o Outlook irá ajudá-lo a gerenciar qualquer arquivo existente em seu computador.

Já aprendemos alguns pontos básicos sobre como o Outlook ajuda a organizar compromissos, contatos, tarefas e correio eletrônico. Porém, o Outlook pode ainda ajudá-lo a manter o seu computador sob controle. De fato, o Outlook pode se transformar em uma peça indispensável para o uso diário de seu computador.

Como vigiar seus arquivos e pastas

Se você já é um usuário veterano de computadores, provavelmente já gastou muito tempo examinando listas de arquivos e pastas. Talvez tenha aprendido como mover, excluir, copiar ou renomear os mesmos. O Outlook pode ajudar a fazer tudo isso e você verá que utilizá-lo para tais tarefas vai torná-las mais fáceis para você.

Antes de prosseguirmos, no entanto, é preciso mostrar como encontrar arquivos e pastas já existentes no disco rígido de seu computador.

Você deve se lembrar da viagem que fizemos ao Outlook no Capítulo 3, "Sem fotos, por favor!" onde se explicava como as guias existentes na barra do Outlook serviam para conduzir você através do programa. Cada uma dessas três guias ali localizadas – Atalhos do Outlook , Meus Atalhos e Outros – levam aos seus arquivos e pastas. Vamos voltar rapidamente a elas.

Atalhos do Outlook

Podem não parecer, mas cada um dos oito ícones da barra Atalhos do Outlook é, na verdade, uma pasta que contém alguns de seus arquivos.

Por exemplo, vejamos a Caixa de Entrada. Ao clicar sobre ela, aparecerá uma lista de mensagens de correio eletrônico recebidas e que ainda não foram excluídas. Cada uma dessas mensagens representa um arquivo, sendo possível a partir da janela Caixa de Entrada mover, copiar, encaminhar, excluir um ou todos os arquivos.

Ao clicar na maioria desses botões, no entanto, não será possível visualizar arquivos. Por exemplo, ao clicar na pasta Contatos será exibida uma lista dos mesmos, mas não exatamente uma lista de arquivos. Ainda assim , você estará trabalhando com arquivos em cada um desses locais.

Os outros dois menus da barra do Outlook são exemplos melhores de arquivos e pastas.

Capítulo 5 ➤ Divirta-se com arquivos e pastas

Meus Atalhos

Como você deve lembrar do Capítulo 3, o item Meus Atalhos possui algumas das pastas utilizadas para correio eletrônico – Rascunhos, Itens Enviados, Caixa de Saída e Itens Excluídos

Clique em qualquer um desses botões e verá uma lista de arquivos, quer dizer, caso possua arquivos em uma dessas pastas.

Não vamos gastar muito tempo nesta área, pois ela é apresentada com detalhes no Capítulo 11, "Como gerenciar muitas mensagens de correio eletrônico". Porém os princípios de trabalho com arquivos e pastas que serão tratados neste capítulo também se aplicam aos arquivos e pastas do item Meus Atalhos.

Outros Atalhos

Se eu pudesse alterar qualquer coisa no Outlook, seria o nome dessa barra de atalhos. "Outros" soa como algo que não é importante, como se os itens dessa pasta fossem tão inúteis que não pudessem ser agrupados em uma categoria *de verdade*. Talvez o melhor fosse chamá-la de "Miscelânea".

Ao clicar uma vez no cabeçalho desta barra de atalhos (clique na palavra "Outros") vai descobrir rapidamente que de fato ela é importante.

Serão apresentados, comumente, três botões nesta barra – Meu Computador, Meus Documentos e Favoritos – como pode ser visto na figura a seguir.

➤ *Meu Computador.* — i está o motivo porque acho que esta categoria não poderia ser chamada de Outros. O botão Meu Computador é o mesmo que aparece em sua área de trabalho. Ele leva você a todas pastas que contêm qualquer arquivo no seu computador –a todos os arquivos do Outlook, bem como a qualquer outro arquivo criado em outro programa. Parece ser mais importante do que apenas "outros", não acha?

➤ *Meus Documentos.* — já tiver utilizado qualquer um dos programas do Microsoft Office, provavelmente percebeu que ao salvar um documento, o padrão é salvar o arquivo na pasta Meus Documentos. É exatamente a pasta que estamos analisando agora. A pasta Pessoal está na verdade localizada no disco rígido, da mesma forma que também está presente na pasta do Microsoft Office. Este botão fornece um atalho para ela.

➤ *Favoritos.* — a pasta contém atalhos para seus sites favoritos na Web. Utilizando o navegador Internet Explorer, é possível salvar um site que deseja visitar novamente, bastando adicionar à sua lista de favoritos. Ao fazer isto, o site será exibido nesta pasta.

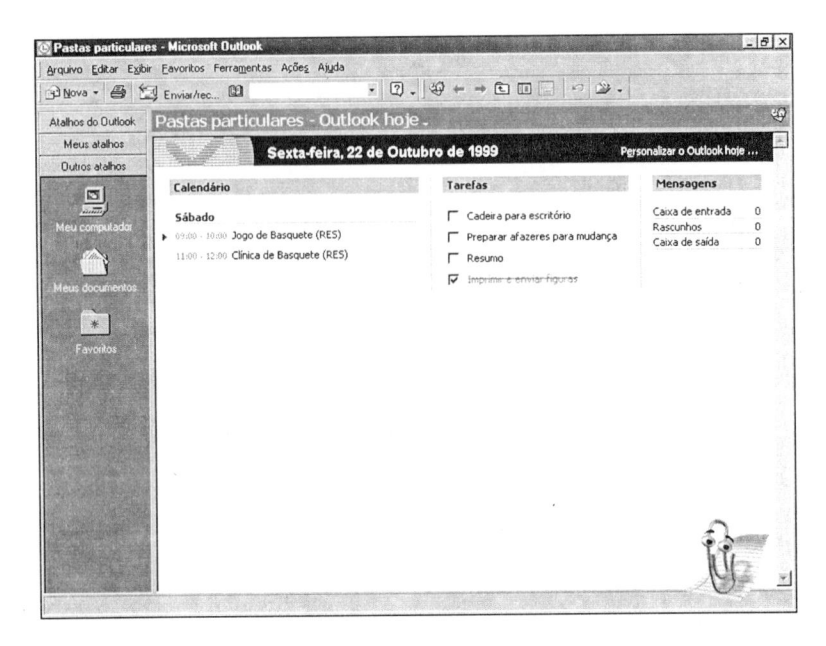

A barra de atalhos Outros, na parte esquerda da tela, possui normalmente três botões.

Ajuste personalizado

É possível fazer alterações em qualquer um dos menus de atalho. Pode-se adicionar novas pastas, ou mover, excluir e renomear as já existentes. Esta é uma boa forma de personalizar o Outlook e otimizar o tempo de sua agenda ocupada.

Algumas pessoas não gostam de despender muito tempo nesse tipo de tarefa. Afinal de contas, a Microsoft criou tantos caminhos diferentes para realizar a mesma ação em seus programas que não é necessário fazer nenhuma alteração. A razão pela qual os desenvolvedores de softwares oferecem tantas opções é que pessoas diferentes possuem gostos também diferentes. Mas, mesmo oferecendo essa quantidade de opções, ainda assim não conseguem agradar a todos. Por isso fornecem a possibilidade para que você defina suas próprias regras e desenvolva seu próprio layout para o programa, de forma que gostará dele cada vez mais.

Como adicionar atalhos será explicado mais tarde neste capítulo.

Capítulo 5 ➤ Divirta-se com arquivos e pastas   49

Como verificar
as pastas do Outlook

Agora que já vimos as pastas da barra do Outlook, é hora ver como elas funcionam dentro do próprio programa.

Para começar, vejamos os arquivos e pastas utilizados para trabalhar com o Outlook. Caso esteja em um computador independente (tal como um computador doméstico) estes arquivos encontram-se armazenados em seu disco rígido. Se estiver utilizando o Outlook em um sistema de computadores ligados em rede (conforme deve ser o computador utilizado no trabalho), os arquivos do Outlook devem estar armazenados no servidor ou então no próprio disco rígido do computador em uso. (Caso não tenha certeza verifique com o administrador de rede).

É possível criar novas pastas no Outlook, bem como alterar a ordem das mesmas na barra do Outlook, renomeá-las, copiá-las, excluí-las e muito mais.

Vamos tentar!

Para começar, devemos conseguir visualizar as próprias pastas e não apenas os botões da barra do Outlook, que levam até elas. Para fazer isto, será necessário alterar a tela do Outlook para o modo de visualização Lista de Pastas.

Primeiro, clique no botão Exibir. Em seguida clique em Lista de Pastas. A parte principal da tela do Outlook será redimensionada, aparecendo um novo painel. Sabendo que o Outlook Today é o modo de visualização padrão, provavelmente só será possível ver uma pasta, chamada Outlook Today. À sua esquerda há um sinal de adição em uma pequena caixa. Clique sobre este sinal e uma lista de subpastas existentes dentro da Outlook Today será exibida, conforme apresentado na figura a seguir.

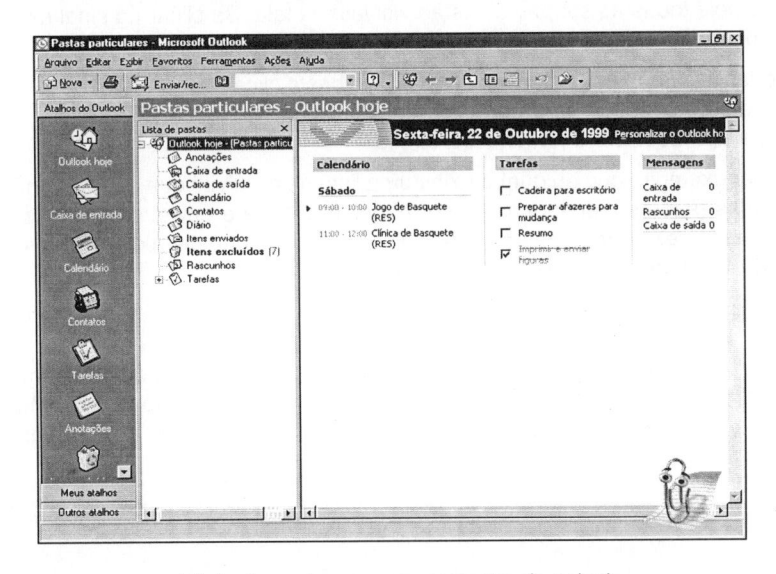

A lista de pastas aparece no centro do painel.

Cada um dos itens listados abaixo do Outlook Today representa uma pasta. Se algum deles possuir outras pastas dentro, também aparecerá um sinal de adição próximo ao nome.

Não tenha medo

Como cada usuário possui uma configuração diferente e todos utilizaram programas diversos anteriormente, a lista de pastas dentro do Outlook Today pode ser muito diferente da vista na figura anterior. Alguns itens podem ser iguais, como por exemplo, possuir uma pasta para cada um dos principais recursos do Outlook, tais como Calendário e Contatos entre outros. Porém você provavelmente não terá uma pasta chamada BT Co em seu programa, pois esta foi adicionada manualmente na minha configuração pessoal. Assim não se aborreça caso os itens não apareçam em seu computador exatamente iguais como estão na figura.

Afinal o que então significam esses sinais de adição-subtração? Na verdade é muito simples. Se uma pasta estiver com um sinal de adição próximo a ela, significa que ela possui subpastas dentro dela, que não estão sendo exibidas. Já, se uma pasta estiver com um sinal de subtração próximo a ela, significa que ela também possui subpastas e que estão todas sendo exibidas. Como podemos ver, a pasta do Outlook possui agora um sinal de subtração ao seu lado pois todas as subpastas estão visíveis na tela. Se clicar no sinal de subtração, todas as subpastas ficarão escondidas.

Quando todas as subpastas estão sendo exibidas, basta clicar uma vez no nome de qualquer uma delas e seu conteúdo será apresentado. Por exemplo, se clicar na pasta Calendário, o mesmo irá aparecer em uma janela à direita.

Digamos, por exemplo, que eu queira exibir uma lista de arquivos que estão em minha pasta Itens Enviados (são as mensagens de correio eletrônico que enviei para outras pessoas). Se eu clicar uma vez sobre a pasta, será exibida uma lista completa de arquivos, conforme apresentado na figura seguinte.

O objetivo da lista de pastas é permitir fazer modificações no sistema de organização das mesmas. É uma oportunidade para personalizar suas informações. Caso utilize esta ferramenta apenas para criar uma imensa burocracia dentro de seu computador, trabalhar com seus arquivos poderá ser pior do que trabalhar em uma repartição pública. Mas, se você utilizar essas ferramentas com sabedoria, irá se transformar em um ás do computador.

Capítulo 5 ➤ Divirta-se com arquivos e pastas   51

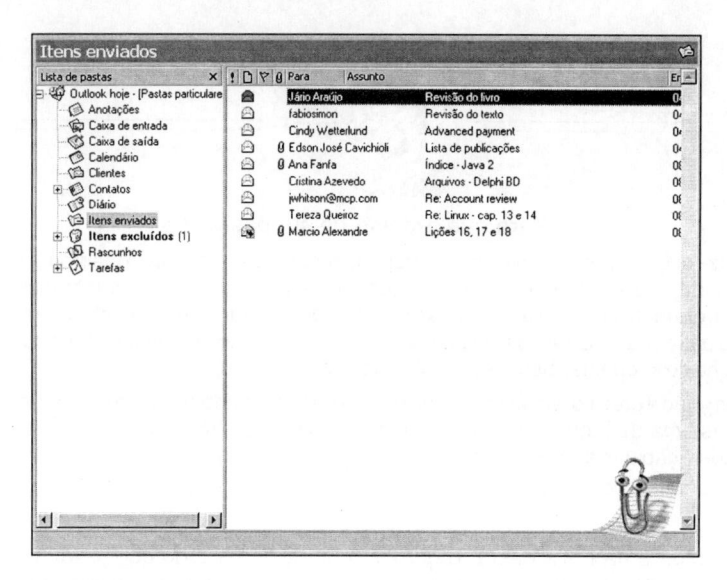

Ao clicar uma vez sobre qualquer um dos nomes das pastas, o conteúdo será exibido no painel situado do lado direito.

Como abrir caminho para as subpastas

Tecnicamente falando (e sei que você adora quando falo de forma técnica), qualquer pasta existente em seu computador é na verdade uma subpasta da onipresente unidade C:, que vem a ser a avó de todas as pastas.

No Outlook, no entanto, há pastas de nível mais alto, que são aquelas que possuem as principais características do programa. As pastas Calendário, Contatos e Tarefas são exemplos desse tipo. Não é possível alterar pastas de nível mais alto. Por exemplo, não é possível excluir a pasta Calendário, pois depois você não teria onde colocá-lo.

Para que preciso de subpastas?

Talvez você não precise, mas há grandes chances de que elas sejam úteis para mantê-lo mais organizado. Por exemplo, acha que seria fácil manter todas as suas mensagens de correio eletrônico em uma imensa pasta Caixa de Entrada ou classificá-las, tendo como base sua vida pessoal ou profissional? Este é um bom exemplo sobre como um sistema de subpastas bem desenvolvido pode lhe ajudar.

Porém, não é preciso gastar um tempo enorme preocupando-se sobre como configurar seu sistema de subpastas. Elas podem ser excluídas, renomeadas etc., assim a configuração das suas subpastas é um trabalho em progresso.

É muito fácil criar uma nova pasta. Digamos que, devido a tudo que já foi aprendido aqui, você queira criar duas pastas dentro de Tarefas, a fim de que possa separar suas tarefas pessoais das profissionais.

Há duas formas distintas para se criar uma nova pasta e podemos aprender ambas.

Em primeiro lugar, vamos abrir a pasta Tarefas clicando uma vez sobre o nome dela na lista de pastas. Você verá que a lista de tarefas vai aparecer no lado direito da tela, com o nome Tarefas destacado. Agora, a partir do menu Arquivo acima, selecione Pasta e em seguida Nova Pasta.

Irá aparecer uma caixa de diálogo parecida com a da figura a seguir.

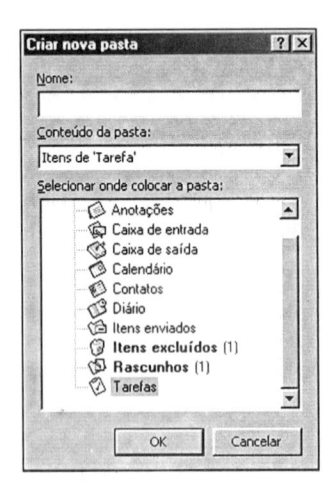

Preencha as informações necessárias para adicionar uma subpasta.

Capítulo 5 ➤ Divirta-se com arquivos e pastas   **53**

Primeiro, você será solicitado a nomear a subpasta. Vamos dar-lhe o nome de Pessoal. A segunda caixa pergunta sobre que tipo de informação será armazenada nesta pasta. O padrão é manter o tipo de informação que a pasta de nível mais alto já possui, mas também é possível alterar a partir do menu suspenso. Para atender aos nossos objetivos, mantenha a informação da tarefa selecionada. Por fim, será perguntado em que pasta deseja colocar a subpasta. Certifique-se de que a referente a Tarefas esteja destacada e clique em OK.

Você perceberá que na lista de pastas principais, a pasta Tarefas estará agora com um sinal de adição localizado próximo a ela, o que indica que ela possui uma subpasta que não está sendo exibida. Se estiver utilizando o seu Assistente do Office , ele perguntará se deseja adicionar um atalho para esta nova pasta na barra do Outlook. Clique em Não. (Iremos falar sobre isto mais tarde.)

Para adicionar outra subpasta, clique com o botão direito do mouse em Tarefas na lista de pastas, e em seguida clique em Nova Pasta. Repita todos os passos acima, desta vez nomeando a nova subpasta de Profissional.

Um vez realizada a tarefa, clique no sinal de adição próximo à pasta e irá ver as duas novas adicionadas em sua hierarquia de pastas ,como na figura seguinte.

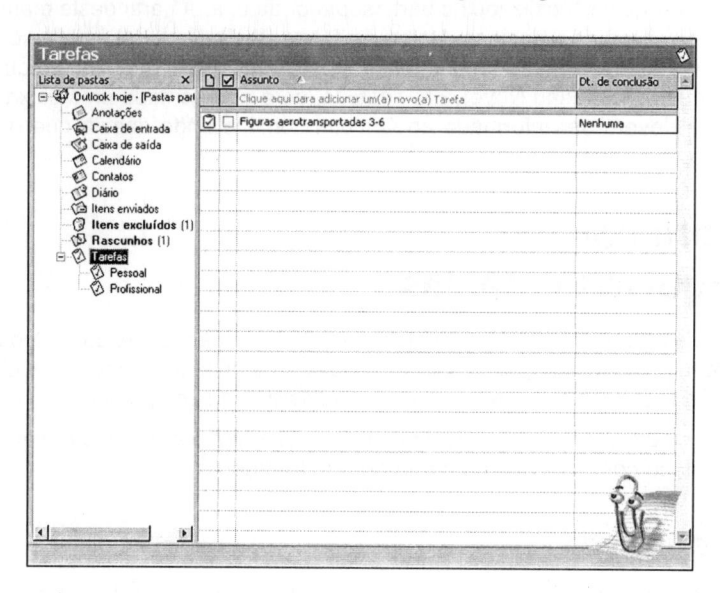

As duas novas subpastas aparecem agora listadas abaixo de Tarefas.

Como criar um atalho

Em nosso pequeno exercício, vimos que ao adicionar uma nova subpasta ,o Assistente do Office do Outlook pergunta imediatamente se você deseja criar um atalho para a mesma na sua barra . Caso tenha clicado Sim, ele deve ter solicitado o local onde gostaria de criar o mesmo.

Há uma série de outras formas para criar atalhos, que são bem fáceis:

- ➤ *O método arrastar-e-soltar.* — É possível clicar e arrastar qualquer ícone de pasta a partir da lista de pastas da barra do Outlook. Basta abrir qualquer barra do Outlook que deseje utilizar como local para o seu atalho; clique no nome da pasta e arraste-a para a barra de atalhos. Pode-se colocar em qualquer lugar da barra que desejar.
- ➤ *Clique com o botão direito do mouse.* — Outra forma para criar um atalho na barra do Outlook é clicar com o botão direito do mouse em qualquer lugar dentro da barra de atalhos e selecionar Atalho na Barra do Outlook . Depois, identificar a pasta para a qual deseja que o atalho apareça e isto acontecerá.
- ➤ *Ordenar a partir do menu.* — ossível criar um novo atalho na barra do Outlook a partir do menu Arquivo, localizado na parte superior da tela. A partir deste menu, selecione Novo, em seguida selecione Atalho na Barra do Outlook . (Lembre-se de que por causa do novo sistema de menu IntelliSense, esta opção pode estar oculta sobre as setas duplas no menu Novo). Em seguida, será apresentada uma caixa de diálogo, em que deverá ser informado ao Outlook como e onde deseja que o atalho seja exibido.

Como brincar com arquivos e pastas

Há todo o tipo de coisas divertidas que podem ser feitas em suas pastas do Outlook. É possível mover, copiar e renomear as pastas (exceto aquelas de nível mais alto). E, pode-se utilizar o Outlook para modificar também as demais pastas de seu computador.

Apenas tenha cuidado, pois mover, renomear e excluir entre outros pode tornar-se um vício, tal como acontece com as salas de bate-papo na Internet.

Copiar e mover

Não vamos tornar isto uma loucura, tentando explicar todas as diferentes formas de se executar essas ações. É suficiente dizer que há um modo simples (se você acredita em sua habilidade de arrastar-e-soltar) e um modo mais demorado para se fazer isso. O modo mais demorado envolve o menu Editar e suas funções Mover e Copiar. Se quiser, pode utilizá-las, porém o modo a seguir é muito mais fácil e rápido.

Capítulo 5 ➤ Divirta-se com arquivos e pastas

Para mover um arquivo ou pasta, basta clicar sobre ele e arrastá-lo até o local onde gostaria de mantê-lo. Lembre-se de que se estiver movendo-o de uma subpasta para outra, certifique-se de que os nomes das pastas estejam aparecendo na sua lista, pois assim é possível soltá-la no local correto.

Para copiar um arquivo ou pasta, basta pressionar o botão Ctrl e arrastá-lo para o local em que deseja copiá-lo.

É possível, também, mover ou copiar uma pasta ao clicar com o botão direito do mouse sobre o nome da pasta e, em seguida, selecionar Mover *Nome da pasta* ou Copiar *Nome da pasta*, qualquer que seja a mais apropriada.

Ao copiar ou mover uma pasta, todo o seu conteúdo vai junto, porém um original é mantido. Por exemplo, se movêssemos as pastas Tarefas, criadas antes dentro da pasta Calendário, elas ainda continuariam a ser as pastas Tarefas, ou seja não se transformariam na pasta Calendário.

Renomear

Para renomear uma pasta, tudo o que precisa ser feito é clicar com o botão direito do mouse no nome da pasta, na lista de pastas e, em seguida, selecionar Renomear *Nome da pasta*. Você irá voltar à lista de pastas; o nome da mesma estará selecionado e o cursor irá aparecer na caixa. Apenas digite o novo nome da pasta.

Conforme apresentado na próxima figura, eu cliquei o botão direito do mouse sobre a pasta Profissional, criada anteriormente, e em seguida mudei o nome para Trabalho.

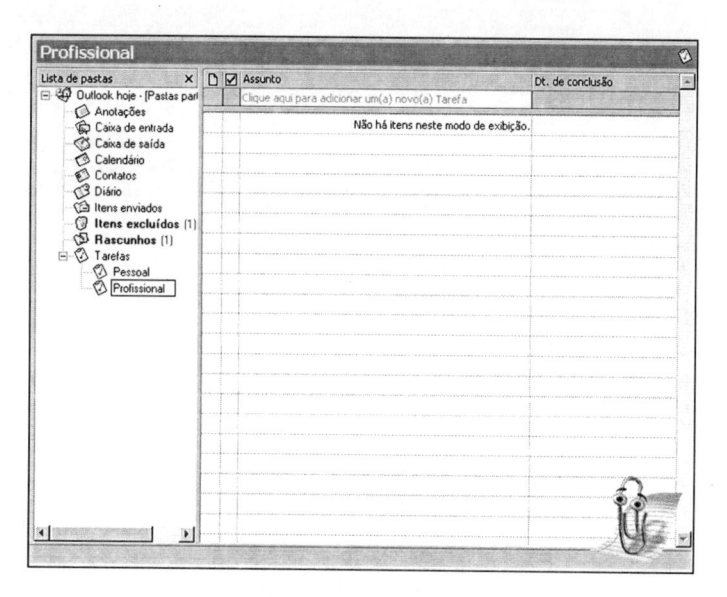

Clicar com o botão direito do mouse sobre o nome da pasta permite alterar o nome da mesma.

Como excluir e recuperar

Excluir uma pasta pode parecer instantâneo – e o é – mas na verdade a pasta não *desaparece* até que informe ao programa que é para excluí-la. Esta é uma forma, encontrada pela Microsoft, de salvar aquelas pessoas que possuem uma tendência de acidentalmente esbarrar na tecla Delete nas horas mais impróprias.

Para excluir um arquivo ou uma pasta a partir da lista de pastas, basta selecionar e pressionar a tecla Delete ou clique no botão delete na barra de ferramentas superior (aquela que parece com um X manuscrito).

O Outlook nunca pergunta se você tem "certeza", como fazem alguns outros programas. Mas é possível recuperar a informação, se desejar.

Todos os itens excluídos são, na verdade, enviados para a pasta Itens excluídos (o lugar perfeito para eles). É possível acessar esta pasta selecionando-a a partir da lista de pastas ou a partir do atalho para ela, localizado na barra do Outlook.

É possível recuperar uma pasta, ou arquivo, arrastando-a de volta para dentro de outra pasta. Se estiver certo que realmente pode ser excluída, no entanto, selecione-a na lista Itens excluídos e clique no botão delete (ou pressione a tecla Delete). Neste momento, o Assistente do Office pergunta se você tem certeza de que deseja excluir o item, permanentemente, conforme pode ser visto na próxima figura.

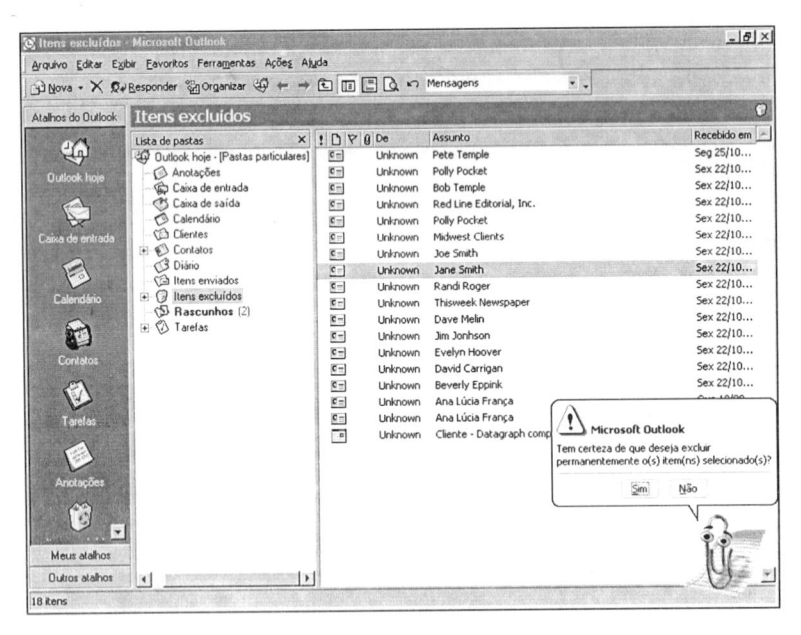

O Assistente do Office dá uma última de escapar de uma exclusão.

Clique em Sim e terá se excluído para sempre.

Mantenha limpa a pasta de Itens Excluídos

A pasta de Itens Excluídos fica rapidamente cheia de mensagens de correio eletrônico descartadas, tarefas já completadas e compromissos cancelados entre outros. Uma pasta de Itens Excluídos cheia apenas prejudica sua performance.

Lembre-se de ir até a pasta de Itens Excluídos regularmente para "limpá-la". Pessoalmente, faço isso todas as manhãs de segunda-feira, se não com mais freqüência, para excluir o lixo da semana anterior. Apenas, certifique-se de não estar excluindo nada importante.

Pode-se facilmente excluir muitos itens. Para excluir uma lista completa, selecione qualquer um de seus arquivos e pressione Ctrl+A. Toda a lista será selecionada, sendo possível apenas clicar sobre o botão delete ou pressionar a tecla Delete. Ou, ainda, pode-se entrar no menu Ferramentas e, em seguida, selecionar Esvaziar a Pasta de Itens Excluídos. Você também pode fazer isto ao clicar com o botão direito do mouse sobre o ícone Itens Excluídos na barra do Outlook e selecionar Esvaziar a Pasta de Itens Excluídos.

Para selecionar uma série de arquivos, destaque o primeiro deles na lista e, em seguida, clique no último arquivo de baixo com a tecla Shift pressionada. Todos os arquivos situados entre o primeiro e o último serão selecionados, bastando clicar em delete para excluir todos eles.

Caso queira excluir dez arquivos de uma lista de vinte mas esses dez não estejam em ordem, basta clicar sobre o nome de cada um dos arquivos que deseja excluir com a tecla Ctrl pressionada e apenas esses serão selecionados. Em seguida basta excluí-los.

Finalmente, é possível programar o Outlook para esvaziar a pasta de itens excluídos todas as vezes em que sair do programa. Para fazer isto, abra o menu Ferramentas, escolha Opções, em seguida clique na guia Outros. Verifique a caixa próxima a Esvaziar Pasta de Itens Excluídos ao sair e pronto.

O mínimo que você precisa saber

➤ O Outlook pode ser utilizado não somente para gerenciar seus próprios arquivos, mas também para gerenciar todo o sistema de arquivos de seu computador.

➤ Há diversas formas para mover, copiar, renomear e excluir arquivos e pastas. O Outlook faz isso tudo facilmente.

➤ É fácil criar novas subpastas na lista, o que pode ajudar a organizar melhor o seu sistema de arquivos, tornando-o mais produtivo.

➤ Criar atalhos para as pastas na barra do Outlook é outra forma para aumentar sua produtividade. É possível ainda selecionar em que local da lista de atalhos quer que a nova pasta apareça.

➤ Os arquivos e pastas excluídos não são realmente removidos de vez do sistema até que sejam eliminados da pasta Itens Excluídos. Isto deve ser feito regularmente para evitar ficar com uma pasta cheia de itens antigos que não são mais utilizados.

Capítulo 6

A hora das ferramentas

Neste capítulo
- O mistério mágico da barra do Outlook
- Como ver as exibições
- Como criar modos de exibição personalizados
- Opções e serviços
- Como navegar através do Outlook
- O Outlook Today

A primeira parte do livro foi uma seção de familiarização, para ajudá-lo a se acostumar com o modo como o Outlook se parece, funciona e age. Assim como hoje é o primeiro dia do resto de sua vida, este é o capítulo final da primeira parte do livro.

Já apresentamos uma série de formas diferentes para personalizar o Outlook de acordo com seus gostos pessoais. Neste capítulo, veremos outras formas de configuração, de modo que ao avançarmos por áreas específicas do programa, você já estará com tudo arrumado do jeito que gosta. Algumas dessas informações possam ser revistas, e algumas podem ser novas, porém todas são importantes.

Alguma vez você já comprou um programa de computador e gostou da forma como ele funcionava, mas não de sua aparência ou de sua forma de exibição das informações? Os desenvolvedores da Microsoft previram isto ao desenvolver o Outlook. Eles permitiram que muitos itens pudessem ser alterados a fim de que o programa possa ser configurado da forma que você quiser.

O mistério mágico da barra do Outlook

O Capítulo 3, "Sem fotos, por favor!", apresentou em detalhes os botões padrão presentes na barra do Outlook. Caso necessite fazer uma revisão rápida sobre as diferentes funções de cada um deles, esta é uma boa hora para voltar ao capítulo.

No Capítulo 5, "Divirta-se com arquivos e pastas", você aprendeu a adicionar botões à barra do Outlook. Estes botões funcionavam como atalhos para arquivos e serviços dentro do Outlook.

O motivo pelo qual o título desta seção é "O mistério mágico da barra do Outlook", no entanto, é que esta barra pode ser o que você quiser. É altamente recomendável personalizar a barra do Outlook . Você vai ver que isto vai aumentar bastante a sua produtividade.

Vejamos as mensagens de correio eletrônico , por exemplo. Muitas pessoas mantêm suas correspondências separadas em pastas , uma para as mensagens pessoais e outras para as profissionais. Caso configure estas pastas como atalhos na barra do Outlook, será capaz de acessar as mensagens de forma rápida sempre que precisar . E ainda será possível visualizar as mensagens que quiser sem precisar percorrer por todas as outras.

Certamente é possível visualizar suas pastas a qualquer momento, utilizando o modo de exibição Lista de Pastas, mas isso ocupa uma grande parte de sua tela que poderia ser melhor utilizada para usar o Outlook Today ou qualquer outro recurso do programa que esteja sendo usado no momento. Na verdade, esta é a razão principal para manter os atalhos na barra do Outlook – eles não ocupam muito espaço e aumentam a velocidade de acesso a arquivos e pastas importantes.

Qual é seu modo de exibição?

Conforme mencionado, o Outlook permite personalizar seus itens na forma como deseja visualizá-los. Uma forma de fazer isto é através dos diferentes modos de exibição. Você terá que mexer um pouco com o menu Exibir até descobrir qual aparência mais lhe agrada.

A barra de ferramentas Avançada

A melhor forma de trabalhar com os modos de exibição é através da barra de ferramentas Avançada. Lembre-se da discussão sobre as barras de ferramentas, no Capítulo 3 que a barra logo abaixo da de menu é a de ferramentas Padrão. A barra de ferramentas Avançada oferece escolhas adicionais que são, realmente, mais avançadas. Para ver esta barra de ferramentas, basta clicar com o botão direito do mouse em qualquer ponto da barra de ferramentas Padrão e clicar em Avançada na caixa que aparecer. Na próxima figura , o Outlook Today é exibido , podendo ver que tanto a barra de ferramentas Padrão quanto a Avançada cabem facilmente em uma linha.

Capítulo 6 ➤ A hora das ferramentas   61

A barra de ferramentas Avançada divide espaço com a Padrão.

A barra de ferramentas Avançada possui recursos adicionais, dependendo da pasta em que se esteja, e talvez nem todos os botões caibam na mesma barra. Por exemplo, clique em Calendário. Você pode ver setas duplas no final tanto da barra de ferramentas Avançada quanto da Padrão, indicando que há mais botões que não estão sendo exibidos.

Há uma séria de opções para resolver esta situação:

➤ *Mover a barra de ferramentas.* — É possível mover qualquer barra de ferramentas, clicando e arrastando na linha vertical que fica mais à esquerda (a linha que parece estar fugindo da tela). É possível alternar uma das barras de ferramentas da esquerda para a direita, ou mover uma para o lado ou para a parte inferior da tela. Isto vai abrir mais um espaço para que todos os botões sejam exibidos.

➤ *Fechar a barra de ferramentas Padrão.* — Caso decida que a barra de ferramentas Avançada é mais valiosa para você, é possível fechar a barra Padrão. Basta clicar na barra de ferramentas com o botão direito do mouse na barra de ferramentas e selecionar Padrão. Para abrir novamente a barra, repita este processo.

➤ *Fechar os botões individuais.* Abaixo das setas duplas em cada barra de ferramentas está uma pequena seta para baixo, indicando um menu suspenso. Ao clicar sobre ela, exibem-se não somente os botões que não estão sendo vistos, como também uma opção Adicionar/Remover Botões. Selecione-a e, em seguida, clique sobre os botões que você não utiliza até que a barra de ferramentas esteja pequena o suficiente para exibir todos os botões de que precisa. Tenha cuidado para não remover botões que possa precisar mais tarde.

Uma vez aberta a barra de ferramentas Avançada para qualquer uma de suas pastas, ela permanecerá aberta para todas as outras até que decida fechá-la. Por exemplo, caso a barra de ferramentas Avançada seja aberta na pasta Caixa de Entrada e depois você alterne para a pasta Calendário, a barra ainda continuará sendo exibida, porém os botões terão mudado para aqueles específicos do Calendário.

O modo de Exibição Atual

Dependendo da pasta onde se está, podem existir muitos botões na barra de ferramentas Avançada. Cada um deles possui uma janela que apresenta o modo de exibição atual e uma caixa suspensa que possibilita alterar o modo de exibição da pasta. Esta janela é chamada de Exibição Atual.

Nesta janela é possível selecionar o modo como deseja visualizar as informações em cada pasta. Veja, na figura a seguir, as possibilidades de exibição do conteúdo da Caixa de Entrada. Para tanto, clique no botão Caixa de Entrada na barra do Outlook e, em seguida, puxe a janela Exibição Atual.

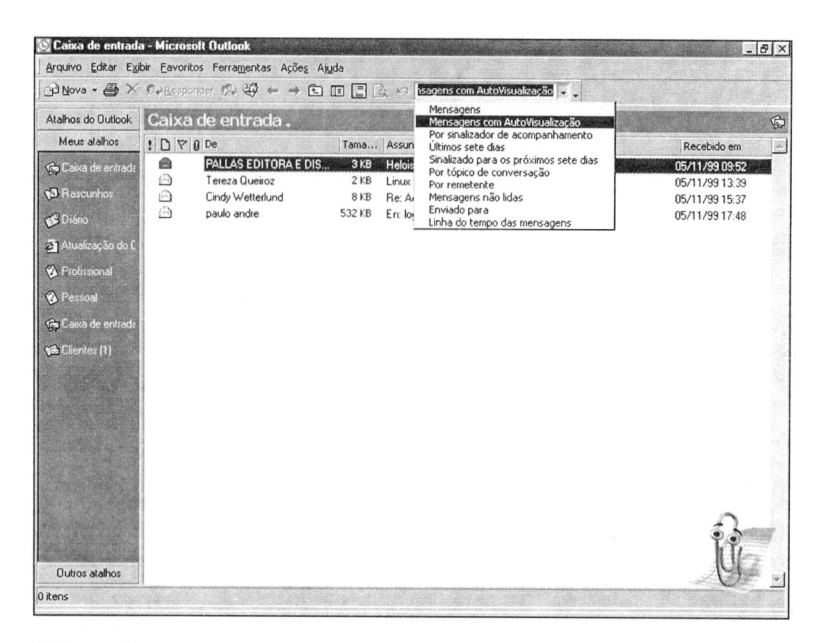

Utilize a janela Exibição Atual, localizada na barra de ferramentas Avançada para alterar a forma como o conteúdo de uma pasta é exibido.

Poderíamos percorrer todas as opções existentes na janela Exibição Atual para cada pasta do Outlook, mas isto poderia tornar este capítulo muito longo e cansativo. Em vez disso, apresentaremos os diferentes modos de exibição de cada pasta, da mesma forma como analisaremos cada pasta mais tarde neste livro.

Seu modo de exibição pode ser diferente

Caso tenha movido alguma barra de ferramentas ou excluído botões, sua tela pode ser um pouco diferente da figura apresentada. No entanto, a única forma de não conseguir mais alterar o modo de exibição de sua tela é se excluir a janela Exibição Atual da barra de ferramentas.

Capítulo 6 ➤ A hora das ferramentas 63

Como utilizar as opções personalizadas

Se você não gostou de nenhum dos modos de exibição que o pessoal da Microsoft preparou para você, é possível preparar o seu próprio.

Caso deseje visualizar determinados itens de diversas formas, siga em frente e configure-os por conta própria. Porém, saiba que este processo pode ser um pouco complicado. É necessário verificar cuidadosamente os modos de exibição já existentes para ter certeza de que eles não atendem às suas necessidades antes de tentar criar sua própria visualização. Ou, em vez de criar você mesmo um modo de exibição a partir do zero, talvez seja mais fácil personalizar os modos já existentes.

Como criar um novo modo de exibição

Em primeiro lugar, abra o menu Exibir, selecione Exibição Atual e, em seguida, selecione Definir Modos de Exibição. Clique em Novo na caixa de diálogo que irá aparecer. A caixa de diálogo Criar um Novo Modo de Exibição é mostrada na figura a seguir.

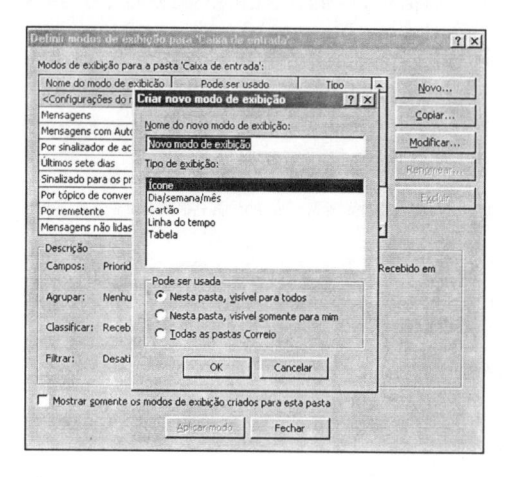

É possível nomear um novo modo de exibição e selecionar o tipo de visualização que deseja utilizar.

Pode-se digitar um nome para o modo de exibição e selecionar o tipo de visualização que deseja utilizar. Na parte inferior da caixa de diálogo, também é solicitado que se escolha o local dentro do Outlook onde deseja utilizar este modo – se em todas as suas pastas ou apenas em algumas. Por exemplo, caso possua diversos tipos de pastas de correio eletrônico, talvez queira permitir que a visualização seja utilizada em cada uma delas.

Depois de feitas estas escolhas, clique em OK para mostrar a caixa Configurações. Aqui é possível escolher em que campos deseja incluir sua visualização. (Os campos parecem com cabeçalhos de assunto). Ao clicar no botão Campos, será exibida uma lista a partir da qual escolher. Também pode-se especificar a ordem na qual deseja que os campos apareçam.

Como personalizar um modo de exibição já existente

Precisa fazer pequenos ajustes aqui e ali para ter uma ótima visualização? Aqui está um pequeno exemplo de como fazer isto.

Digamos que você goste muito do modo como suas mensagens são exibidas na pasta Caixa de Entrada dentro do modo de exibição Mensagens com Visualização Automática, exceto por um detalhe – você quer que seja mostrado o tamanho da mensagem.

O Outlook pode ajudar. Primeiro, abra a pasta Caixa de Entrada e certifique-se de que seu modo de exibição está definido para Mensagens com Visualização Automática. A partir do menu Exibir, selecione Exibição Atual e, em seguida, Personalizar Exibição Atual. Será mostrada a mesma caixa de diálogo de quando criou seu modo de exibição pessoal.

Se quiser adicionar o campo Tamanho ao seu modo de exibição, então clique no botão Campos. Localize o campo Tamanho na janela à esquerda, selecione-o e, em seguida, clique em Adicionar para movê-lo para o final da lista. Agora você pode mover o campo Tamanho para qualquer ponto que desejar do seu modo de exibição. Na janela à direita, clique e arraste o item Tamanho para cima. Irá aparecer uma linha pontilhada vermelha. Mova este item até que a linha pontilhada fique entre os campos Origem e Assunto e depois solte. Sua tela deve ficar parecida com a figura a seguir.

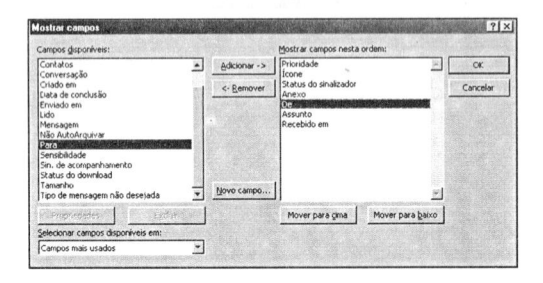

Adicionar o item Tamanho a este modo de exibição inclui poder colocá-lo no exato local em que deseja visualizá-lo.

Pronto! Clique em OK, depois em OK de novo e verá que o tamanho de cada mensagem aparecerá na Caixa de Entrada no local exato onde foi colocado.

Como classificar e agrupar

Outro recurso muito útil é poder classificar e agrupar seus modos de exibição. Por exemplo, na Caixa de Entrada, as mensagens podem ser exibidas na ordem de recebimento ou por ordem alfabética, de acordo com o nome do remetente ,entre outros.

Para classificar ou agrupar, será preciso novamente abrir o menu exibir, selecionar Exibição Atual e, depois, Exibição Atual Personalizada. Dependendo do que desejar fazer, clique no botão Classificar ou Agrupar. Será mostrada uma caixa de diálogo com opções.

Quais são suas preferências?

Talvez você já nem queira mais que a Microsoft ofereça tantas opções de escolhas. "Apenas me dê o programa e deixe-me utilizá-lo!"

Porém ,ainda há *mais* escolhas que podem ser feitas! A melhor de tudo isto, no entanto, é que na verdade não é *necessário* que você realize todas essas mudanças e alterações. Se quiser, é possível deixar o programa funcionando apenas com as configurações padrão. Só para reforçar, tratam-se apenas de opções – use-as ou deixe-as.

É possível utilizar a guia Preferências para alterar a configuração básica de qualquer uma das cinco áreas (pastas) do Outlook: Correio Eletrônico, Calendário, Contatos, Diários e Anotações. Para abrir a guia Preferências, selecione o item Opções no menu Ferramentas. Esta guia será mostrada , conforme apresentado na figura seguinte.

A guia Preferências divide-se, claramente, em cinco áreas principais do Outlook. Algumas delas podem ser definidas nesta guia, e outras podem ser configuradas após clicar no botão apropriado. Vejamos rapidamente o que é possível fazer em cada uma dessas áreas:

- ➤ *Correio Eletrônico*. — A área mais importante da janela Opções de Correio Eletrônico é a Lidando Com as Mensagens. Aqui é possível tomar decisões importantes, tais como se você deseja manter uma cópia de cada mensagem de correio eletrônico enviada na pasta Itens Enviados (muitas pessoas utilizam este recurso). Pode-se também decidir sobre como deseja que seja a formatação das mensagens ao respondê-las ou encaminhá-las para outras pessoas.

- ➤ *Calendário*. — guia Preferências principal pode-se definir com que antecedência deseja ser lembrado sobre um compromisso a ser realizado. Opções de Calendário é um ótimo recurso para as pessoas que possuem horários de trabalho diferentes do normal. Se sua semana de trabalho não coincide com a de segunda à sexta-feira, das 8 às 17 horas, faça modificações aqui para definir suas horas de trabalho. É possível também decidir se deseja que o calendário seja exibido de domingo à sábado, ou se deseja exibir também os finais de semana no formato de segunda à domingo.

- ➤ *Tarefas*. — Não há muito para ser visto aqui. Tudo o que você pode fazer é alterar a cor das tarefas vencidas ou que já foram finalizadas.

- ➤ *Contatos e diário.* — No item Opções de Contato, pode-se alterar a forma como o nome é exibido (por sobrenome ou primeiro nome). Nas Opções de Diário, diversas escolhas podem ser feitas. Elas são explicadas no Capítulo 19, "Assunto principal: os itens Diário e Anotações".
- ➤ *Anotações.* — Você pode alterar a cor, a fonte e o tamanho da própria nota.

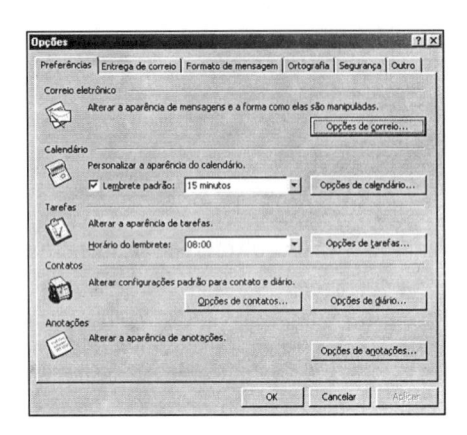

Utilize a guia Preferências para alterar a configuração de qualquer uma das cinco áreas principais do Outlook.

Como navegar através do Outlook

O Outlook pode ser utilizado para visualizar os arquivos criados em outros programas do seu computador. Talvez você já tenha trabalhado como ícone Meu Computador, localizado na área de trabalho, para excluir um arquivo, copiar o conteúdo de um disquete ou algo mais. É possível fazer tudo isso sem precisar sair do Outlook.

A partir da barra de atalhos Outros, basta clicar sobre o ícone Meu Computador. Daí em diante, estará trabalhando com seus arquivos da mesma forma como faria se estivesse na sua área de trabalho. Por exemplo, é possível excluir quaisquer arquivos indesejados, selecionando-os e pressionar a tecla Delete. Os arquivos serão enviados para a Lixeira em sua área de trabalho (não para a pasta Itens Excluídos, no Outlook, pois estes arquivos não pertencem ao programa).

Esta funcionalidade torna o Outlook ainda mais útil. Uma vez familiarizado com o Outlook, é possível utilizá-lo como uma "base" a partir da qual pode-se fazer *todo* o seu trabalho de computador.

Capítulo 6 ➤ A hora das ferramentas 67

Como personalizar o Outlook Today

Você já aprendeu sobre as vantagens do Outlook Today, que oferece uma visão geral sobre as tarefas e os compromissos que ainda serão realizados e, ainda, sobre suas mensagens recebidas.

O tipo e a quantidade de informações apresentados no Outlook Today também podem ser modificados, bem como o próprio visual da tela. Para começar, vamos voltar ao Outlook Today, clicando sobre o botão do próprio item, localizado na barra de Atalhos do Outlook. Próximo ao topo da janela do Outlook Today, clique em Personalizar o Outlook Today. Esta janela será aberta, conforme apresentado na figura seguinte.

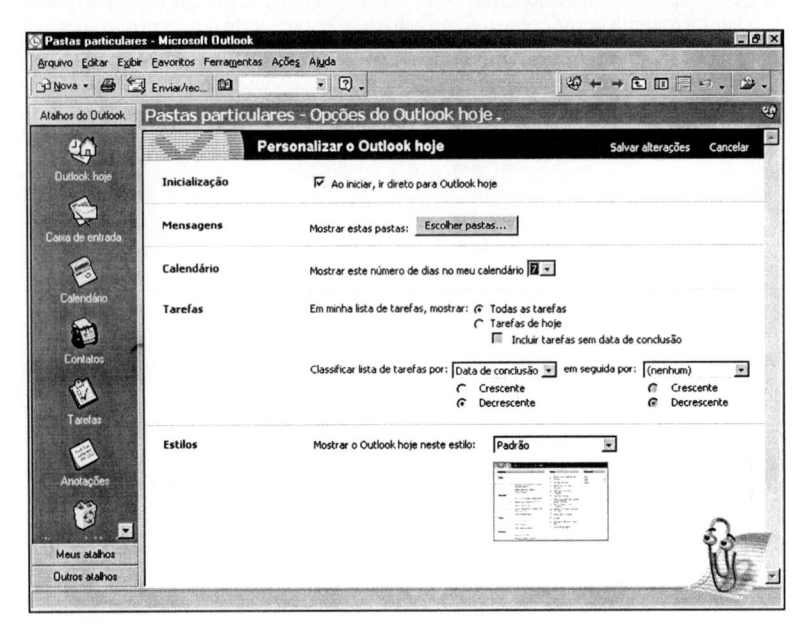

Personalizar o Outlook Today de acordo com seu gosto pessoal torna-o ainda mais funcional.

Primeiramente, decida se deseja que o Outlook Today seja exibido automaticamente ao abrir o Outlook (como é de se esperar, deixo sempre esta opção selecionada).

É possível, ainda, decidir quais serão as pastas a serem exibidas na lista de mensagens, quantos dias do calendário, quais tarefas deseja visualizar e qual o modo de classificação das mesmas. Finalmente, pode-se escolher qual o layout de página a ser utilizado. Siga em frente e teste isto um pouco; tenho certeza que encontrará um que agrade.

O mínimo que você precisa saber

➤ A adição de pastas à barra do Outlook permite um acesso rápido aos arquivos que ele contém.

➤ É possível alterar o modo de visualização de cada uma das cinco áreas principais do Outlook. Pode-se exibir as informações de forma diferente ou em maior ou menor quantidade.

➤ Pode-se criar modos de exibição pessoais ou personalizar os já existentes dentro do Outlook.

➤ É possível configurar as preferência para cada uma das cinco áreas principais para determinar a forma de manuseio de determinadas informações. Estas preferências podem ser alteradas a qualquer momento.

➤ O Outlook pode ser utilizado para gerenciar arquivos e pastas que não foram criadas por ele, da mesma forma como faria se estivesse trabalhando em sua área de trabalho.

➤ O Outlook Today pode ser personalizado para atender às suas necessidades.

Parte II

Ganhe a vida: como falar com o mundo lá fora

O correio eletrônico tornou-se tão imprescindível em nossa vida diária, que muitas pessoas o verificam antes mesmo de ler o jornal pela manhã. Ele já faz parte da vida moderna e do Outlook também. Nesta parte iremos tratar das mensagens de correio eletrônico e sobre como o Outlook lida com elas, do princípio ao fim. Primeiro, serão transmitidas informações básicas sobre o que vem a ser o correio eletrônico. Em seguida, ensinaremos os conceitos básicos sobre como utilizar o Outlook para enviar e receber mensagens. Finalmente, veremos tópicos mais avançados, tais como lidar com recados de correio eletrônico, gerenciar pastas de correio e enviar e receber arquivos anexos.

Capítulo 7

Qual a grande novidade sobre o correio eletrônico?

Neste capítulo
- Por que tantas pessoas utilizam o correio eletrônico?
- Usos diários do correio eletrônico.
- O que ele é ?
- Como ele funciona ?
- Composição de um endereço de correio eletrônico.
- O que é necessário para utilizá-lo.

Quando a Macintosh lançou o iMac, em 1998, fez uma série de comerciais muito inteligentes. (Sei que não deveria citar Macintoshs em um livro sobre um produto da Microsoft, mas agora eles são parceiros) Um desses comerciais foi estrelado por Jeff Goldblum, um dos meus atores prediletos. Nele, indagou de forma poética sobre o correio eletrônico: "Apenas gostaria de saber o que é afinal um correio eletrônico? Eu não tenho um."

A mensagem a ser passada era a de que se podia comprar um computador e passar a receber mensagens de correio eletrônico pelo mundo em segundos. Claro, que não é tão simples assim.

Você não precisa se preocupar em comprar um computador, uma vez que já possua um. Embora, hoje seja um trilhão de vezes mais fácil hoje em dia comprar um computador, configurar e fazê-lo funcionar do que há 10 anos atrás, começar a utilizar correio eletrônico exige um pouco mais do que apenas conectar uma linha telefônica no computador.

O e-mail (correio eletrônico) é uma forma eletrônica de enviar correspondências (o "e" significa eletrônico). Esta capítulo apresenta este correio a partir do nível mais básico – trazendo todas as informações que é preciso saber antes de começar a enviar mensagens para as pessoas.

Dito isto, é necessário saber que este capítulo não é somente específico do Outlook. Ou seja, a informação contida aqui pode ser útil independentemente do programa que esteja sendo utilizado para enviar e receber mensagens .

Isto significa que caso você já seja um usuário veterano de correio eletrônico pode encarar este capítulo de duas formas: utilizando-o para se atualizar (e até aprender algo novo) ou então ignorando-o completamente e indo direto para o Capítulo 8, "Treinamento básico para usuários de correio eletrônico". A escolha é sua.

Por que será que todos, menos você, já utilizam o correio eletrônico?

A resposta é totalmente direta: o correio eletrônico é fácil, útil, divertido e barato.

Alguma pergunta mais?

Não há na verdade muita dúvida de que o correio eletrônico é o recurso mais utilizado na Internet. Geralmente ,toda pessoa que possui acesso à Internet possui também um tipo de conta de correio eletrônico – o que significa que há mais de 150 milhões usuários do correio pelo mundo afora. (Alguns dias parece, também, que todos eles resolveram enviar mensagens para o meu trabalho.)

O correio eletrônico permite uma comunicação quase que instantânea com pessoas do mundo tudo. Ele pode economizar os custos de postagem, das ligações interurbanas e até mesmo o seu tempo.

Para muitas pessoas, o correio eletrônico é gratuito – pois as próprias empresas fornecem endereços de acesso. Também é possível obter contas gratuitas de correio eletrônico através de um número de sites da Web como o Yahoo! e o Hotmail. No entanto, ainda assim é preciso ter uma conta de Internet em um provedor ISP. Em geral, isto custa cerca de 20 dólares por mês. Muitos provedores fornecem contas gratuitas ao contratar o serviço de acesso à Internet.

Mais tarde neste capítulo, daremos mais detalhes sobre o que é necessário para ser capaz de utilizar o correio eletrônico.

Um dos serviços da Internet que mais cresce, mas que nem todo mundo utiliza, é a World Wide Web (WWW).

Capítulo 7 ➤ Qual a grande novidade sobre o correio eletrônico? **73**

Internet versus WWW

Na maioria das vezes em que as pessoas comentam sobre Internet referem-se à World Wide Web. No entanto, os dois termos não significam a mesma coisa. Se quiser pode me chamar de techno-geek[1], mas tecnicamente falando, a Web representa apenas um serviço da Internet. Outros elementos que a constituem são: o FTP – (protocolo de transferência de arquivos), o Gopher (localizador de textos), os grupos de anotações entre outros.

Sem dúvida, o mais popular desses componentes é a World Wide Web. Pense assim: tudo o que está na Web está na Internet, porém nem tudo o que está na Internet está na Web.

As muitas aplicações diárias do correio eletrônico

Para entender melhor porque o correio eletrônico é tão popular, vamos analisar algumas formas de sua utilização diária.

É impossível relacionar todas as formas de utilização deste correio. Os itens a seguir são apenas os mais comuns:

➤ *Economizar gastos em longas distâncias.* — Ao utilizar o correio eletrônico para se comunicar com amigos, parentes e contatos profissionais distantes, você perde um pouco do contato pessoal. No entanto, a economia compensa. Você paga uma taxa mensal normalmente muito pequena. Enviar mensagens longas custa o mesmo que enviar curtas.

➤ *Comunicações profissionais inteligentes.* — Todas as empresas são beneficiadas por uma comunicação com o cliente feita de forma rápida e a custos baixos. Enviar para um cliente uma mensagem de agradecimento ou de acompanhamento melhora a comunicação e o serviço. Porém as mensagens de correio eletrônico internas também ajudam a aumentar a produtividade. Por exemplo, enviar uma nota rápida para o Jim, do departamento de compras, ajuda a reduzir o gasto de tempo.

➤ *Envio de arquivos.* É possível anexar arquivos às mensagens de correio eletrônico, tais como propostas para clientes, relatórios para seu chefe ou fotos das crianças para a vovó. Utilizo muito este recurso. Por exemplo, assim que terminar de escrever este capítulo, o enviarei para o meu editor via correio eletrônico. O mesmo será, ainda, enviado para muitas outras pessoas antes de finalmente ser impresso.

---

[1] NT.: *Geek* é um termo novo utilizado para designar, em geral, "uma pessoa que aprecia atividades intelectuais (como jogos de palavras, programação de computador e uso da Internet) mais do que a maioria da população. Um especialista ou gênio em informática." (Microsoft Press, Dicionário de Informática, 3ª. edição).

➤ *Inscrição em listas de mala-direta.* — É possível inscrever-se via correio eletrônico em listas de mala-direta, cada uma voltada para um assunto específico. Por exemplo, se for colecionador de selos, você pode se inscrever em uma lista de filatelia (hábito de colecionar selos) a fim de receber mensagens de outros associados. Muitas pessoas utilizam este recurso para desenvolver ainda mais um hobby pessoal.

➤ *Enviar piadas.* — Uma das melhores coisas do correio eletrônico é que você pode passar adiante a última piada que ouviu sem que seu chefe saiba (a não ser que ele/ela ouça suas risadas em frente ao computador). As piadas que recebo ,em geral, foram enviadas para muitas outras pessoas antes de chegarem até mim, pois é muito fácil encaminhá-las.

Claro que há muitas outras formas de utilização do correio eletrônico. Uma vez que esteja pronto e utilizando-o, vai provavelmente encontrar outras utilidades por conta própria.

Como meu irmão se casou utilizando o correio eletrônico

Meu irmão mais velho, Pete, tem uma história que é um ótimo exemplo dos muitos benefícios obtidos através do correio eletrônico. Ele está noivo de uma mulher que provavelmente jamais conheceria, não fosse pelo correio eletrônico.

Ele não a encontrou em uma sala de bate-papo. Conheceram-se do modo antigo- em um bar. Porém, Pete morava em Minnesota e encontraram-se em Iowa, onde ela mora . Quantos relacionamentos assim de longa distância já começaram no final de semana e depois fracassaram?

Através de mágica do correio eletrônico , eles podiam manter contatos diários, sem muitos custos, todos os dias entre um encontro e outro. O número de encontros pessoais aumentou, bem como o comprometimento, com o correio eletrônico mantendo o relacionamento. Finalmente, se tornaram noivos e Pete agora mora em Iowa. (Ele não propôs o casamento via correio eletrônico, embora isso fosse possível.)

Os dois concordam que se não fosse pelo método barato de comunicação via correio eletrônico, não teriam conseguido manter o relacionamento.

Como funciona
o correio eletrônico

O correio eletrônico é muito parecido com o correio normal, só que mais fácil e mais barato. É possível escrever uma carta formal, ou apenas fazer uma nota rápida de agradecimento ou uma pergunta. O correio normal pode ser enviado para qualquer pessoa que tenha um endereço; o correio eletrônico também pode ser enviado para qualquer pessoa que possua um endereço de correio eletrônico.

Capítulo 7 ➤ Qual a grande novidade sobre o correio eletrônico?

A forma como uma mensagem é enviada é, também, muito similar à forma de envio do correio comum. Ao enviar uma carta através do país, primeiro ela sai da sua casa para uma agência de correio local. Em seguida ,é enviada para muitos outros locais antes de chegar até ao correio mais próximo à casa do destinatário. A agência de correio faz uma verificação final para garantir que o endereço é válido. Caso o endereço não esteja correto, a carta é devolvida ao remetente. Se estiver correto, a mensagem é enviada para a caixa de correio do destinatário. Então, este a recebe e abre .

Com o correio eletrônico, a mensagem é enviada de seu computador para o computador do provedor e passa por muitos pontos de retransmissão até parar no servidor de correio do destinatário. O computador verifica o endereço para ver se é válido. Se não for, a mensagem é enviada de volta para o remetente. Se estiver correto, o servidor de correio envia a mensagem para a caixa de correio do destinatário, que depois a abre.

Por causa da velocidade do correio eletrônico, alguns tipos de computadores referem-se ao correio postal como "correio de lesma". Mas o que torna o correio eletrônico tão rápido? A melhor resposta para esta questão é porque ele é todo automatizado. Ao clicar no botão Enviar do Outlook, a mensagem é enviada imediatamente. Supondo que todos os computadores existentes entre o seu provedor e o provedor do destinatário estejam funcionando corretamente, a mensagem será enviada quase que instantaneamente. Às vezes só leva alguns minutos, porém outras vezes pode levar um dia ou mais, como acontece quando os computadores existentes entre os provedores não estão funcionando apropriadamente. Mesmo assim é mais rápido do que o correio tradicional.

Se estiver utilizando a rede da empresa para enviar uma mensagem a um colega de trabalho que esteja na mesma rede, há grandes chances de que ele receba a mensagem instantaneamente.

O elemento principal do correio eletrônico, bem como do correio tradicional é o endereço. Porém, uma diferença chave entre os dois é que: se você cometer um pequeno erro ao preencher o endereço numa carta normal, a agência de correio ainda assim vai *tentar* enviá-la e, em geral, consegue encontrar a casa correta. No entanto, se qualquer parte do endereço eletrônico estiver incorreta – mesmo que seja quanto ao uso de maiúsculas/minúsculas em alguns casos – a mensagem não será enviada. No correio eletrônico ,nunca é possível contar com um carteiro que trabalhe por vários anos e que conheça as pessoas pelo nome.

.com isto, .com aquilo

Devido a importância dos endereços de correio eletrônico, talvez seja uma boa idéia aprender um pouco mais sobre como eles funcionam – sobre o que significam todos esses *.com* que estão por aí. A melhor forma de entender é provavelmente utilizando novamente o exemplo do correio convencional.

Seu endereço de correio eletrônico assemelha-se com o endereço de correio convencional, começando com as informações específicas e terminando com as mais genéricas. Por exemplo, uma carta convencional enviada para a sua casa traz primeiro o seu nome, que é muito específico. Em seguida vem a sua rua, que é um pouco mais genérica. Depois sua cidade, que é muito genérica e o estado, que é extremamente genérico. (Vamos desconsiderar o CEP.)

O mesmo ocorre com o endereço de correio eletrônico. O meu é btemple@reditorial.com.

A parte *.com* é a mais genérica, como se fosse a cidade ou o estado em que mora. Quando uma mensagem é enviada por correio eletrônico, os computadores vão primeiro guiá-la de acordo com a referência *.com*, uma extensão específica para entidades comerciais. Depois serão feitas tentativas para enviar a mensagem para o computador que hospeda o domínio *reditorial*. Uma vez localizado o computador, todo o restante que fica à direita do símbolo @ é útil para encontrar a caixa de correio para a qual enviar a mensagem. Neste caso, será encontrada a minha caixa, *btemple*, e a mensagem será deixada ali.

Para que servem esses "pontos"?

Uma coisa que as pessoas que não utilizam computadores adoram ridicularizar é o "ponto" no meio dos endereços de correio eletrônico e Web. Tudo é "ponto-isto", "ponto-aquilo". Mas para que servem esses "pontos" afinal?

Na verdade, é simples. Não é possível ter espaços em um endereço de Internet, pois o computador interpreta o espaço como o final do endereço. Por isso os pontos são utilizados em vez de espaços em branco.

Ainda bem que não é preciso fazer isto em livros, senão meu.texto.iria.ficar.assim.

Em algumas grandes empresas, ao enviar uma mensagem para outro empregado, que utilize o mesmo domínio que você, só é preciso digitar no campo de endereço o nome do destinatário. O mesmo ocorre, caso seja usuário de um serviço on-line como o America Online e esteja enviando uma mensagem para outro usuário do mesmo serviço. Basta digitar o nome do usuário.

Alguns endereços de correio eletrônico são muito extensos. Certifique-se sempre de que o endereço esteja correto, inclusive qualquer pontuação. Caso contrário, a mensagem não será enviada.

Capítulo 7 ➤ Qual a grande novidade sobre o correio eletrônico? 77

Como obter uma configuração com um Provedor de Serviços de Internet(ISP)

Caso seja um usuário corporativo, que esteja utilizando o Outlook no escritório no modo Grupo de Trabalho Corporativo, provavelmente não será necessário obter uma configuração com um provedor. Caso contrário, siga em frente.

Um Provedor de Serviços de Internet é uma empresa que fornece aos seus assinantes acesso à Internet mediante um pagamento mensal. Pode ser uma pequena empresa local ou uma grande corporação. (Por exemplo, o America Online é um ISP). Em geral, paga-se uma taxa mensal em troca de acesso à Internet e uma conta de correio eletrônico. Seu provedor deve lhe fornecer todas as informações necessárias para a utilização do Outlook como o seu programa de correio eletrônico.

Caso já tenha instalado o Outlook e esteja agora apenas configurando a conexão de correio eletrônico, será preciso definir uma conta dentro do programa. Para fazer isto, abra o menu Ferramentas e selecione Contas. Depois, siga as instruções para a configuração da conta, exatamente como foi feito no Capítulo 2, "Como configurar...?".

O mínimo que você precisa saber

➤ O fenômeno do correio eletrônico não é apenas uma moda passageira. Ele tornou-se parte imprescindível da vida diária de milhões de pessoas ao redor do mundo.

➤ O correio eletrônico pode ser utilizado como uma ferramenta barata de longa distância para enviar rapidamente mensagens curtas, documentos, inscrever-se em listas de mala-direta e muito mais.

➤ O funcionamento do correio eletrônico é muito parecido com o do correio convencional. A mensagem é transferida, a partir de seu computador pessoal, passando através de muitos outros, até chegar ao endereço do destinatário.

➤ Um endereço de correio eletrônico deve estar correto ou a mensagem será devolvida.

➤ Os Provedores de Serviços de Internet(ISP) fornecem acesso à rede e uso de correio eletrônico, cobrando uma taxa mensal.

Capítulo 8

Treinamento básico para usuários de correio eletrônico

Neste capítulo
- ➤ Entradas e saídas da pasta Caixa de Entrada.
- ➤ As pastas de correio eletrônico do Outlook.
- ➤ Botões, campainhas e avisos sonoros.
- ➤ Como configurar o seu próprio modo de visualização.
- ➤ Modos de exibição da pasta Caixa de Entrada
- ➤ Etiqueta para utilização do correio eletrônico

Você está muito ansioso para começar a utilizar o correio eletrônico, pois ultimamente não tem falado com sua sogra, e através dele, vai poder falar o tempo todo. Pense em como é engraçado. Todas as vezes em que se conectar ao seu provedor da Internet, poderá haver uma mensagem dela, ou de seu chefe, esperando por você. Ou mesmo um órgão público de fiscalização. (Acho que sou um dos tipos raros que gosta tanto da sogra quanto do chefe e que tem o máximo respeito pelas entidades governamentais. Creio que deu para entender.)

No entanto, ainda é preciso aprender algumas coisas antes de começar a enviar e receber mensagens de correio eletrônico. Em primeiro lugar, é preciso entender a forma como o Outlook lida com o correio eletrônico; o que significam os diversos botões e símbolos e a etiqueta que é preciso ser adotada para trabalhar com as mensagens (como nunca falar enquanto o outro usuário estiver respondendo de volta).

Vamos falar um pouco também sobre como configurar as preferências do Outlook a fim de que o correio eletrônico possa ser utilizado da forma como desejar. E, finalmente, veremos as muitas formas de exibição da pasta Caixa de entrada do Outlook, para dar uma noção de qual é a que mais se adapta às suas necessidades.

A pasta Caixa de Entrada nem sempre é a primeira
Há uma forma de arquivar as mensagens recebidas antes que eles sejam encaminhadas para a pasta Caixa de Entrada. É possível programar o Outlook para encaminhar todas as mensagens, digamos de seu chefe, para uma determinada pasta própria para as mensagens profissionais. Isto é abordado com mais detalhes no Capítulo 11, "Como gerenciar muitas mensagens".

A pasta Caixa de Entrada do Outlook

Pode parecer um pouco irônico que um programa chamado *Out*look possua uma pasta Caixa de Entrada (*In*box), como um de seus principais recursos. Esta pasta é um ponto crucial da seção de correio eletrônico do Outlook. É o local onde ficam armazenadas todas as mensagens de correio eletrônico recebidas até que decida o que fazer com elas.

A Caixa de Entrada é tão fundamental para o sistema do Outlook que não é possível pressionar um botão sem ser levado até ela. Ao utilizar o Outlook Today há duas formas de entrada na tela desta pasta a qualquer momento. É possível clicar em Caixa de Entrada no menu Mensagens dentro do Outlook Today ou clicar sobre o botão Caixa de Entrada na barra de Atalhos do Outlook .

Não espere. Vá em frente e clique em uma das duas opções para abrir esta pasta. Ela deve ser um pouco parecida com a figura apresentada a seguir.

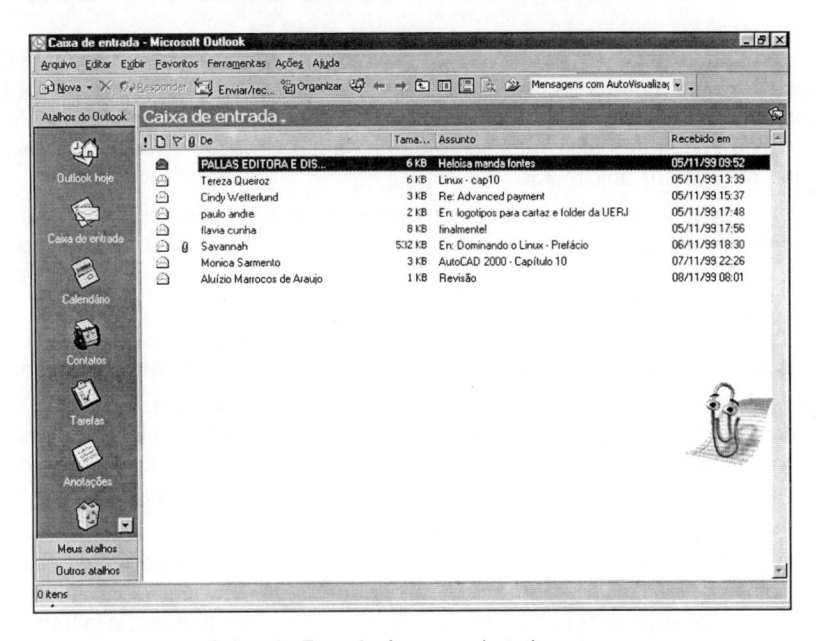

Capítulo 8 ▶ Treinamento básico para usuários de correio eletrônico

A pasta Caixa de Entrada é a casa de todas as mensagens recebidas de correio eletrônico e fax.

A Caixa de Entrada mostrada na figura é a minha e possui algumas mensagens. Estas ficarão aí até que eu decida o que fazer com elas – excluí-las, arquivá-las em uma pasta diferente ou o que for.

Falaremos mais sobre os modos de exibição mais tarde neste capítulo, mas note que no canto superior direito da figura há um campo que mostra que a pasta Caixa de Entrada está sendo visualizada no modo Mensagens com Visualização automática.

Nesta opção, todas as mensagens ainda não lidas são exibidas com as primeiras três linhas do texto visíveis até que elas sejam abertas e o seu conteúdo seja lido.

Vamos analisar outros recursos da janela Caixa de Entrada. Eles são explicados conforme aparecem na pasta antes da janela ser personalizada. Mais tarde neste capítulo, falaremos sobre como é possível alterar a Caixa de acordo com suas necessidades.

Principais campos

Você deve se lembrar de nossa discussão sobre os modos de exibição apresentada no Capítulo 6, "A hora das ferramentas", onde abordamos a possibilidade de inclusão de diferentes campos na Caixa de Entrada. Naquele momento, adicionamos um campo Tamanho à Caixa e você pode ver que ele continua lá conforme visto na figura anterior.

Agora, vamos ignorar os pequenos ícones divertidos que aparecem à esquerda do cabeçalho da Caixa de Entrada e, em vez disso, enfocar os seus campos principais. Não trataremos aqui do campo Tamanho, pois ele já foi acrescentado anteriormente. Apenas os três campos a seguir são utilizados como padrão em sua pasta – apesar de haver muitos outros que podem ser adicionados:

➤ *De.* — Identifica a pessoa que enviou a mensagem. Em geral é possível ver o endereço de correio eletrônico da pessoa. No entanto, caso o endereço esteja presente na lista de contatos, o Outlook o converte automaticamente no próprio nome da pessoa que enviou a mensagem.

➤ *Assunto.* — Qualquer que seja o momento em que você enviar uma mensagem para alguém, digite o assunto. Este campo mostra os assuntos das mensagens.

➤ *Recebido em.* — Mostra a data e a hora em que a mensagem foi recebida pelo seu servidor de correio (o computador de seu provedor que encaminha a mensagem até você). *Não* é a hora em que você recebe a mensagem. É importante lembrar disso, pois esta é a melhor indicação sobre a data e o horário em que o remetente enviou a mensagem.

Outro ponto importante a ser lembrado é que há sempre a possibilidade de classificar as informações da janela Caixa de Entrada por qualquer um desses campos. Por exemplo, caso queira que as mensagens sejam classificadas de acordo com a ordem alfabética do nome do remetente, clique sobre o cabeçalho na parte destinada ao campo De. Se desejar classificar as mensagens de acordo com o horário de recebimento, clique sobre o cabeçalho na parte destinada ao campo Recebido em. Independente do nome do campo, há uma pequena seta dentro dele, que indica a partir de que campo está feita a classificação da pasta. Ao clicar no campo, novamente a lista (e a seta) serão invertidas.

Digamos que queira classificar a Caixa de Entrada pelo horário de recebimento das mensagens e, para isto, clica no cabeçalho na parte destinada ao campo Recebido em. Caso a seta esteja apontando para baixo, isto indica que a mensagem mais nova está no topo da lista. Clique novamente e a seta estará apontando para cima, indicando que a mensagem mais antiga está agora no topo da lista, conforme apresentado na figura seguinte.

Campos

Um *campo* é um tipo específico de informação que você quer exibir ao visualizar uma pasta. Por exemplo, caso queira ver o tamanho de qualquer mensagem recebida, você deve fazer com que o campo Tamanho apareça em seu modo de exibição.

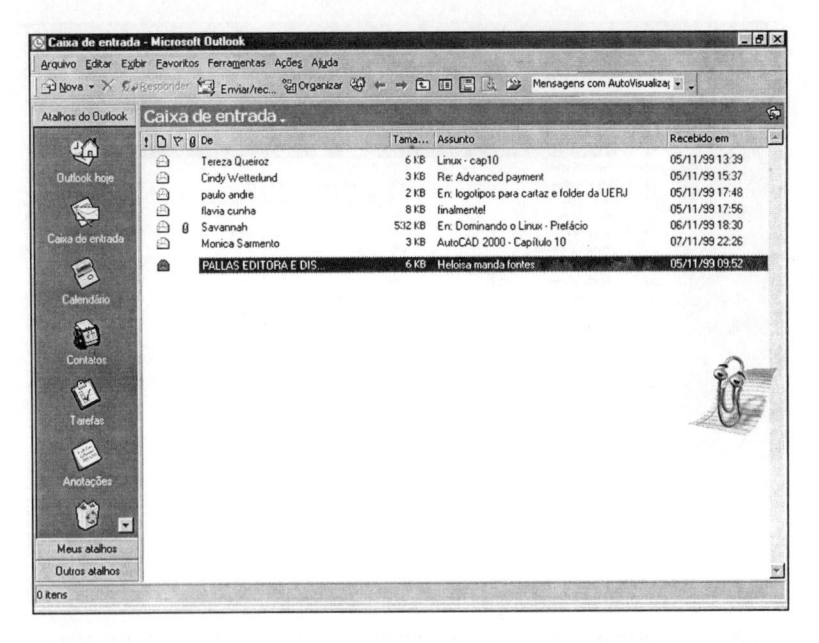

Capítulo 8 ➤ Treinamento básico para usuários de correio eletrônico   83

Esta pasta Caixa de Entrada está classificada de acordo com o horário de recebimento das mensagens, como pode ser visto pela seta próxima ao campo Recebido em.

Campainhas, avisos sonoros (indicadores e outros mais)

À esquerda destes campos maiores há quatro pequenos que também são importantes – talvez até mesmo *mais* importantes – para a sua pasta Caixa de Entrada. Eles representam pequenos códigos que ajudam a priorizar as mensagens recebidas:

> ➤ *Prioridade.* — O ponto de exclamação situado mais à esquerda da linha de cabeçalho indica a prioridade da mensagem recebida. Isto pode ser definido pelo remetente ou por você mesmo, utilizando o Assistente de Regras. Da mesma forma, ao enviar mensagens para outras pessoas, é possível determinar a importância das mesmas. É uma forma de chamar a atenção do destinatário para a mensagem. Infelizmente, possuo alguns amigos que acreditam que uma mensagem com "prioridade alta" signifique apenas alguma piada em especial.
>
> Se um remetente determinar que uma mensagem é de prioridade alta irá aparecer um ponto de exclamação neste campo. Caso a mensagem seja enviada como de prioridade baixa, irá aparecer uma seta para baixo. Se enviar como prioridade normal, o campo permanecerá vazio.
>
> Conforme apresentado na figura a seguir, um das mensagens da minha Caixa de Entrada foi enviada com prioridade alta e o restante com prioridade normal.

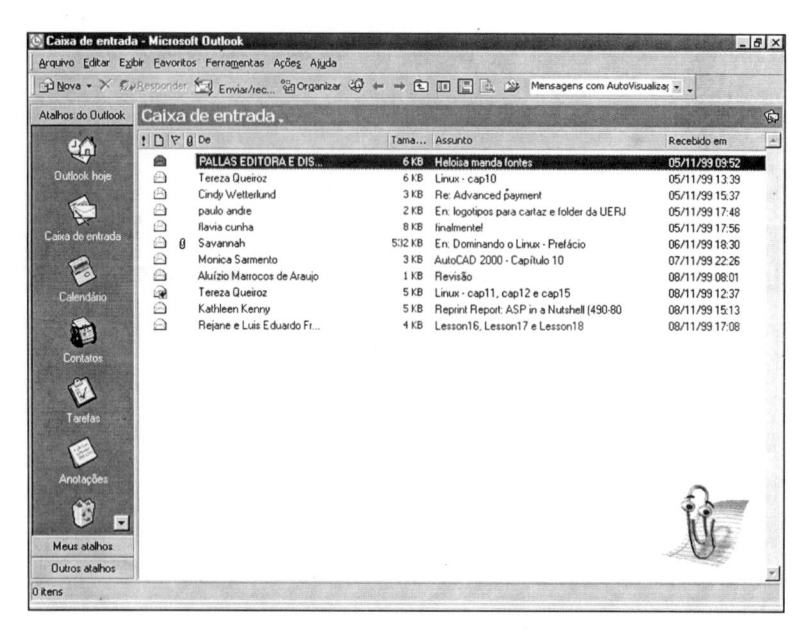

Uma mensagem desta Caixa de Entrada foi enviada com prioridade alta.

- ➤ *Ícone envelope.* — Sempre haverá um ícone neste campo para cada uma das mensagens. O campo muda de acordo com o uso da mensagem, mas não é possível definir isto. Ele apenas informa o status da mensagem. Caso apareça como um envelope fechado, indica que a mensagem ainda não foi lida. Caso seja um envelope aberto, a mesma já foi lida. Se aparecer como um envelope aberto com uma seta apontando para a esquerda , a mensagem já foi lida e respondida. Se aparecer como um envelope aberto com uma seta apontando para a direita , indica uma mensagem que já foi encaminhada.

  Na figura anterior há uma mensagem respondida e as demais foram apenas lidas.

- ➤ *Sinalizador.* — É possível sinalizar determinadas mensagens que deseja que sejam conduzidas de modo específico, ou com o objetivo de classificá-las. Por exemplo, é possível sinalizar as mensagens que deseja encaminhar ou que necessitam de algum tipo de acompanhamento.

  A utilização mais comum deste recurso é a função de acompanhamento. Ao abrir uma mensagem, há um botão com uma bandeira na barra de ferramentas. Clique nele para abrir a caixa de diálogo em que é possível determinar o motivo da sinalização e a data de vencimento, caso necessário (ver figura seguinte).

- ➤ *Anexos.* — O ícone clipe de papel indica se a mensagem foi recebida com algum documento em anexo. Se um clipe de papel aparecer neste campo ,há pelo menos, um documento anexado à mensagem de correio eletrônico. Os anexos são explicados em detalhes no Capítulo 12, "Complementos: arquivos anexados às mensagens de correio eletrônico".

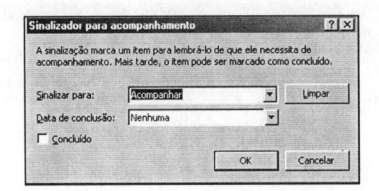

Sinalizar mensagens ajuda a definir prioridades.

Também é possível classificar a lista de mensagens de sua pasta Caixa de Entrada através de qualquer um desses campos. Por exemplo, se quiser classificar a partir do sinalizador, as mensagens sinalizadas serão exibidas no topo da lista. Ou, ainda, se quiser classificar as mensagens de acordo com a prioridade, as mensagens de prioridade alta ficarão no topo da lista.

Como configurar o seu próprio modo de exibição

Há uma variedade de formas para personalizar a janela Caixa de Entrada de acordo com seu gosto pessoal. Conforme já foi abordado, é possível adicionar campos a esta janela a fim de exibir as informações necessárias para avaliar as mensagens. Pode-se também alterar o modo de visualização – a forma como a Caixa exibe as suas próprias mensagens.

Vamos nos aprofundar um pouco mais nestes dois recursos e ainda em alguns mais.

Como adicionar/remover campos

Na seção anterior deste capítulo ,tratamos dos sete campos principais que são exibidos na Caixa de Entrada como padrão. Qualquer um desses sete pode ser removido da janela e há muitos outros que podem ser adicionados.

Para adicionar ou remover um campo a partir da janela Caixa de Entrada, clique com o botão direito do mouse sobre a linha do campo e, em seguida, escolha Personalizar Exibição Atual a partir do menu fornecido. Clique em Campos e será aberta uma janela igual a da figura seguinte.

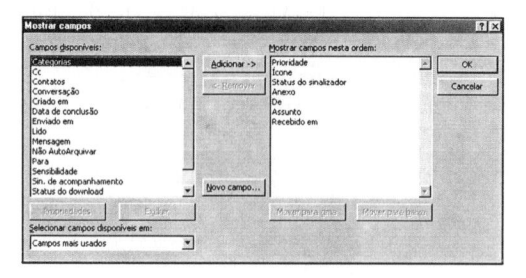

Há uma série de campos que podem ser adicionados a sua Caixa de Entrada.

Do lado esquerdo estão os campos que podem ser adicionados a sua Caixa de Entrada. No lado direito ficam os campos que já estão adicionados. (A figura apresenta mais um campo, o Tamanho, que foi adicionado no capítulo anterior.)

A lista é bastante extensa, mas há mais. No canto inferior esquerdo da janela há um menu suspenso Selecionar os campos disponíveis. Normalmente está definido para Campos Mais Utilizados, mas há muitos outros. Abra o menu e selecione Todos os Campos e terá muitos deles para contar.

Para piorar (ou melhorar), é possível até mesmo adicionar seu próprio campo clicando no botão Novo Campo. Em seguida, você pode nomear o campo, definir o formato e o tipo de informação que será exibida. Para adicionar um campo, basta selecioná-lo e clicar no botão Adicionar. Para remover, selecione o nome do campo no painel à direita e clique em Remover.

Tenha cuidado em relação à quantidade de campos a serem adicionados, pois possuir vários campos desnecessários vai confundir muito a sua pasta Caixa de Entrada.

Como alterar o modo de visualização

Neste caso, a "visualização" refere-se ao modo como as mensagens são exibidas. Há muitas formas de visualizar suas mensagens, incluindo algumas que realmente as classificam.

Há duas formas de alterar uma visualização. Através da barra de ferramentas Avançada ou utilizando o menu Exibir. Caso queira que a barra de ferramentas Avançada seja exibida, clique com o botão direito do mouse sobre a barra de ferramentas atual e, em seguida, clique em Avançada. A janela suspensa Exibição Atual será aberta.

Capítulo 8 ➤ Treinamento básico para usuários de correio eletrônico

Caso prefira utilizar o menu Exibir, selecione Exibição Atual a partir da lista e obterá as mesmas opções a partir do menu suspenso. Aqui estão algumas dessas opções:

➤ *Mensagens.* — Exibe as mensagens em formato de lista na metade superior da janela, conforme figura a seguir. Qualquer mensagem selecionada é exibida totalmente na parte inferior da janela.

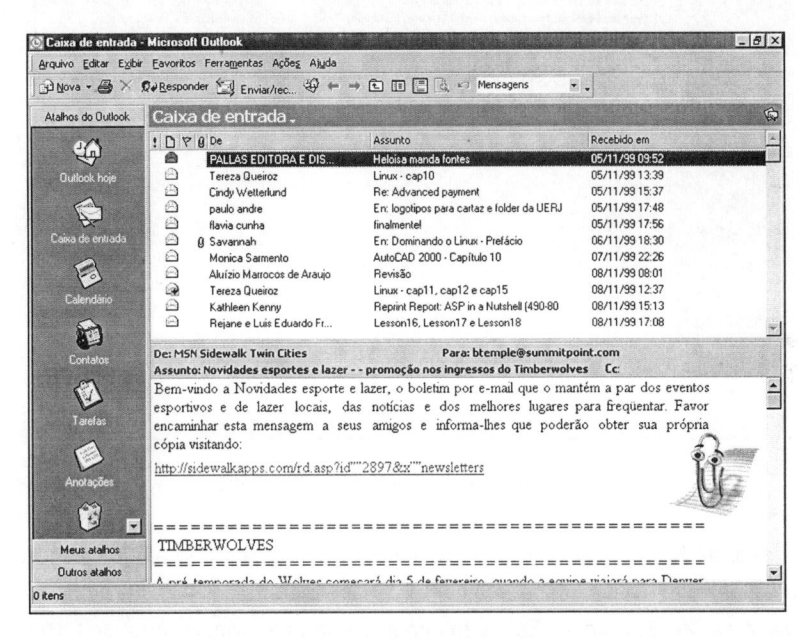

O modo de visualização Mensagens exibe uma na parte inferior da janela.

➤ *Mensagens com Visualização Automática.* — A mesma visualização da lista Mensagens exceto que quando existe uma mensagem não lida é possível visualizar as três primeiras linhas da mesma.
➤ *Por Sinalizador de Acompanhamento.* — Classifica as mensagens em grupos com base no tipo de sinalizador de acompanhamento definido.
➤ *Últimos Sete Dias.* — Exibe apenas as mensagens recebidas na última semana.
➤ *Sinalizadas para a Próxima Semana.* — xibe apenas as mensagens sinalizadas que devem ser acompanhadas na semana seguinte.
➤ *Por Tópicos de Conversação.* — Algumas vezes ao entrar em uma discussão via correio eletrônico será preciso verificar mensagens antigas e novas. Quando a conversação possui muitas mensagens (com o mesmo *assunto*) elas são agrupadas.
➤ *Por Remetente.* — As mensagens são agrupadas por remetente, como na figura seguinte.

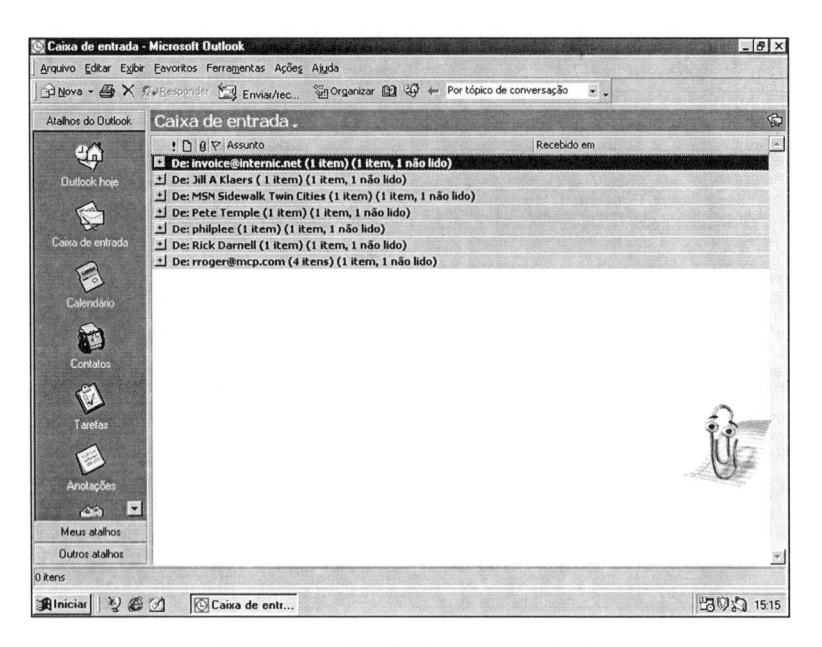

Mensagens visualizadas por remetente.

➤ *Mensagens Não-Lidas.* — Exibe apenas as mensagens que ainda não foram lidas.
➤ *Enviar para.* — Classificada por nome de destinatário.
➤ *Horário da Mensagem.* — Este é totalmente estranho. Mostra quando as mensagens foram recebidas em um tipo de quadro de horários, o que torna a lista totalmente confusa.

Dentre estas opções, as duas mais comuns são a Mensagens e a Mensagens com Visualização Automática.

Em qualquer um dos modos de visualização em que a lista esteja classificada, cada grupo apresentará um sinal de adição à sua esquerda. Clique sobre ele para exibir o conteúdo deste grupo (exatamente como é feito na visualização de arquivos e pastas).

Outras configurações

Há uma série de modos de classificação e visualização das mensagens, mas até aqui estamos concentrados nos recursos básicos.

Ao exibir uma lista de mensagens em formato de tabela (tais como em Mensagens e Mensagens com Visualização Automática), é possível ajustar facilmente a largura dos campos. Basta mover o cursor até a linha que divide os dois campos e irá aparecer uma seta apontando para direita e esquerda. Arraste-a para a direita ou esquerda de acordo com o ajuste necessário. Os campos serão ajustados e, assim, serão exibidas mais ou menos informações.

Outras configurações podem ser encontradas na janela Personalizar Visualização Atual. Clique com o botão direito do mouse sobre o nome do campo, clique em Personalizar Visualização Atual e, em seguida, selecione Outras Configurações a partir da caixa Resumo de Visualizações. Será aberta uma janela como a da figura seguinte.

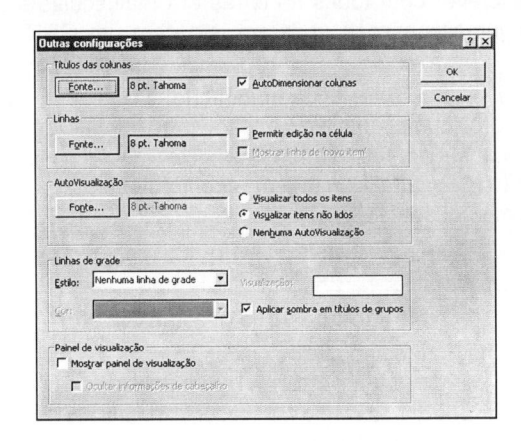

Configure suas preferências para fonte de tipos, entre outras.

Nesta tela é possível escolher a fonte e o tamanho para colunas, cabeçalhos, linhas e visualizações automáticas. Pode-se decidir, ainda, se deseja que sejam exibidas linhas de grade e como exibi-las, entre outros.

Etiqueta para utilização do correio eletrônico

O correio eletrônico não é como golfe – não há uma etiqueta formal a ser seguida nem normas por escrito. O bom senso é o que orienta o que nele acontece e, às vezes, o que vale é o método de tentativa e erro.

O que é preciso saber sobre etiqueta em relação ao uso de correio eletrônico deve ser o mesmo utilizado para a comunicação interpessoal – ser educado e tratar os outros como gostaria de ser tratado. Porque o correio eletrônico possui uma característica um pouco impessoal, algumas pessoas esquecem que suas mensagens estão sendo enviadas para outros seres humanos.

Alguns pontos básicos a serem lembrados:

➤ *Emoticons.* — Existem alguns sinais de pontuação que, quando agrupados, formam expressões como esta :) (um sorriso). Eles são interessantes, porém muito utilizados. Devem ser usados com moderação.

➤ *Abreviaturas.* — Muitas pessoas utilizam abreviaturas para tornar as mensagens de correio eletrônico mais curtas mas, novamente, utilizar em demasia é desagradável. As abreviaturas devem ser reduzidas como AQP (assim que possível); ou PSI (para sua informação).

➤ *Não grite.* — Escrever com todas as letras em maiúsculas é um recurso para dar ênfase, mas algumas pessoas encaram isto com um GRITO. Tenha cuidado ao utilizar.

➤ Não envie *spam.* — Spam significa inundação. Enviar um spam significa enviar a mesma mensagem (como uma solicitação) para muitas pessoas. Ao fazer isto é possível desabilitar servidores pequenos e deixar muitas pessoas aborrecidas. Outro tipo de inundação é enviar a mensagem repetidamente, tais como piadas, brincadeiras para a mesma pessoa.

O mínimo que você precisa saber

➤ A pasta Caixa de Entrada do Outlook exibe mensagens recebidas via correio eletrônico e fax.

➤ Por padrão, a Caixa de Entrada exibe sete campos – Prioridade, Ícone, Sinalizadores, Anexos, De, Assunto e Recebido em.

➤ É possível a qualquer momento adicionar mais campos e/ou remover os já existentes em sua pasta Caixa de Entrada. Ainda é possível inventar campos pessoais a serem exibidos.

➤ É possível visualizar a Caixa de Entrada de muitas maneiras diferentes, inclusive as que classificam as mensagens para você. Os dois modos de visualização mais comuns da pasta são o Mensagens e Mensagens com Visualização Automática.

Capítulo 9

Escreva-me algumas linhas

Neste capítulo
- Como escrever a primeira mensagem de correio eletrônico.
- Como formatar uma mensagem e adicionar a sua assinatura.
- Como fazer a verificação ortográfica.
- Como utilizar os modelos de papel de carta.
- Como verificar o correio.
- Como ler suas mensagens.
- Como responder e encaminhar as mensagens.
- Como recuperar as mensagens com erro.

Existem algumas pessoas que se sentem desafiadas pela tecnologia atual e sofrem pelos tempos antigos, quando a frase "me liga" significava ligar para alguém pelo telefone. Há um novo milênio no horizonte e é hora de se integrar com o programa. Nos dias de hoje, quando alguém lhe diz para "dar uma ligada", significa "mande-me uma mensagem".

Já dedicamos tempo suficiente para o correio eletrônico. Tudo o que foi explicado até aqui é um alicerce importante para o seu futuro como um usuário de correio eletrônico, mas é hora de seriedade e de estudar de forma inteligente este recurso .

Enquanto estivermos fazendo isto, também vamos trabalhar no recebimento de mensagens. E veremos alguns dos recursos adicionais que o Outlook oferece para redigir uma bela mensagem.

As conexões e como manter-se conectado

Para poder enviar e receber mensagens será preciso uma conexão com a Internet. No entanto, não é necessário estar conectado à Internet quando for escrever as suas mensagens. É possível escrever quantas quiser enquanto não estiver conectado e elas serão enviadas pelo Outlook na próxima vez em que realizar a conexão.

Como escrever a primeira mensagem de correio eletrônico.

Você está nervoso? Com oito capítulos de preparação deixados para trás, é perfeitamente compreensível. Mas, finalmente, chegou a hora - vamos enviar uma mensagem.

Antes de você poder enviar uma mensagem para alguém, precisa do endereço dele ou dela. Pode-se enviar uma mensagem para uma pessoa ou para mil, mas para isto você precisa ter o endereço de todas elas. Se estiver começando agora, pode não ter nenhum endereço. Mas há o endereço de uma pessoa que você já conhece: o seu.

Então, você vai começar enviando uma mensagem para você mesmo.

Começando tanto pelo Outlook Today ou pela janela Caixa de Entrada, clique no botão Novo na parte esquerda superior da tela. Isto abre automaticamente uma nova janela de mensagem, como mostrado na figura a seguir.

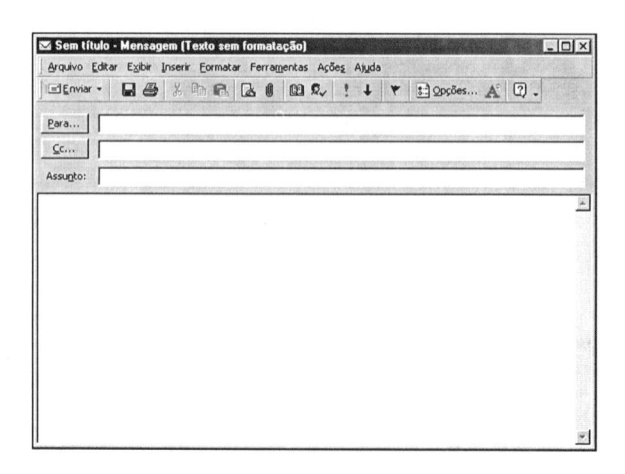

A janela para nova mensagem está onde você redigirá o seu texto.

Capítulo 9 ➤ Escreva-me algumas linhas   **93**

Em primeiro lugar, você precisará digitar o endereço da pessoa para quem irá enviar a mensagem. Clique no espaço próximo ao botão Para:, e depois digite o seu endereço eletrônico. Lembre-se de que não podem haver espaços nos endereços eletrônicos, sendo extremamente importante ter o endereço correto.

No área Assunto:, digite um tema para sua mensagem, algo como "Teste". (Você pode navegar entre os campos clicando sobre eles com o seu mouse ou utilizando a tecla Tab.)

Depois, vá para a grande janela na parte inferior. Ali é onde você digita o texto de sua mensagem. Tente ser engraçado, pois sei que você aprecia um pouco de humor agora e sempre.

Se você quiser enviar uma cópia desta mensagem para outra pessoa, digite o endereço dele ou dela na área Cc:. (cópia de cortesia:) Você até pode enviar uma cópia carbono cega para outras pessoas (os outros destinatários não saberão que esta mensagem foi enviada para as pessoas que receberam a Bcc:- cópia de cortesia invisível). Se o campo Bcc: não estiver visível em sua janela de mensagem, escolha-o a partir do menu Exibir.

Mesmo que ainda não tenhamos visto o recurso Catálogo de Endereços no Outlook, você pode ter alguns nomes nele. Se você já tiver utilizado anteriormente um outro programa de correio eletrônico, os endereços salvos a partir deste programa foram importados pelo Outlook durante a instalação. Para verificar, clique no botão Para:. Se quiser enviar a mensagem para alguém em sua lista, selecione a entrada e clique o botão apropriado (Para:, Cc:, ou Bcc:). Depois clique em OK e o nome aparecerá no campo selecionado para ele.

Como você pode ver na figura a seguir, adicionei meu endereço como um destinatário Cc: da mensagem ,escolhendo meu nome no Catálogo de Endereços.

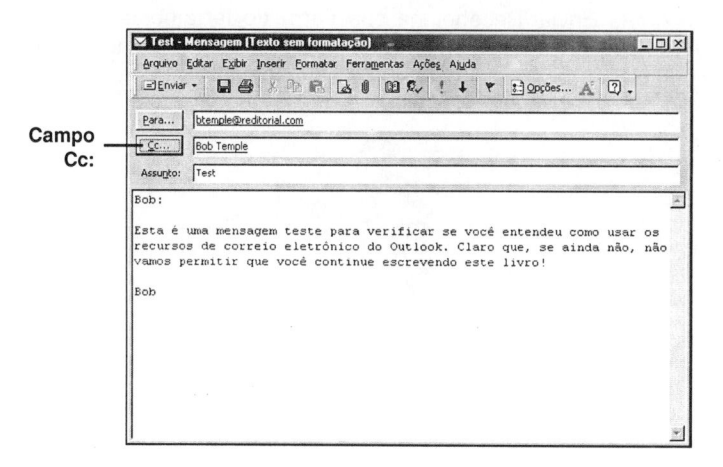

As entradas copiadas do Catálogo de Endereços aparecem como nomes, não como endereços de correio eletrônico.

Ajuda para endereços

Note que os campos Para: e Cc: (e o campo Bcc:, se estiver visível) são botões. Ao montar um catálogo de endereços, é possível clicar neste botão para registrar automaticamente o endereço de um destinatário.

Note também que o campo Cc: mostra o meu nome e não o meu endereço eletrônico. Isto porque ele foi copiado do Catálogo de Endereços. É uma maneira de facilitar o entendimento. A mensagem ainda será enviada para o meu endereço, mas ao mostrar o meu nome isto ajudará você quando se referir à mensagem mais tarde. Quando olhar em sua lista de mensagens enviadas, verá o nome das pessoas que receberam suas mensagens, e não os seus endereços eletrônicos. Desta forma, você poderá dizer de forma rápida para quem as mensagens foram mandadas.

Sua mensagem está pronta para ser enviada. Se não quiser fazer nenhuma formatação ou qualquer outra coisa com ela, você pode clicar no botão Enviar agora. Ela não será enviada pela Internet já, mas será colocada na pasta Caixa de Saída. Para completar o processo de envio, clique no botão Enviar/Receber na sua barra de ferramentas Padrão. Se estiver conectado à Internet, a mensagem será enviada imediatamente. Se não, o Outlook irá discar para o seu provedor de acesso e depois enviará a mensagem.

Eles são tão avançados quanto você?

Com o Outlook 2000, você estará utilizando uma das ferramentas mais avançadas e cheia de recursos no que diz respeito aos programas de correio eletrônico disponíveis. Infelizmente, isto pode causar problemas quando você tentar se comunicar com outra pessoa que não possua um programa tão avançado. Em alguns programas de usuários, as mensagens com formatação aparecem cortadas, e com caracteres estranhos. Já os programas muito antigos de correio eletrônico não conseguem nem lidar com alguns caracteres, como aspas. Mas, para a maioria, uma mensagem formatada enviada a alguém com um programa antigo ficará legível. Eles apenas não verão os benefícios da formatação que você aplicou.

Capítulo 9 ➤ Escreva-me algumas linhas

Como formatar
e outras opções

Se você já trabalhou algum tempo com o Word ou outro processador de texto (quem não possui um?), provavelmente já fez formatação de texto. Até mudar o tipo da fonte ou tamanho é considerado uma formatação, então pode ser algo básico. Uma formatação básica ou avançada pode ser aplicada se você estiver disposto a fazê-la. É possível até sinalizar as suas mensagens ou estabelecer a prioridade antes de enviá-las.

Há muitas razões para querer aplicar uma pequena formatação ao seu texto: para dar ênfase, para esclarecer mais um ponto, ou até tornar tudo um pouco mais atrativo.

Antes de sair aplicando diversas formatações ao seu texto, você pode querer garantir que o seu destinatário possa ler mensagens com formatação.. Atualmente, muitas pessoas ainda usam programas apenas com o formato texto.

No Outlook 2000, é possível enviar mensagens no formato texto, HTML(uma aplicação que marca elementos , como textos e elementos gráficos) ou RTF (uma adaptação usada para transferência de textos formatados). Esta escolha é feita no menu Formatar na janela nova mensagem .

Como manter
a mensagem simples

Se você for uma pessoa normal e de nível médio, deve utilizar o texto simples para enviar suas mensagens.

Na verdade, é uma boa idéia deixar sua configuração como texto simples,(também chamado apenas texto), em alguns programas e apenas formatar as mensagens a serem enviadas para aquelas pessoas que você saiba que poderão visualizar todas as opções marcadas.

Todos os programas de correio eletrônico podem visualizar qualquer mensagem enviada como texto simples.

Mensagens
mais elaboradas

A maioria das pessoas que querem formatar mensagens desviam do RTF e vão direto ao HTML, pois ele oferece tudo que o RTF tem e mais alguma coisa.

O RTF permite formatar as mensagens com recursos do tipo fonte negrito, itálico, tamanhos e formatos de fonte diferentes entre outros. Isto é muito fácil de ser feito uma vez que a barra de ferramentas Formatação esteja aberta.

Primeiro, com a mensagem aberta em sua tela, clique em RTF a partir do menu Formatar. A aparência da mensagem deve mudar (a fonte será diferente; normalmente Arial). Para exibir a barra de ferramentas Formatação, abra o menu Exibir, selecione Barra de Ferramentas e, em seguida, clique no botão Formatação.

É possível fazer mudanças na formatação de duas maneiras: selecionado o texto a ser formatado e clicando no botão apropriado; ou clicando no botão de formatação antes de digitar o texto a ser formatado.

A mensagem para mim mesmo já foi digitada e quis colocar a palavra "Outlook" em negrito. Então ,selecionei a palavra e dei um clique sobre o botão Negrito. Depois, aumentei a fonte para um tamanho maior que o anterior e adicionei uma lista de marcadores. O resultado é a mensagem vista na figura a seguir.

HTML, Baby

O HTML significa *Hypertext Markup Language*, a linguagem da Web. Memorize esta sigla se quiser ser considerado um *especialista*. Se não, vamos em frente.

Ao formatar suas mensagens em HTML é possível fazer tudo o que se faz em RTF entre outras coisas. De novo, deve-se certificar qual destinatário da mensagem pode ler mensagens neste formato - qualquer outra pessoa que você saiba que está utilizando o Outlook 2000 certamente poderá.

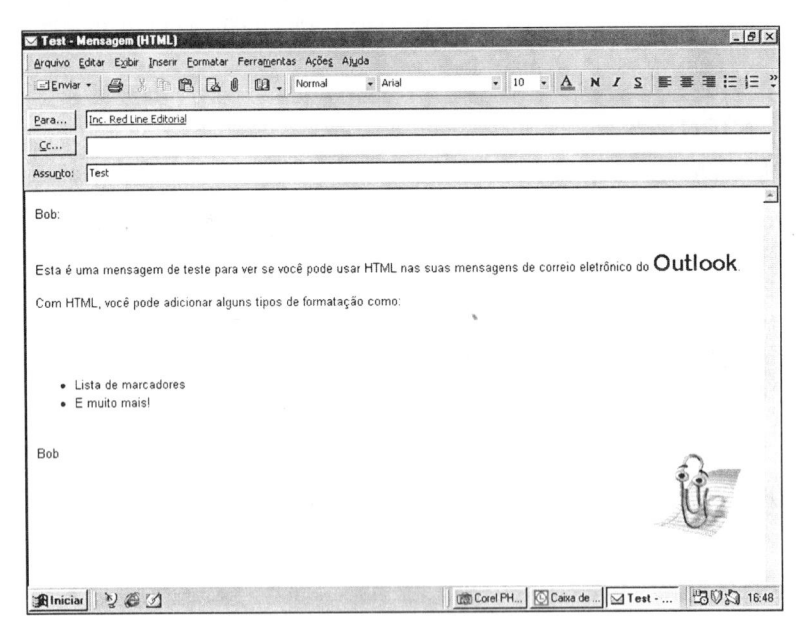

É fácil formatar as mensagens com RTF, utilizando a barra de ferramentas de Formatação.

Capítulo 9 ➤ Escreva-me algumas linhas   **97**

Há muitos bons recursos na formatação em HTML, mas aqui estão os dois mais comuns:

➤ *Hyperlink(conexão entre um elemento de um texto e outro)* — Quando você envia uma mensagem em HTML e inclui um endereço da Internet ou um endereço de correio eletrônico, automaticamente ele se transforma em um hyperlink. Assim, ao enviar para um amigo um endereço da Internet que ele deva visitar, basta ele clicar sobre este endereço e o navegador irá automaticamente encontrar a página para ele. Se você enviar um endereço de correio eletrônico, o destinatário pode clicar nele e o programa de correio eletrônico dele abrirá uma nova janela de mensagem com o endereço correto na janela Para:.

➤ *Figuras* — Com o preço dos scanners e das câmeras digitais baixando dia-a-dia, anexar fotos às mensagens está se tornando lugar-comum. Se eu ganhasse um dólar para cada amigo que enviou uma foto do filho(a) para os avós, teria, bem, dois dólares.

Vamos enviar uma mensagem em HTML. Primeiro, envie aquela outra para você mesmo (pressionando o botão Enviar, se ainda não o fez. Depois, clique novamente no botão Novo, digite um endereço e o assunto (mande para você mesmo de novo), e depois escolha HTML a partir da janela Formatar.

Se quiser alterar a fonte e o tamanho da letra, vá em frente . Depois ,digite a mensagem incluindo o endereço da Web ou o endereço de correio eletrônico. Após digitar o endereço, o Outlook automaticamente o transforma em um vínculo e o sublinha, como mostrado na figura a seguir.

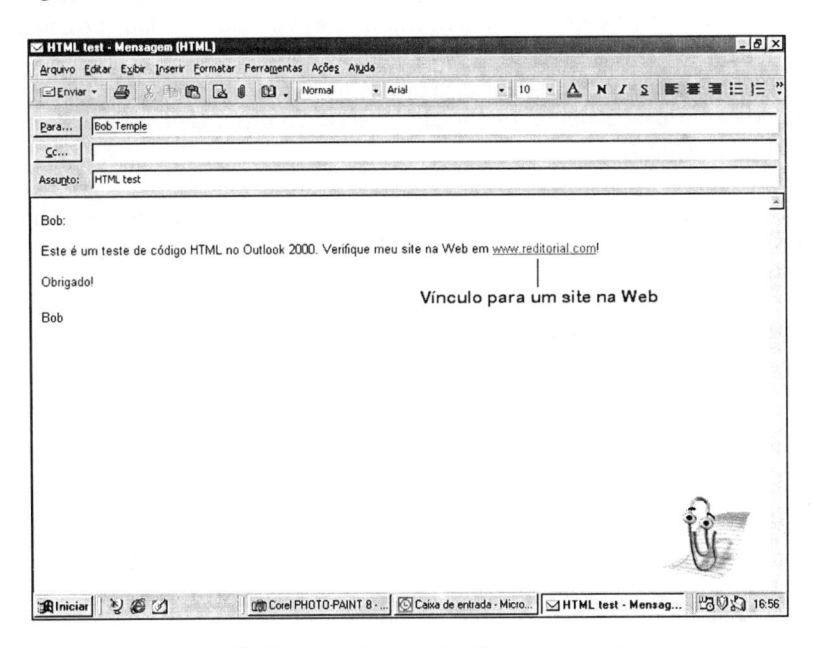

Em HTML, os endereços da Web e de correio eletrônico aparecem como hyperlinks.

Como assinar suas mensagens

Muitas pessoas gostam de adicionar assinaturas especiais em suas mensagens. Isto é particularmente útil se você quiser colocar seu nome, cargo, empresa, endereço na Web ou outra informação no final de suas mensagens profissionais, mas não precisa ter que digitar toda a sua assinatura sempre que escrever uma mensagem.

Na pasta Caixa de Entrada, abra o menu Ferramentas, selecione Opções e, em seguida, na guia Formatar Mensagem. Clique na caixa de seleção Assinatura e depois clique Novo. O programa pedirá para você criar um nome para a sua assinatura. Depois clique OK e digite o texto para a sua assinatura.

Após digitar seu texto, clique no botão Assinatura na janela da mensagem e a sua será inserida automaticamente.

Outras opções

A barra de ferramentas Padrão possui outras opções para a configuração de mensagens antes que sejam enviadas. Aqui estão alguns destes recursos:

- *Prioridade: alta* — Aquele ponto de exclamação vermelho na barra de ferramentas significa que sua mensagem é de alta prioridade. Algumas pessoas (amigos meus, por exemplo), utilizam este recurso como uma forma de brincadeira, enviando piadas disfarçadas como se fossem mensagens de alta prioridade. Prefiro que estas pessoas utilizem este recurso de forma mais criteriosa.
- *Prioridade: baixa* — A seta azul para baixo indica que a mensagem é de baixa prioridade. (Pessoalmente, não vejo necessidade disto. Se algo não é importante, para que enviar?)
- *Sinalizador* — É possível sinalizar uma mensagem já recebida, ou sinalizar uma a ser enviada para outra pessoa. Ao sinalizar uma mensagem para acompanhamento, o objetivo é lembrar a você (ou ao destinatário) que precisa verificar posteriormente o andamento desta mensagem. Por exemplo, se você enviar uma mensagem ordenando que um projeto seja executado em um certo tempo, o sinalizador irá lembrar o destinatário para verificar mais tarde o andamento do projeto.

Estes são alguns recursos extras adicionados ao Outlook que ajudam a observar mensagens em particular. Também é uma outra forma do Outlook ajudar a mantê-lo organizado.

Como fazer a verificação ortográfica.

Antes de enviar uma mensagem sempre é uma boa idéia fazer uma verificação ortográfica, especialmente se for um documento de trabalho. Os erros de ortografia refletem falta de atenção e podem até alterar a opinião que o cliente tem sobre a sua empresa.

Capítulo 9 ➤ Escreva-me algumas linhas   **99**

Se aquela mensagem em HTML que você estava escrevendo ainda estiver em sua tela (e ainda deve estar, pois você ainda não a enviou), poderá facilmente verificar a ortografia. A partir do menu Ferramentas, clique em Verificar Ortografia. O Outlook começará imediatamente a verificar a ortografia da mensagem. Quando encontrar algum erro, irá mostrar uma janela semelhante a da figura a seguir.

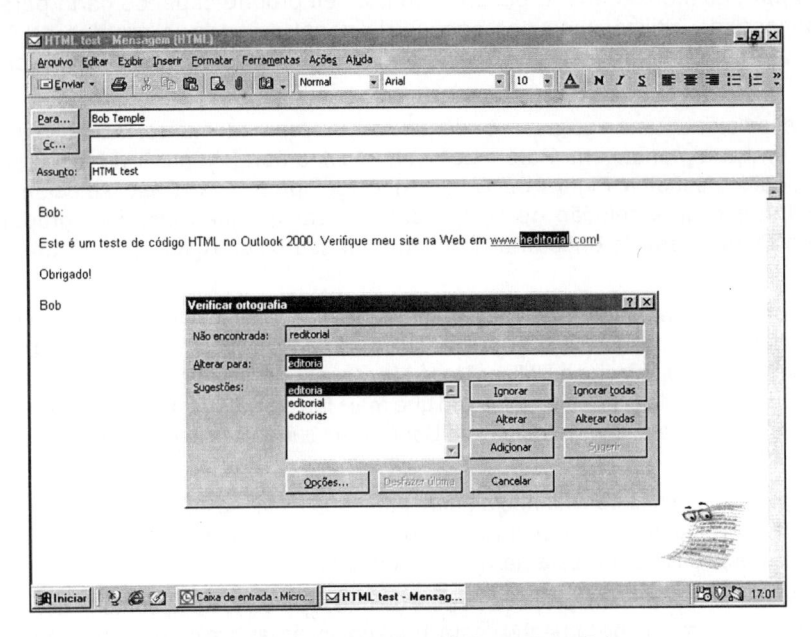

O verificador ortográfico do Outlook também verifica erros em endereços da Web.

É possível configurar o Outlook para fazer a verificação ortográfica das suas mensagens antes de enviá-las abrindo o menu Ferramentas, selecionando Opções, depois clicando na guia Verificação Ortográfica. Depois, marque a caixa Sempre Verificar Ortografia Antes de Enviar e o Outlook revisará todas as mensagens antes de serem enviadas.

Às vezes, nem sempre um erro ortográfico indicado pelo revisor pode ser um erro, como neste exemplo. Como você pode ver, ele quis mudar o meu domínio "reditorial" para "editorial" pois "reditorial" não é uma palavra. Mas, é o meu domínio e não quero mudá-lo. Neste caso, tudo o que é preciso fazer é clicar no botão Ignorar. Se eu quisesse alterar o meu domínio, clicaria em Alterar.

Caso saiba que a mesma palavra ou problema irá se repetir ao longo da mensagem de correio eletrônico, clique em Ignorar Todas ou Alterar Todas. O verificador ortográfico irá alterar automaticamente todas as ocorrências.

Um vez percorrido todo o documento, o Assistente do Office informa que a verificação ortográfica foi concluída.

Como personalizar seus documentos utilizando os modelos de papel de carta

Em relação ao correio eletrônico, os papéis de carta representam basicamente o fundo utilizado para as mensagens. É possível criar o seu próprio papel de carta para enviar suas mensagens, utilizar uma das opções de papel de carta já prontas do Outlook, utilizar uma figura a partir do disco rígido ou simplesmente escolher uma cor para o fundo.

É possível adicionar uma figura ou cor de fundo a qualquer momento, inclusive um pouco antes de enviar a mensagem. Para fazer isto, escolha Fundo a partir do menu Formatar e, em seguida, escolha Figura ou Cor, a que for apropriada. Caso selecione Cor, o Outlook fornece uma seleção de cores. Basta clicar na que mais lhe agradar. Caso selecione Figura, terá de encontrar a mesma em seu disco rígido a partir do nome do arquivo.

Se escolher utilizar as opções de papel de carta pré-instaladas no Outlook, terá de fazer isto antes de criar a mensagem de correio eletrônico. A partir da pasta Caixa de Entrada, siga para o menu Ações e selecione Utilizar Nova Mensagem de Correio. Em seguida, selecione o botão Mais Papéis de Carta e escolha um que mais lhe agrada. Alguns deles são utilizados para ocasiões especiais, como Notícias do Bebê, mas outros são apenas fundos que podem ser escolhidos.

Por exemplo, caso esteja convidando alguém para uma festa, selecione Convite Para Festa. A janela da nova mensagem será parecida com a da figura seguinte e será possível digitar informações específicas da festa nas áreas adequadas.

É possível também criar seus próprios papéis de carta, porém este assunto é muito extenso para ser tratado num livro do tamanho deste. Para dar início, abra o menu Ferramentas, clique em Opções e, em seguida, escolha a guia Formatar Correio.

Na caixa Enviar a mensagem neste formato, clique em HTML. Clique na caixa de seleção Modelo de Papel de Carta, em seguida, clique em Novo.

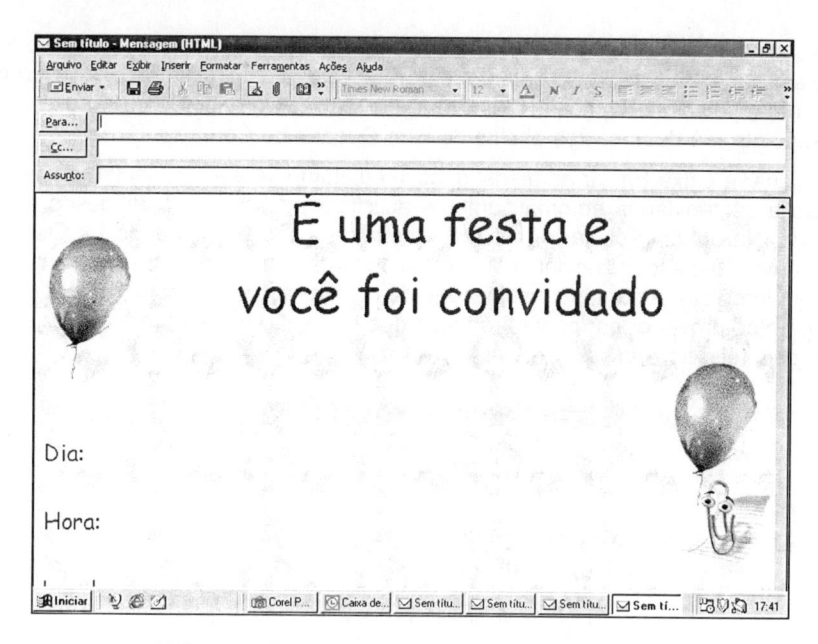

Utilizar papéis de carta permite tornar as mensagens de correio eletrônico mais especiais.

Em seguida, será solicitado nomear o papel de carta. É possível iniciar com um em branco ou personalizar um já existente. Brinque com este recurso – é divertido! No entanto, ao selecionar HTML a partir da guia Formatar Mensagem de Correio, isto altera a configuração padrão da mensagem . Ao terminar de criá-la, você deve retornar à guia Formatar Mensagem de Correio e voltar a seleção para a configuração padrão Texto Simples. Será sempre possível acessar seu papel de carta quando quiser (da mesma forma como fizemos com a opção Convite Para Festa), mas Você não vai querer enviar todas as suas mensagens no formato HTML.

Para enviar e receber mensagens

Todas as mensagens criadas foram movidas para a pasta Caixa de Saída ao clicar no botão Enviar. Em outras palavras, elas ainda não foram *enviadas*.

Para enviá-las, é necessário clicar no botão Enviar/Receber. O Outlook realiza a discagem para o provedor e faz a conexão à Internet. Este procedimento envia as mensagens da caixa de saída e verifica se há alguma mensagem recebida.

Mesmo que estivesse conectado à Internet ao criar sua mensagem, elas não serão enviadas até que se clique em Enviar. No entanto, é possível alterar isto facilmente. A partir do menu Ferramentas, selecione Opções. Clique na guia Enviar Correio. Como é possível ver na figura seguinte, há duas caixas abaixo do item Opções de Conta de Correio.

Ao selecionar a caixa Enviar as mensagens imediatamente após conectar, as mensagens passarão a ser enviadas automaticamente ao clicar no botão Enviar, desde que esteja conectado. Na próxima caixa, é possível determinar com que freqüência o Outlook deve verificar novas mensagens no servidor enquanto estiver conectado. A cada 10 ou 15 minutos é um bom intervalo. Algumas combinações de configuração permitem que o Outlook faça a discagem ao provedor por conta própria, o que pode não ser bom ,caso o pagamento da Internet seja feito por hora.

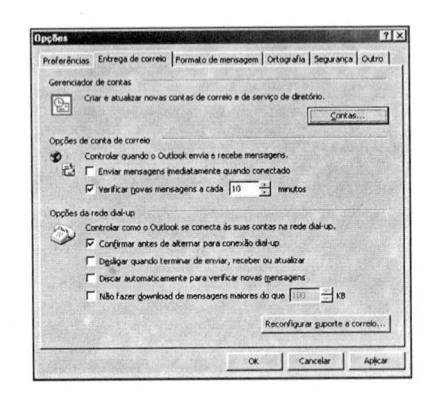

Nesta tela é possível definir as opções sobre como e quando as mensagem devem ser enviadas e recebidas.

O que há no Correio?

Caso o Outlook não esteja fazendo a verificação automática das mensagens de correio eletrônico em intervalos predefinidos ou caso não esteja conectado, é possível verificar novas mensagens ao clicar no botão Enviar/Receber.

A aparência das mensagens de correio eletrônico recebidas depende do modo de exibição selecionado anteriormente (ver Capítulo 8, "Treinamento básico para usuários de correio eletrônico"). Minhas mensagens são visualizadas com Visualização Automática, assim minhas novas mensagens aparecem com uma linha de resumo e três linhas da mensagem atual como apresentado na figura a seguir.

Capítulo 9 ➤ Escreva-me algumas linhas 103

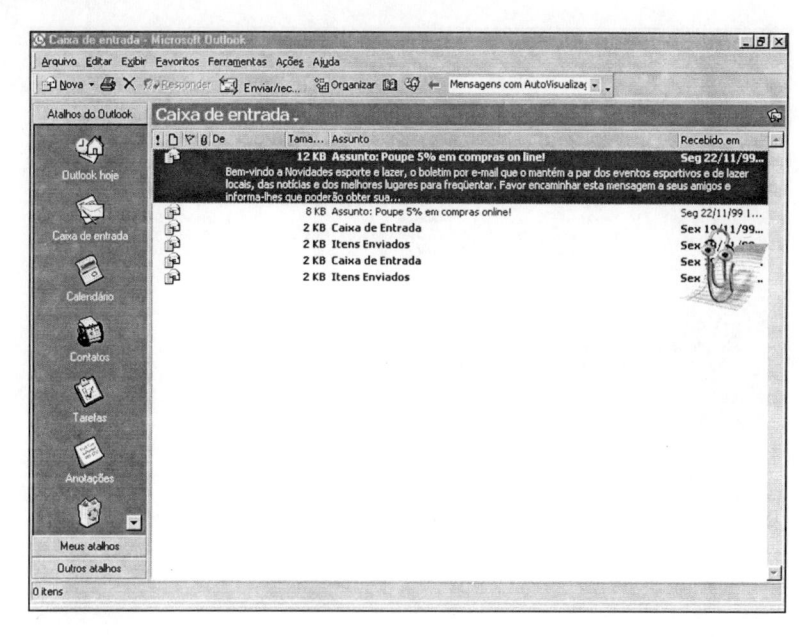

As primeiras três linhas de uma mensagem recebida aparecem ao utilizar o modo de exibição de mensagens com Visualização Automática.

Caso esteja utilizando a Visualização Automática, clique duas vezes sobre a mensagem para visualizá-la por completo.

Caso utilize o modo Mensagens para visualizar sua lista, a lista das mesmas é exibida completamente no painel de visualização ao serem selecionadas, conforme mostra a figura a seguir.

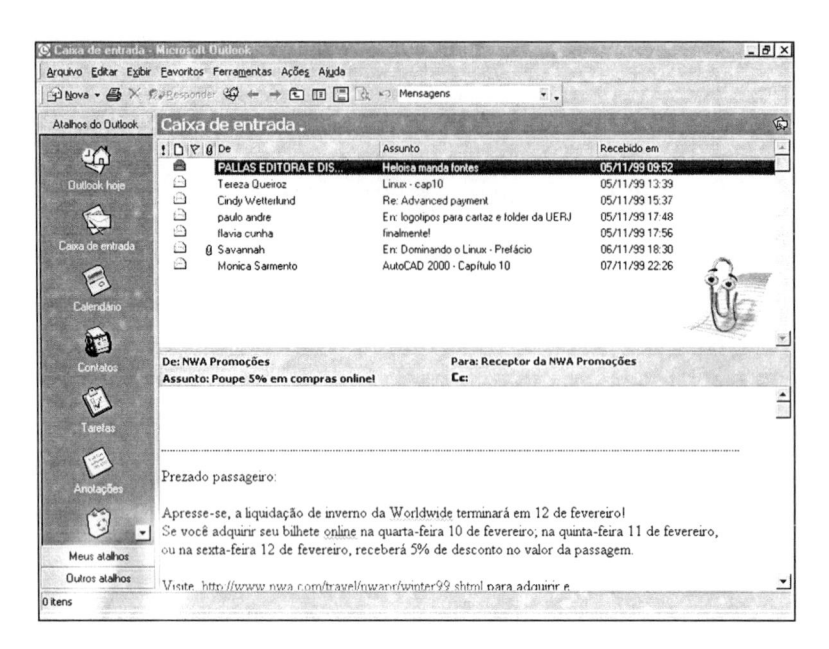

Ao visualizar as mensagens no modo de exibição Mensagens elas são mostradas por completo na parte inferior da tela no painel de visualização.

Caso a mensagem ainda não tenha sido lida, será exibida em negrito na lista e o ícone de envelope estará fechado. Uma vez lida, o envelope aparecerá aberto e a mensagem volta a ficar na lista com a fonte normal.

Como responder e encaminhar as mensagens

Como a maioria dos programas, o Outlook responde e encaminha mensagens de forma fácil. É possível responder ao remetente da mensagem selecionando-a na lista Caixa de Entrada e clicando em Responder ou abrindo a mensagem e clicando em Responder.

Depois de abrir a janela de resposta da nova mensagem, o endereço (ou nome, caso conste no catálogo de endereços) do contato que enviou a mensagem original aparece na caixa Para:. O texto original da mensagem aparece na janela, localizada abaixo do cabeçalho da mensagem original. Isto é enviado novamente para lembrar ao remetente o que está sendo respondido. No entanto, caso queira excluir este texto, basta simplesmente selecioná-lo e pressionar a tecla Delete.

O cursor fica pronto para ser utilizado no canto superior esquerdo da janela da mensagem. Basta digitar a resposta e clicar em Enviar.

Capítulo 9 ➤ Escreva-me algumas linhas   **105**

Para encaminhar, é preciso abrir a mensagem de correio eletrônico original (para isto, clique duas vezes sobre ela a partir da lista) ou selecione-a na própria lista. Em seguida, clique no botão Encaminhar. É aberta uma janela de nova mensagem semelhante a apresentada na figura seguinte.

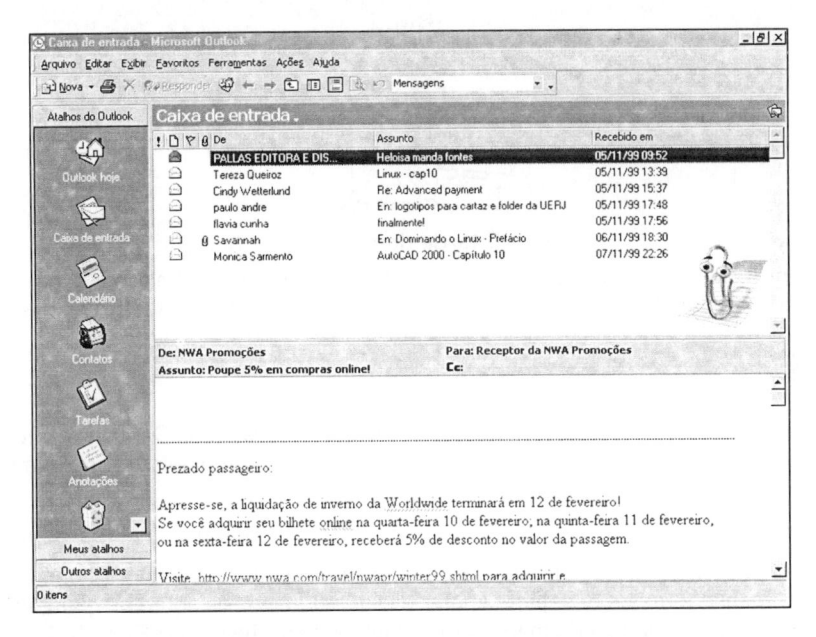

Ao encaminhar uma mensagem é possível digitar uma introdução acima da original.

O cursor aparece dentro do campo Para:, sendo possível digitar de forma rápida o endereço de correio eletrônico do destinatário.

Novamente, o texto da mensagem original aparece abaixo do cabeçalho da mesma. É possível digitar uma introdução para a mensagem acima do texto. Você pode querer fazer isto a fim de que a pessoa, para quem a mensagem está sendo enviada, entenda o porquê você a enviou para ela ou ele.

Ao finalizar clique em Enviar.

Um erro. E agora?

Caso tenha configurado o Outlook para o modo de correio corporativo há, ainda, um truque a mais que pode ser realizado para recuperar a mensagem que foi enviada. Caso seja apenas mais uma usuário utilizando o modo Apenas Internet , não será possível utilizar este recurso.

Por exemplo, digamos que você tenha enviado uma mensagem de correio eletrônico para um colega de trabalho falando mal do seu chefe. Mais tarde, ao verificar o menu Itens Enviados, percebe que pôs acidentalmente o nome de seu chefe no campo Para: em vez do nome de seu colega.

É tarde demais?

Se esta mensagem maliciosa já tiver sido aberta e movida para outra pasta, não será possível recuperá-la. Só é possível trazê-la de volta caso ela continue na pasta para a qual foi enviada originalmente.

De repente, todo o seu futuro depende de livrar-se desta mensagem. Caso deseje realmente por em risco sua carreira, você pode entrar no escritório de seu chefe, ligar o computador, abrir o correio eletrônico e excluir a mensagem.

Mas se tiver configurado o Outlook para o modo corporativo, é possível recuperá-la.

Para recuperar uma mensagem, abra a barra Meus Atalhos e clique em Itens Enviados. Encontre a mensagem que deseja recuperar e clique duas vezes sobre ela para abri-la. No menu Ferramentas da janela da mensagem, clique no item Recuperar Esta Mensagem. Em seguida, clique no botão Excluir Cópias Não-lidas Desta Mensagem. Depois, clique em OK.

Por fim, clique em Arquivo e, em seguida, em Salvar a fim de poder salvar a mensagem com a opção de recuperação. Feche a mensagem e cruze os dedos – você receberá uma mensagem em sua pasta Caixa de Entrada informando se o seu esforço foi bem-sucedido.

O mínimo que você precisa saber

- ➤ Compor uma mensagem de correio eletrônico pode ser extremamente fácil, caso você simplesmente digite o endereço do destinatário, o assunto e a mensagem.
- ➤ É possível adicionar uma formatação especial à sua mensagem e, até mesmo, enviá-la em formato HTML. É possível, também, enviar a mensagem utilizando papel de carta.
- ➤ É possível adicionar sua assinatura às suas mensagens.
- ➤ Utilize o botão Enviar/Receber para transmitir e receber uma mensagem de correio eletrônico. É possível configurar o Outlook para receber suas mensagens em determinados intervalos de tempo, enquanto estiver conectado.
- ➤ As opções para responder e encaminhar uma mensagem estão disponíveis quando a mesma está aberta.

Capítulo 10

Estou procurando seu endereço antigo

Neste capítulo
- Por que os catálogos de endereços são úteis.
- Como adicionar um item ao catálogo de endereços
- Como utilizar o catálogo de endereços para enviar mensagens.
- O que são listas de distribuição?
- Por que utilizar listas de distribuição?
- Como criar uma lista de distribuição pessoal.
- Como trabalhar com listas de distribuição.

No capítulo anterior, aprendemos como enviar e receber mensagens de correio eletrônico. Então encerramos o assunto, certo? Errado. Não se iluda. Há muito mais a aprender sobre correio eletrônico do que apenas saber enviar e receber mensagens.

Anteriormente, vimos apenas os conceitos básicos. Agora é a hora de conhecer mais recursos ao preparar suas mensagens. Você até vai achar mais produtivo o modo como iremos abordar o gerenciamento de suas mensagens neste capítulo.

O que é a pasta Contatos?

De repente a palavra "contatos" aparece em um capítulo dedicado às agendas de endereços. Não se preocupe. A pasta Contatos será explicada em detalhes na Parte 3, "Ao trabalho: como gerenciar os contatos." Tecnicamente falando, não há na verdade uma diferença entre um contato e alguém registrado em sua agenda. O Outlook utiliza as listas de contatos como um catálogo para fins de correio eletrônico. Então, ao acessar a sua lista de endereços, você está realmente trabalhando com a lista de Contatos.

Por que utilizar o catálogo de endereços?

É chegada a hora de enviar os cartões de Natal. Significa gastar tempo colocando endereços em centenas de envelopes. Você tem todos os endereços memorizados? Duvido, a não ser que você *realmente* tenha uma boa memória ou poucos amigos e parentes.

É bem provável que pegue a agenda da família. Talvez, recentemente você tenha gravado sua lista em um programa que imprima etiquetas com todos os endereços para depois colar nos envelopes. Em qualquer uma das duas formas, você organizou sua agenda de forma a encontrar rapidamente os endereços necessários das pessoas com quem precisa se comunicar - mesmo que apenas uma vez ao ano.

A agenda do Outlook, encontrada na pasta Contatos, atende ao mesmo fim. Ela pode ajudar a lembrar dos endereços de correio eletrônico necessários para enviar as mensagens.

Se você acha difícil lembrar todos os endereços ou até os telefones, tente lembrar-se de algumas dezenas de endereços de correio eletrônico. Todos utilizam nomes, domínios - a melhor parte é que a maioria termina em .com.br.

Com o Outlook, não é preciso memorizar nenhum deles. Se tiver cuidado ao registrar todos eles em seu catálogo de endereços, pode ficar tranqüilo e viver o resto de sua vida completamente despreocupado em relação aos endereços de correio eletrônico de seus amigos, parentes, colegas de trabalho e parceiros comerciais.

Capítulo 10 ➤ Estou procurando seu endereço antigo   **109**

Como adicionar um item
ao catálogo de endereços

Ao utilizar o catálogo de endereços para enviar mensagens, algumas informações precisarão estar lançadas no Outlook.

Existem diversas maneiras de entrar os nomes e endereços de correio eletrônico no catálogo de endereços. É possível escolher a maneira que melhor atenda às suas necessidades, mas todas estão disponíveis e provavelmente serão utilizadas diversas vezes.

Porém, este capítulo é sobre a utilização do catálogo de endereços para fins de correio eletrônico. Vamos ver algumas das melhores maneiras de registrar um nome e um endereço neste item.

É novo (e melhor?)

O botão Novo do Outlook é realmente maravilhoso. É como um bom cachorro. É de confiança — é mostrado em todas as telas, onde quer que você esteja trabalhando: Caixa de Entrada, Contatos, Diário ou até o Outlook Today. Pode até possuir um ícone diferente, mas está sempre lá. É leal – oferece as mesmas opções de escolha não importando a pasta em que esteja trabalhando.

O botão Novo (normalmente o primeiro botão no lado esquerdo da barra de ferramentas Padrão) trabalha de duas maneiras. Clique na parte principal dele e terá um novo item da pasta que você estiver trabalhando. Mas se clicar na seta para baixo terá o menu mencionado anteriormente sem alterações. A partir deste menu, selecione Contatar para mostrar a caixa de diálogo Contatos, conforme apresentado na figura seguinte.

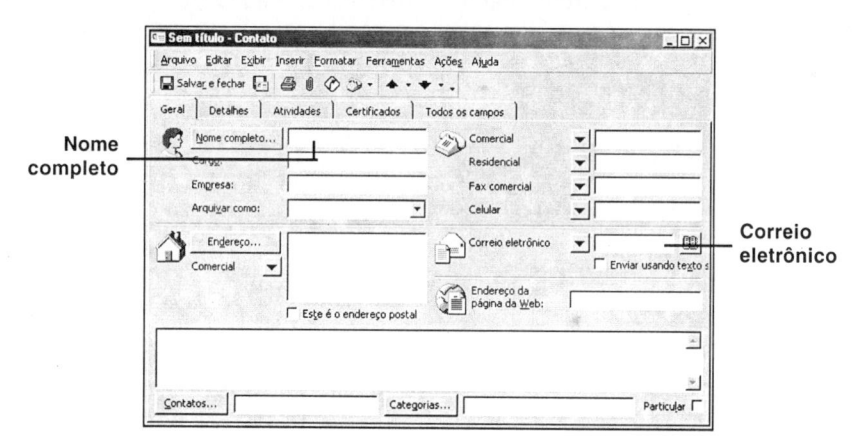

Digite um novo contato e ele será mostrado em seu catálogo de endereços.

Há cinco guias para escolha e muitas informações diferentes podem ser digitadas. Pode-se gastar muito tempo para criar um novo contato, por isso três capítulos deste livro são dedicados ao assunto, mais adiante.

Por ora, estamos apenas tentando enviar uma mensagem. Então permaneça na guia Geral e digite o nome completo da pessoa que está sendo adicionada ao seu catálogo de endereços. Em seguida, clique na caixa E-mail e digite o endereço de correio eletrônico do contato. Depois clique com o mouse sobre o botão Salvar e Fechar e saia daí o mais rápido possível. Mais tarde voltaremos a este ponto.

Agora que o contato já foi adicionado, ele aparecerá em seu catálogo de endereços na próxima vez que for utilizado.

Interrupção
no correio eletrônico

No capítulo anterior, vimos como enviar e receber mensagens de correio eletrônico. Ao final do capítulo, talvez você tenha praticado um pouco, enviando mensagens para seus amigos. Ao digitar o endereço de um amigo, pode ter pensado: "Vou enviar muitas mensagens para ele ,já que agora tenho o Outlook. Como posso salvar este endereço?"

Talvez a maneira mais fácil de entrar um endereço em seu catálogo seja fazê-lo a partir da janela de mensagem de correio eletrônico. Apenas para fins de demonstração, abra a janela de correio eletrônico ,como fez no capítulo anterior. Em seguida, digite o endereço do contato na caixa Para: na mesma janela e depois pressione a tecla Tab ou clique em qualquer outra janela. O endereço de correio eletrônico deverá estar sublinhado, como um *hyperlink*.

Uma vez sublinhado, estará pronto para ser adicionado à sua lista. Clique com o botão direto do mouse no endereço e um pequeno menu será mostrado, como na figura a seguir.

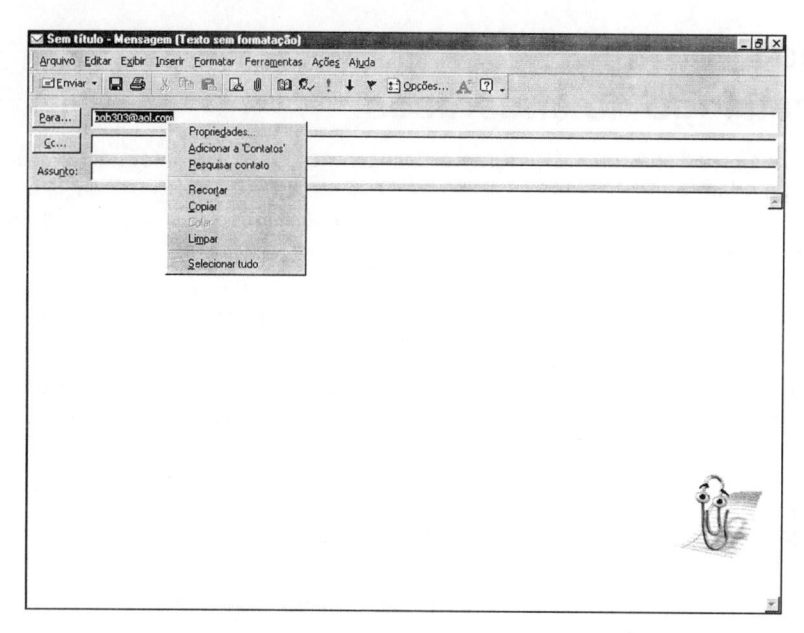

Capítulo 10 ➤ Estou procurando seu endereço antigo **111**

É possível adicionar um endereço enquanto uma mensagem de correio eletrônico é preparada para ser enviada.

Selecione Adicionar aos Contatos. Isto faz com que aquela tela familiar Contatos seja exibida, a menos que o endereço já esteja na janela de correio eletrônico. Normalmente, o Outlook coloca o que estiver antes do símbolo @ no campo Nome, então provavelmente você irá querer mudar isto. Adicione ou mude qualquer outra informação que você queira e depois estará pronto para clicar sobre o botão Salvar e Fechar.

O filtro está sujo?

Muitos programas utilizam *filtros*, e o termo pode ter muitos significados diferentes. Por exemplo, um programa de banco de dados permite que você filtre os dados apenas para mostrar os registros que correspondam a certos critérios definidos.

Mas, neste caso, um filtro permite que muitas informações sejam reorganizadas para que possam ser reconhecidas pelo Outlook. Todos os caracteres estranhos e toda a sujeira é retirada de seu catálogo antigo, deixando apenas a informação que interessa.

Como importar
um catálogo de endereços

Muitas pessoas utilizam outros programas de gerenciamento de informação pessoal em seus computadores e acabam mudando para o Outlook. Se este for o seu caso, já teve tempo de registrar todos os nomes e endereços de correio eletrônico neste mesmo programa. Com certeza você vai querer evitar ter de fazer tudo isso de novo.

Os programadores do Outlook são tão espertos (e gentis) que bolaram um modo para fazer isso. O Outlook possui diversos filtros que o ajudam a converter seus endereços antigos para um modo identificável pelo programa.

O Outlook possui um item chamado Assistente de Importação/Exportação que o auxilia neste processo. Para iniciá-lo, abra o menu Arquivo e clique sobre Importar e Exportar. Uma caixa de diálogo semelhante a da figura a seguir aparecerá.

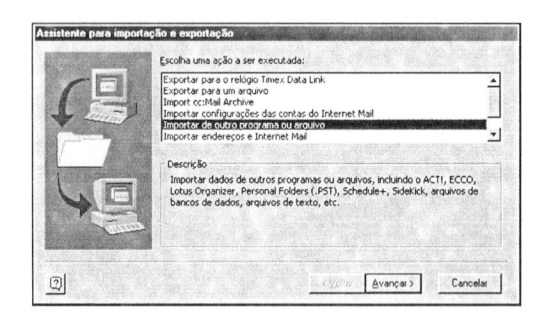

Para importar endereços de outro programa, utilize o Assistente de Importação/Exportação.

Uma lista de opções é mostrada nesta caixa de diálogo . Se nenhuma das opções lhe convier, clique Importar de Outro Programa ou Arquivo e, em seguida, clique em Próximo. Será mostrada uma longa lista de programas que são compatíveis com o Outlook. Caso o seu programa antigo não esteja listado, você não está com sorte. Caso esteja, selecione-o, clique em Próximo e siga os próximos passos do Assistente.

Você terá que saber o nome do arquivo a ser importado, bem como a sua localização, para completar o processo. Quando o assistente pedir para selecionar a pasta na qual deseja colocar a informação, selecione a pasta Contatos.

Capítulo 10 ➤ Estou procurando seu endereço antigo **113**

Onde está o endereço?

Ao selecionar um nome em seu catálogo de endereços para enviar uma mensagem, note que o nome da pessoa, e não o endereço de correio eletrônico, aparece no campo Para: na janela de correio eletrônico. Não se preocupe. Desde que o nome esteja sublinhado, significa que ele está vinculado ao endereço da pessoa e a mensagem será enviada para ela assim que você quiser.

Escreva uma carta

Agora vem a parte fácil. Você possui alguns nomes registrados em seu catálogo de endereços e gostaria de enviar uma mensagem para um deles.

Isto é simples. Abra uma janela de correio eletrônico (uma tarefa que passa a ser parte de sua natureza a partir de agora). Em vez de digitar um endereço no campo Para:, clique no botão Para:. O catálogo de endereços é aberto, conforme visto na próxima figura.

Selecione qualquer nome da lista, clique no botão Para: e o nome passa para o lado direito. Se quiser enviar a mesma mensagem para diversas pessoas, clique da mesma forma sobre seus nomes e clique no botão Para:. É possível, ainda, adicionar nomes ao campo Cc e Bcc da mesma forma. Então, por que não enviar a mensagem para todo mundo que você conhece?

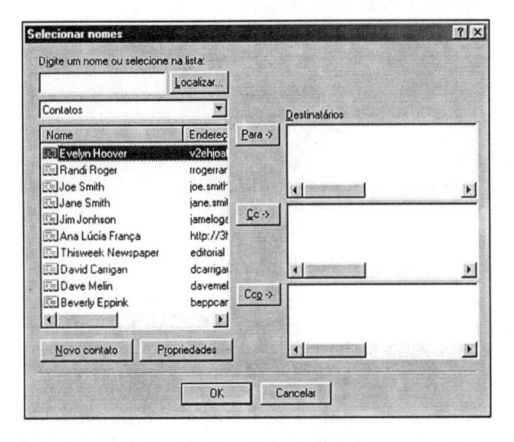

*Escolha um nome de seu catálogo de endereços
e estará pronto para seguir em frente.*

Ao terminar, clique no botão OK para voltar à janela de correio eletrônico.

Aqui está a minha parte favorita de todo o catálogo de endereços: assim que alguém é registrado nele, não é preciso mais nem olhar para o nome da pessoa novamente na lista, se você não quiser.

Por exemplo, digamos que eu queira enviar uma mensagem para meu irmão, Pete, que sei que está registrado em minha agenda. Posso abrir uma janela de correio eletrônico, digitar seu nome (não o seu endereço) no campo Para: e o Outlook encontrará seu nome no catálogo de endereços e irá vinculá-lo ao seu endereço de correio eletrônico. Sei que está funcionando quando o nome é sublinhado automaticamente. Se o nome não for sublinhado, você terá que buscá-lo no catálogo.

É possível até mesmo digitar parte de um nome e o Outlook tentará decifrar para quem é a mensagem. Se houver mais de um nome que combine com a sua digitação parcial, o programa emitirá um aviso para que seja feita uma escolha.

Por que enviar quando você pode distribuir?

Você tem poucos nomes em seu catálogo de endereços. Porém, esta lista irá crescer. Caso seja parecido comigo, ela crescerá tanto que você perderá o controle. É preciso controlar um pouco.

O que você faz quando há um grupo de pessoas que sempre recebe de você uma mensagem ou um fax? Talvez você tenha um grupo de colaboradores em seu trabalho envolvidos em um mesmo projeto. Talvez você seja o presidente do clube, ou parte de um comitê na igreja. Não seria ótimo poder enviar uma mensagem para todo o grupo sem ter de procurar por todos os nomes em sua agenda?

É claro que sim. E o Outlook tem um recurso chamado lista de distribuição que serve exatamente para isto. Por que não utilizá-lo?

Tenha cuidado!

As listas de distribuição são de fácil utilização, uma vez configuradas. Mas é importante lembrar de quem foi incluído em cada lista. É uma boa idéia verificar os nomes rapidamente antes de enviar a mensagem para todos eles.

Por exemplo, digamos que você tenha uma lista de distribuição onde estão os seus vizinhos. Ao preparar uma festa surpresa para um deles, provavelmente não irá querer enviar a mensagem para esta lista pois o próprio aniversariante a receberia, estragando a surpresa. Então, se precisar, é possível removê-lo temporariamente da lista.

Capítulo 10 ➤ Estou procurando seu endereço antigo **115**

O que é uma lista de distribuição?

Uma lista de distribuição nada mais é do que uma coleção de contatos. Ela serve para organizar de forma simples um grupo de contatos em uma única referência em seu catálogo de endereços. Quando precisar entrar em contato com todos eles, será possível utilizar a lista de distribuição para colocar todos os nomes (embora você não queira que seus nomes sejam revelados) através de um clique no campo Para:.

Como criar uma lista de distribuição

Fazer uma lista de distribuição é muito simples. Apenas abra o menu Novo e clique em lista de distribuição. Você verá uma janela que se parece com a mostrada na figura a seguir.

Primeiro, digite um nome para a lista . Decidi criar uma lista composta por meus clientes do meio-oeste então estou chamando-a de Clientes do Meio-oeste. Sempre que precisar enviar uma mensagem para todos esses clientes , poderei fazer isto facilmente. Assim que nomear sua lista de distribuição, clique o botão Selecionar Membros.

Você verá uma janela parecida com a da próxima figura . A lista de contatos está na janela à esquerda. Para entrar nomes em sua lista de distribuição, o que você precisa fazer é selecionar o(s) nome(s) e clicar no botão Adicionar.

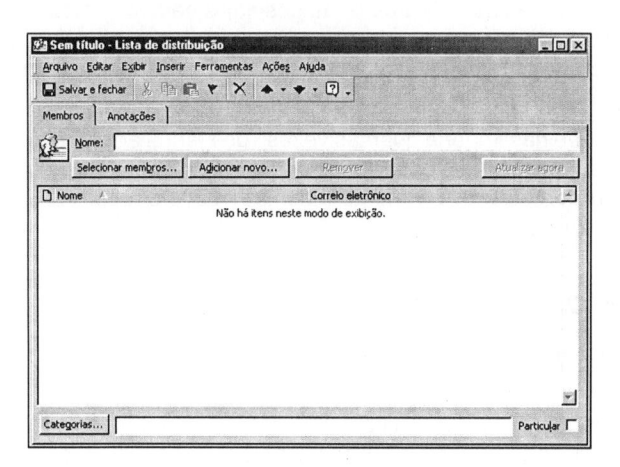

Utilize esta tela para criar uma lista de distribuição.

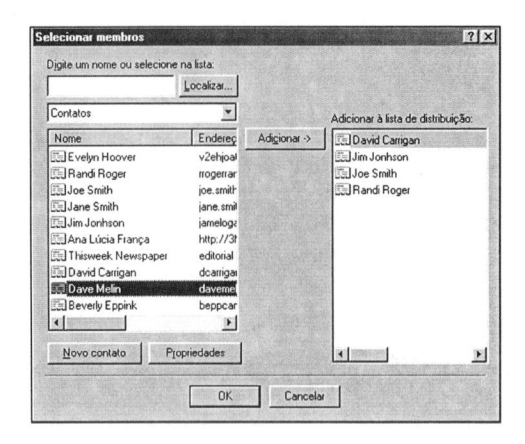

Adicione nomes à sua lista de distribuição nesta janela

Ao selecionar todos os nomes desta lista, clique no botão OK e ela estará pronta. Você retornou à tela Lista de Distribuição, onde vê os nomes e endereços de correio eletrônico das pessoas adicionadas.

Pode-se utilizar a guia Notas para digitar qualquer observação para esta lista. Ao terminar, clique no botão Salvar e Fechar.

Agora ,você pode voltar e criar quantas listas desejar e seus contatos podem aparecer em quantas listas você quiser. Por exemplo, pode haver uma pessoa em sua lista de contatos que seja seu amigo, membro da sua liga de futebol ou companheiro de trabalho . É possível adicionar o nome desta pessoa em diversos grupos.

Perceba ,também ,que não importa quantas vezes você tenha adicionado o nome de alguém em uma lista de distribuição, eles estarão relacionados de forma individual em seu catálogo de endereços. Isto porque provavelmente algumas vezes poderá ser preciso enviar uma mensagem para esta pessoa.

Adivinhem o que vem

Provavelmente você tem mais de uma lista configurada. Chegou a hora de aprender como utilizá-las.

Esta parte é realmente muito fácil. Utilizar uma lista de distribuição é idêntico a utilizar um simples registro em seu catálogo de endereços. A única diferença é que você estará enviando a mensagem para mais de uma pessoa.

Para começar, abra uma nova janela de mensagem, como já fez várias vezes. Em vez de digitar um ou dois nomes no campo Para:, clique no botão Para:. Novamente, você verá o seu catálogo de endereços. Sua lista de distribuição deve aparecer agora em negrito. Selecione-a, clique no botão Para: e, em seguida, clique no botão OK. Isto vai lhe levar de volta à janela da nova mensagem e o título de sua lista aparecerá no campo Para:.

Capítulo 10 ➤ Estou procurando seu endereço antigo 117

Se antes de enviar a mensagem quiser verificar os nomes na lista de distribuição, clique no nome da lista no campo Para: a fim de abrir uma janela parecida com a da figura seguinte.

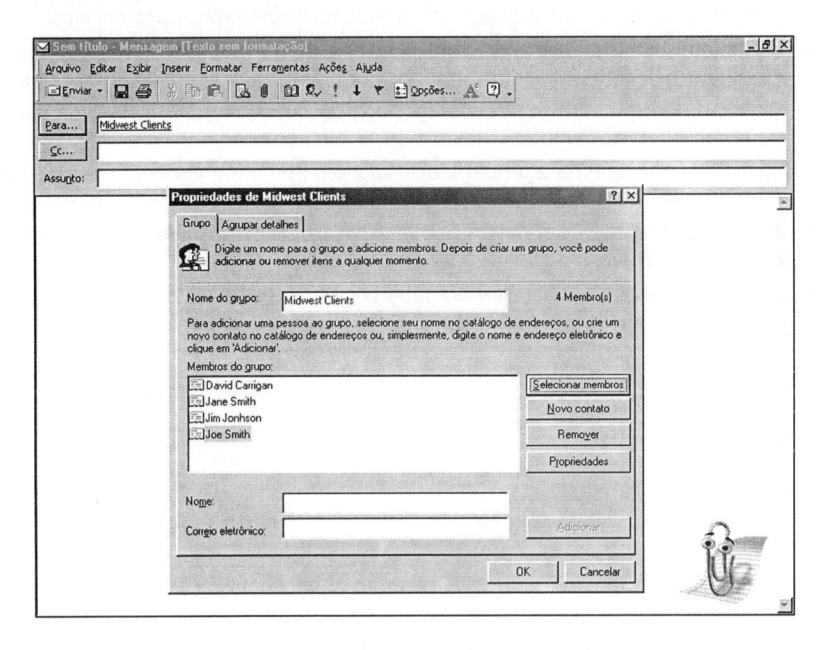

Edite a sua lista de distribuição aqui.

Neste ponto, é possível adicionar ou remover qualquer nome que você queira. Para remover um nome da lista de distribuição, selecione-o na lista e clique em Remover. Você pode adicionar um nome digitando o nome da pessoa e o endereço de correio eletrônico nos campos localizados na parte de baixo e clicar em Adicionar.

Não há segredos aqui

Só porque o seu campo Para: tem o nome de uma lista de distribuição e não os nomes individuais de seus componentes, não significa que os destinatários da mensagem não vão saber quem mais recebeu. Quando eles receberem a mensagem, terão a lista de todos os destinatários e não o nome de sua lista de distribuição. Se você quiser que eles não vejam todos os nomes, coloque-a no campo Bcc e cada destinatário verá apenas o próprio nome.

O mínimo que você precisa saber

➤ O catálogo de endereços é um registro de todos os seus endereços de correio eletrônico, então você não precisa ter que ficar se lembrando de todos eles.

➤ O catálogo de endereços torna o envio de mensagens mais fácil, pois você pode selecionar um endereço dentro do campo Para: com um clique no botão do mouse.

➤ Se você criou um catálogo de endereços com um outro programa, provavelmente pode importá-lo ao Outlook.

➤ Registrar um nome na agenda é fácil. Digite o nome e o endereço de correio eletrônico da pessoa, ou use a lista de contatos para adicionar mais informação.

➤ As listas de distribuição permitem que você envie uma mensagem para um grande grupo de pessoas com apenas um ou dois cliques.

➤ Criar uma lista de distribuição é fácil, pois você simplesmente seleciona nomes a partir de seu catálogo de endereços.

Capítulo 11

Como gerenciar muitas mensagens

Neste capítulo
- A caixa de correio está cheia.
- Como arquivar a sua correspondência.
- Imprimir ou salvar?
- Como criar uma caixa de correio organizada.
- Como criar uma nova pasta de correio.
- Como mudar as cores e as formas de visualização.
- Como usar o Assistente de Regras.
- Como lidar com mensagens indesejadas.
- Como pré-visualizar as mensagens.
- Como utilizar os filtros.

Se você utiliza o Outlook para ler seu correio eletrônico em casa e no trabalho, logo achará que está recebendo muitas mensagens.

Desde que iniciamos o exercício para aprender a enviar uma mensagem para várias pessoas de uma só vez, provavelmente você achou que todas elas iriam responder.

Assim que possuir um endereço de correio eletrônico, não irá demorar muito para descobrirem. Também irá achar que uma das desvantagens de se ter um endereço de correio eletrônico é que muitas pessoas mandam mensagens sem sentido, só pela graça de enviar.

Você provavelmente ainda descobrirá que está em muitas listas de mala direta, e estará recebendo também muitas mensagens indesejáveis.

O Outlook oferece grandes recursos para organizar a sua correspondência. É fácil criar novas pastas e arrastar mensagens para dentro delas, mas o programa vai mais além do que isto.

Por exemplo, você pode programá-lo para enviar automaticamente a uma pasta especial todas as mensagens recebidas do seu chefe antes de lê-las. (Só não configure esta pasta como a Lixeira pois pode lhe custar o emprego)

Você gostaria de arquivar isto para mim?

Depois de vistas muitas opções para as diversas áreas do Outlook, especialmente o correio eletrônico, estou certo de que você não se desapontará com as diversas opções para organizar o seu correio eletrônico.

O Outlook não o desapontará com freqüência. Este é um outro exemplo de que o programa atenderá a todas as suas expectativas.

Como organizar um correio eletrônico pode soar como perda de tempo, mas se você parar e pensar nisto, faz muito sentido.

Quando você recebe as mensagens normalmente em casa ou no trabalho, elas ficam enfileiradas até o momento de serem jogadas fora? Claro que não. Você deve separá-las.

As cartas inúteis são enviadas para um arquivo (talvez um arquivo circular), contas e mensagens a serem respondidas são jogadas em seus arquivos específicos e assim por diante.

O mesmo acontece com as mensagens de correio eletrônico. Se deixar as mensagens na sua Caixa de Entrada até poder apagá-las ,você ficará com uma grande bagunça.

Então, vamos dar uma olhada nas várias maneiras de se gerenciar esta confusão, para dar um sentido à mesma.

Imprimir ou salvar?

O título acima lhe dá duas opções de lidar com as suas mensagens. É claro que há uma terceira: apagar. Como você pode se lembrar nos capítulos anteriores, apagar mensagens é tão simples como selecioná-la e pressionar o botão delete do seu computador.

Ao decidir que deseja manter as mensagens, você ainda tem uma decisão a tomar. Deixar as mensagens em sua Caixa de Entrada ou salvá-las em outra pasta e ainda pode facilmente imprimir uma cópia.

Se optar por imprimir o arquivo, existem algumas maneiras de fazê-lo: com a mensagem aberta em sua tela ou a partir de uma lista de mensagens. Para imprimir a partir da lista, selecione a(s) mensagem(ns) desejadas e clique o botão Imprimir na barra de ferramentas (é a que se parece com uma impressora).

A mensagem não é aberta; apenas impressa.

Capítulo 11 ➤ Como gerenciar muitas mensagens

Para imprimir a partir de uma mensagem aberta, temos duas opções. Pode-se clicar no ícone da impressora na barra de ferramentas, se quiser imprimir a mensagem usando as opções padronizadas de impressão.

Mas, se você quiser mudar qualquer uma destas opções, deverá antes abrir a janela Imprimir. Para isto, escolha Imprimir a partir do menu Arquivo. Uma janela como a da figura a seguir será aberta.

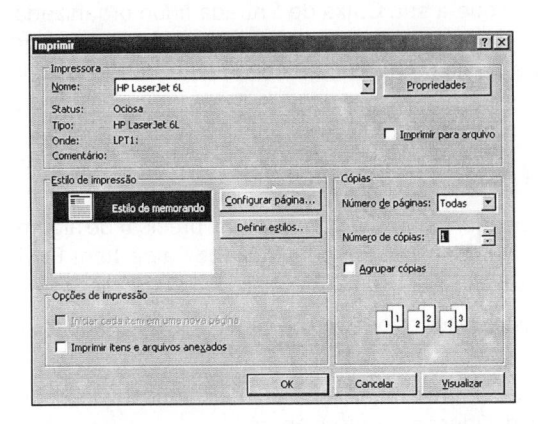

Para imprimir sem usar as opções padronizadas de impressão, abra a janela Imprimir.

Nesta janela, você pode configurar as propriedades de impressão. No quadro Cópias, podemos configurar qual a mensagem a imprimir ou a quantidade de páginas desejadas.

Abaixo, na área Opções de Impressão, você pode imprimir qualquer arquivo que esteja anexado à mensagem que está sendo impressa.

Clique no botão Visualização se você quiser visualizar a impressão. Se estiver tudo correto, clique no botão Imprimir e a página será impressa.

Salvar as mensagens também é fácil. De fato, isto já está feito! Qualquer mensagem que chegar à pasta Caixa de Entrada é automaticamente salva nela mesma. Não é necessário fazer nenhum esforço especial para fazer com que o Outlook saiba que você desejar salvar a mensagem.

Uma vez lida, tudo o que você precisa é fechar a mensagem clicando no botão Fechar. E se estiver visualizando as mensagens, nem precisa fechá-las.

Porém, ela está salva na Caixa de Entrada, o que é exatamente o que estamos tentando evitar.

O resto deste capítulo fala sobre a configuração de um sistema que mantenha as suas mensagens de uma forma organizada.

Mais pastas, por favor

O Outlook oferece alguns excelentes recursos para organizar as mensagens que chegam certificando-se que você não irá terminar com uma enorme coluna de mensagens em sua Caixa de Entrada.

Mas antes de começarmos, você pode querer gastar alguns minutos para imaginar exatamente *como* quer que a sua Caixa de Entrada fique organizada. Por exemplo, decida que pastas quer criar e onde quer colocá-las. Você também deve decidir onde deseja colocar os atalhos para estas pastas. Os atalhos novamente irão lhe ajudar a ganhar tempo no acesso às mesmas.

Como criar uma nova pasta

Para organizar as mensagens que chegam, você vai precisar de algumas novas pastas. Lembre-se que já existe a pasta Caixa de Entrada, Caixa de Saída, Itens Enviados, Itens Excluídos e uma pasta Rascunhos.

Você pode criar pastas para todos os tipos de itens, mas para o nosso objetivo criaremos aqui pastas de correio eletrônico.

Para criar uma nova pasta, abra o menu Arquivo e selecione Pasta, depois selecione Nova Pasta. Uma janela como a da figura a seguir se abrirá.

Primeiro, você precisará nomear a pasta. Por exemplo, se for criar uma para mensagens enviadas por seus clientes, chame-a de "Clientes".

Em Conteúdo da Pasta, especifique o tipo de informação a ser mantida na mesma. Você selecionará Itens de Correio.

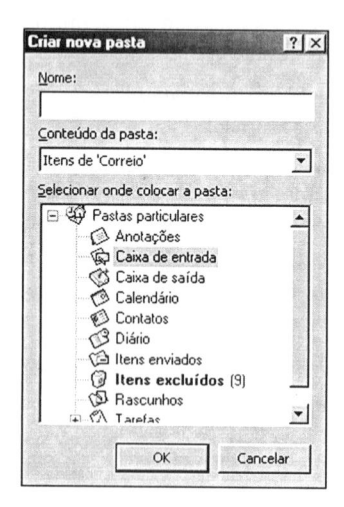

Crie uma nova pasta nesta janela.

Capítulo 11 ➤ Como gerenciar muitas mensagens 123

Que tal outros tipos de pastas?
Se ,no futuro ,você precisar criar pastas para diferentes propósitos, pode fazer isto neste mesmo local. Deve depois selecionar o tipo apropriado de informação para esta pasta.

Finalmente, você precisa selecionar um local para manter a nova pasta. Para isto, apenas clique duas vezes no mouse no nome da pasta onde você quer guardar esta nova que está sendo criada.

Duas sugestões: você pode querer que ela seja uma subpasta da Caixa de Entrada, já que esta será para lidar com mensagens que estarão chegando. Ou, caso queira que ela apareça em sua lista de pastas junto à Caixa de Entrada e às outras áreas do Outlook, selecione Pastas Pessoais.

Se estiver usando o Outlook em modo corporativo, você precisará selecionar sua caixa de correio e colocar a subpasta lá, pois suas mensagens estarão, provavelmente, armazenadas no servidor.

Clique OK e o Assistente Pessoal perguntará se você quer criar um atalho para a pasta na barra do Outlook. Se você planeja criar muitas novas pastas, provavelmente não irá querer congestionar a barra do Outlook com ícones para cada uma delas. Antes de criar um atalho para uma ,certifique-se de que será muito utilizada.

Se clicar Sim, o ícone da pasta aparecerá na barra Meus Atalhos, junto com suas outras pasta do correio eletrônico tais como a Caixa de Entrada, Itens Enviados e outras.

A nova pasta trabalhará como qualquer outra relacionada ao seu correio eletrônico. Quando você tiver mensagens armazenadas nela, poderá abrir, ler, imprimir encaminhar, responder, apagar , entre outros.

Crie quantas pastas quiser, mas tenha cuidado - um excesso pode causar uma confusão igual à das mensagens enfileiradas em uma só pasta. De novo, planeje com cuidado o seu sistema de organização de mensagens.

Como mover itens para a nova pasta

Ao ter criado as novas pastas, você precisará terminar o trabalho de organização movendo as mensagens para as pastas corretas. Se criou um atalho para uma pasta, simplesmente abra a sua Caixa de Entrada e abra a barra do Outlook que contenha o atalho para a pasta (provavelmente a barra Meus Atalhos).

Clique e arraste o arquivo a partir da Caixa de Entrada para o ícone da barra do Outlook relativa à pasta para qual você queira mover. O item desaparece da lista da Caixa de Entrada e aparecerá na nova pasta ao abri-la.

Para abri-la, clique no seu ícone na barra Atalhos e ela será aberta, como pode-se ver na figura a seguir.

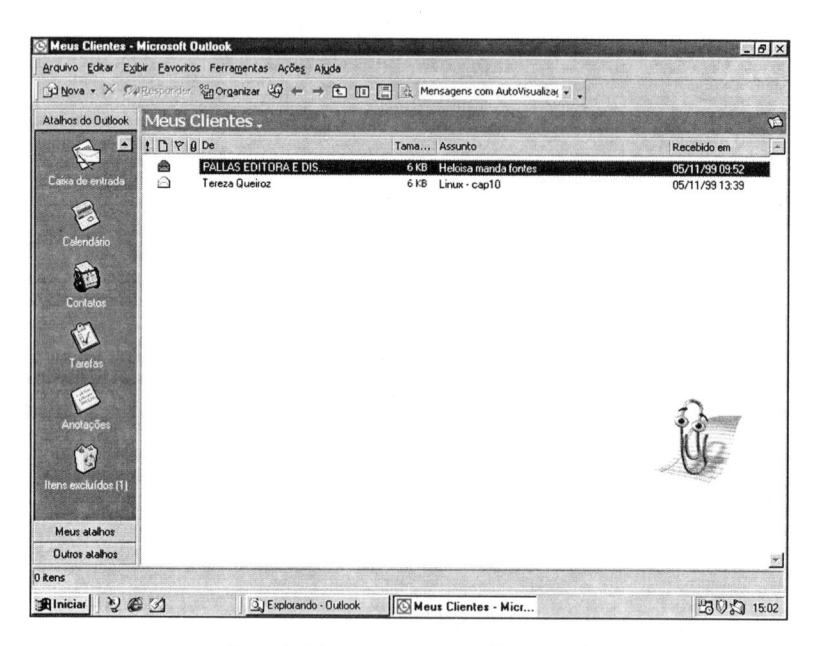

O conteúdo da nova pasta é mostrado da mesma forma que de suas outras pastas.

Mas, se você não criar o atalho para a nova pasta, existem outras formas de se mover um arquivo.

Para mover um arquivo a partir de uma lista, simplesmente selecione-o na mesma, abra o menu Editar e selecione Mover para Pasta. Uma janela parecida com a figura a seguir será mostrada.

Ou, você pode escolher o menu Lista de Pastas do menu Exibir e uma lista completa de pastas será mostrada. Depois, pode-se arrastar itens para dentro daquela de sua preferência.

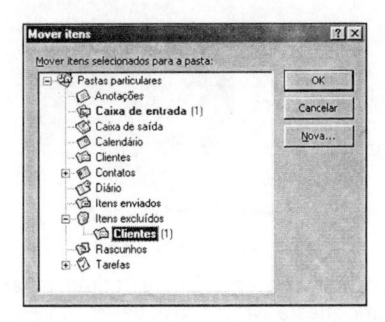

Capítulo 11 ➤ Como gerenciar muitas mensagens   **125**

Você também pode mover itens usando menus ao invés de clicar e arrastar.

Selecione o nome da pasta para onde você queira mover o item, depois clique o botão OK. O arquivo será movido.

Às vezes, você abrirá uma mensagem em sua Caixa de Entrada, irá ler e logo depois irá querer arquivá-la. Enquanto a mensagem estiver aberta, abra o menu Arquivo e selecione Mover para Pasta. Você estará na mesma janela Mover Itens. Use o método já descrito para mover o item desejado.

Como organizar seu próprio "organizador"

Como já afirmamos, o Outlook é um gerenciador de informações, que é uma maneira diferente de dizer que é um organizador. Agora é hora de arrumar este organizador, usando o seu recurso Organizar.

O Outlook oferece uma ferramenta Organizador que é muito boa para ajudá-lo a entender todas as mensagens que chegam e as que saem.

Clicando o botão Organizar ,abre-se uma tela com ferramentas organizacionais, como pode ser visto na imagem a seguir.

Onde está o botão?

O botão Organizar está na barra de ferramentas Padrão, mas por causa de algumas outras coisas que já fizemos neste livro, você poderá não vê-lo. Quando nós abrimos a barra de ferramentas Avançada, ela mostrou parte da barra Padrão. Se você não puder visualizar o botão Organizar, pode deslizar a barra de ferramentas Avançada para o lado direito clicando e arrastando a barra vertical que separa as duas barras de ferramentas e deslizando-a novamente.

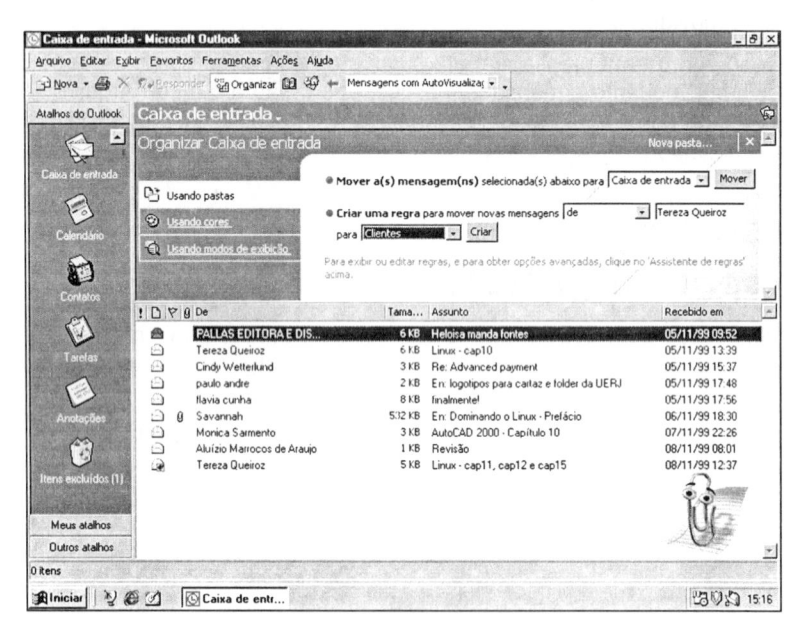

As ferramentas do Organizar lhe dão opções de arrumação da sua Caixa de Entrada.

No lado esquerdo da janela Organizar existem quatro guias que tem quatro funções diferentes. Vamos dar uma rápida olhada em cada uma delas.

Mais Opções de Pastas

A guia Uso de Pastas oferece algumas opções para lidar com as mesmas. Mover a Mensagem é outra forma de movimentar a(s) mensagem(ns) selecionada(s) entre as pastas. Selecione a mensagem que você queira mover, selecione o nome da pasta a partir do menu suspenso e depois clique Mover.

Criar uma Regra é uma maneira de criar regras universais que dizem ao Outlook como lidar com certas mensagens. Por exemplo, você pode criar uma regra para que toda a mensagem enviada pelos seus clientes sejam direcionadas para a pasta Clientes, criada ainda a pouco.

Para criar tal regra, selecione a mensagem deste cliente na pasta corrente. O nome do cliente aparecerá no meio da caixa no quadro Crie uma Regra. Indique se a regra é para mensagens enviadas *por* ou *para* esta pessoa (você pode fazer ambos, mas com regras separadas). Finalmente, selecione a pasta para onde as mensagens devem ser movidas. Para finalizar a operação, clique no botão Criar.

Assistente de Regras

Você pode criar ainda regras tecnicamente mais avançadas utilizando o Assistente de Regras.

O botão Assistente de Regras está à direita, na parte superior da janela Organizar. Esta opção também aparece no menu Ferramentas. Dê uma olhada nele - você pode achar algumas das opções muito úteis.

Uma vez criada a regra, qualquer nova mensagem recebida desta pessoa será automaticamente arquivada na pasta escolhida. Mas você será avisado que ainda tem mensagens não lidas.

Quando se clica no botão Criar, aparecerá uma mensagem perguntando se você gostaria de aplicar a regra no conteúdo atual da pasta. Isto permite que o Outlook filtre e rearquive as mensagens enviadas.

Como mudar as cores e as formas de visualização

A guia Uso de Cores oferece outra maneira de destacar as mensagens.

Suponha que você esteja colocando todas as suas mensagens na pasta Clientes. Mas, digamos que existam um ou dois clientes que são muito importantes para a sua empresa. Não gostaria que as mensagens destes clientes viessem diferenciadas?

Simples. Com a guia Uso de Cores, você pode configurar o Outlook para mostrar a mensagem de um cliente na cor roxa, como pode-se ver na figura abaixo.

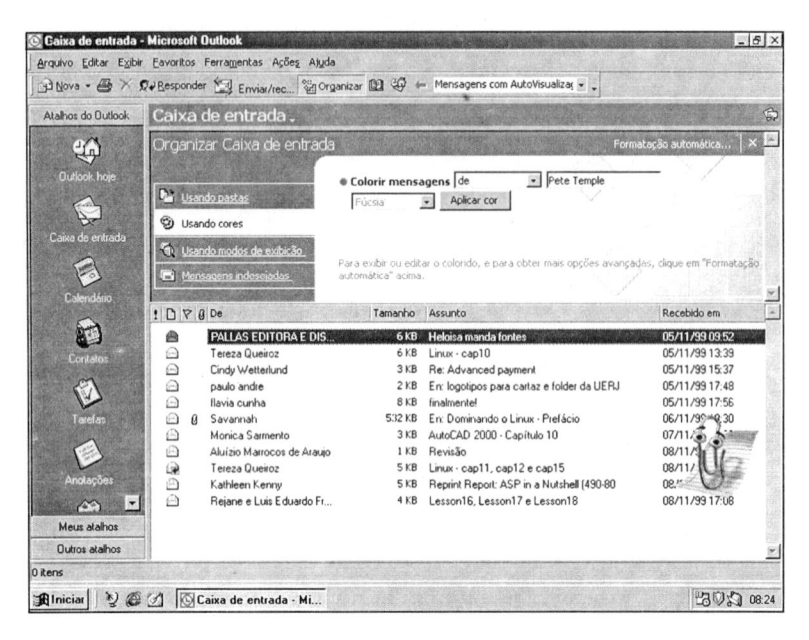

Mande o Outlook codificar as mensagens de clientes importantes para aparecerem em vermelho, ficando bem mais destacadas.

Você pode escolher uma cor para cada cliente pois existem várias cores a serem selecionadas. Destaque uma mensagem da pessoa e o nome dele(a) aparecerá na caixa do meio. Escolha a cor a partir da caixa suspensa e clique no botão Aplicar Cor. Mesmo as mensagens já recebidas desta pessoa serão mudadas para a cor que você escolheu.

Formas de visualização

Vimos como mudar o modo de visualização de sua Caixa de Entrada no capítulo 9. Pode-se mudar também os modos de visualização pela guia Uso de Visualizações na ferramenta Organizar. Clique na guia e uma janela será mostrada com diferentes formas a se escolher.

Capítulo 11 ➤ Como gerenciar muitas mensagens   **129**

Como lidar
com mensagens indesejadas

O Outlook tem um função embutida que permite filtrar mensagens indesejadas antes mesmo de abri-las.

Ao usar o correio eletrônico com muita freqüência, você logo perceberá estas mensagens indesejadas, pois são de fácil reconhecimento. Usando a guia Mensagens Indesejadas, o Outlook poderá colorir estas mensagens indesejadas na cor que for escolhida. O mesmo poderá ser feito para mensagens Conteúdo adulto, como pode ser visto na figura a seguir.

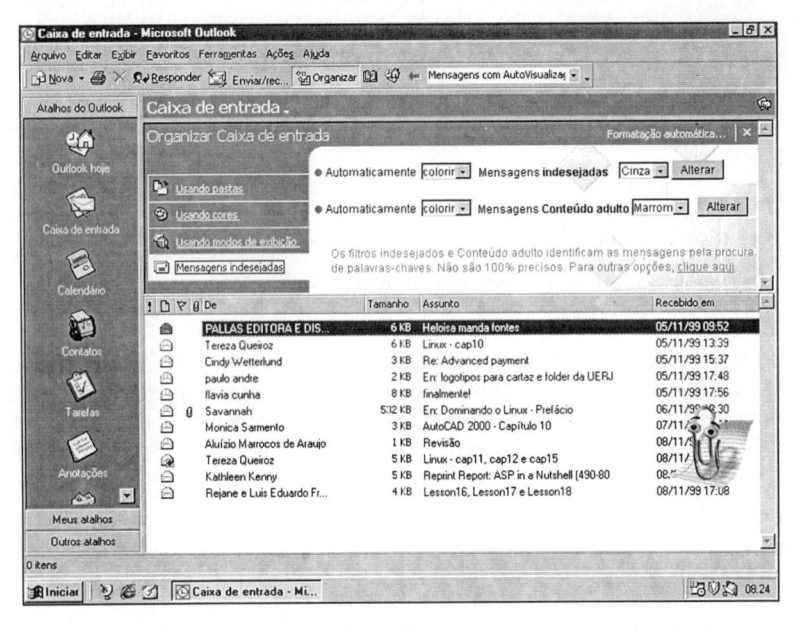

Identifique mensagens indesejadas por cores nesta janela.

Estes filtros trabalham utilizando uma busca por palavras-chave no assunto e no corpo das mensagens recebidas. Porém, eles não são infalíveis, então você não deve supor que todas as mensagens serão filtradas antes de você vê-las.

Na parte inferior da janela Mensagens Indesejadas há um vínculo dizendo para clicar nele caso você queira ver outras opções. Ao clicar, uma janela como a da figura a seguir será mostrada.

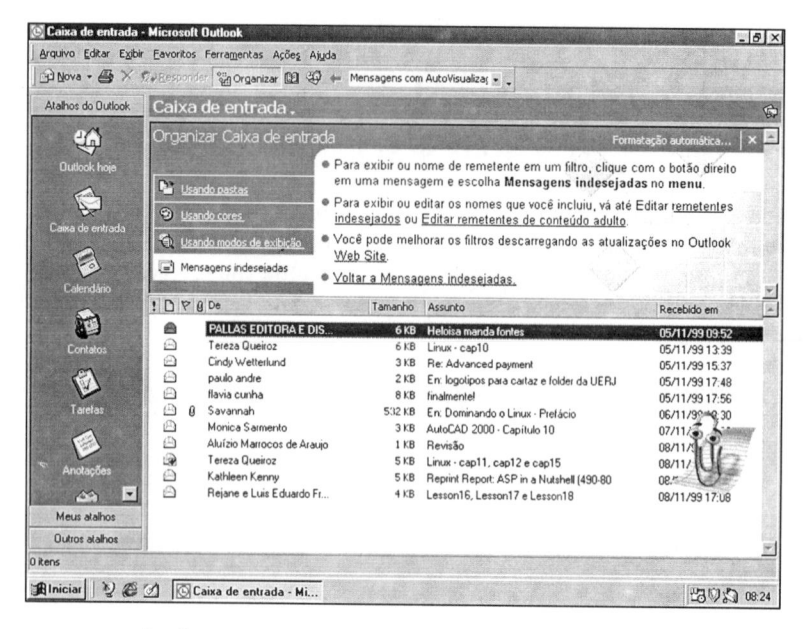

Configure aqui as opções de Mensagens Indesejadas.

Como você pode ver na figura, é possível tornar um pouco mais personalizado os filtros de Mensagens Indesejadas. Por exemplo, pode-se criar e manter uma lista de pessoas que lhe enviam mensagens indesejadas clicando com o botão direito do mouse em uma destas mensagens e selecionando Mensagens Indesejadas a partir do menu. Depois você pode criar uma regra que mande estas mensagens automaticamente para uma pasta Lixeira (Lembre-se de não identificar seu chefe como uma destas pessoas).

Como utilizar os filtros

Você pode configurar filtros em pastas específicas para encontrar e mostrar apenas as mensagens desejadas. Por exemplo, você pode configurar o Outlook para quando abrir uma determinada pasta, apenas visualizar as mensagens de uma pessoa específica.

Para criar um filtro, abra a pasta onde o mesmo será aplicado. No menu Exibir clique em Exibição Atual, depois selecione Personalizar Exibição Atual. Clique Filtrar e esta janela será aberta, como a que pode ser vista na figura a seguir.

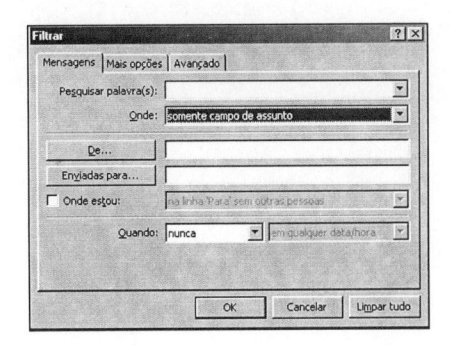

Capítulo 11 ➤ Como gerenciar muitas mensagens   **131**

*Use filtros para mostrar apenas as mensagens
que se enquadrem em certos critérios.*

Selecione as opções desejadas. Você pode dizer ao Outlook para encontrar certas palavras-chave no campo Assunto ou no corpo da mensagem. Por exemplo, você poderá mostrar apenas as mensagens que contenham as palavras "pasta de amendoim" no corpo da mensagem.

Clique OK e o filtro é aplicado. Para removê-lo, reabra a janela Filtrar, clique Limpar Tudo e depois OK.

O mínimo que você precisa saber

➤ Organizar as mensagens a serem recebidas ajuda a lidar com um grande volume das mesmas.

➤ Você pode imprimir a mensagem enquanto ela estiver aberta ou diretamente a partir da lista de mensagens em uma pasta.

➤ Criar novas pastas de mensagens é fácil e é necessário para organizá-las.

➤ A ferramenta Organizar ajuda a definir regras para certas pastas ou para mensagens recebidas de (ou enviadas para) certas pessoas.

➤ O Outlook oferece ferramentas que ajudam a filtrar mensagens indesejadas e mensagens com conteúdos desenvolvidos.

➤ Os filtros podem ser aplicados para pastas específicas de forma que ,apenas informações que se enquadrem nos critérios previamente definidos sejam mostradas.

Capítulo 12

Complementos: arquivos anexados às mensagens de correio eletrônico

Neste capítulo
- ➤ O que pode ser enviado?
- ➤ Por que as pessoas enviam arquivos anexos
- ➤ Como anexar um arquivo
- ➤ O tamanho importa em se tratando de anexos
- ➤ Como anexar itens do Outlook
- ➤ Como salvar e abrir os arquivos anexados recebidos

Às vezes, uma simples mensagem não é o suficiente, como se você, por exemplo, precisar enviar um banco de dados de 10.000 registros para a sua matriz em Nova Iorque. (É claro, nem todo mundo tem uma matriz cujo escritório fique nesta cidade, mas foi possível entender).

Você pode escrever uma mensagem, não importando o tamanho. Se for um documento feito em um editor de textos, pode-se cortar e enviar a cópia para uma mensagem e depois enviá-la. Mas haverão algumas vezes que será preciso enviar um arquivo separado com uma mensagem.

Fazer anexos é uma ótima maneira de enviar arquivos rápida e eficientemente para outra pessoa. Não são difíceis de enviar ou receber e fazem ótimos presentes de Natal!

O que pode ser enviado?

Qualquer arquivo em sua unidade de disco rígido, um disquete, um disco Zip, um Super Disco ou um disco Jaz ,pode ser enviado em anexo à uma mensagem.

O programa usado para enviar a mensagem - no nosso caso o Outlook - não precisa ser compatível com o arquivo que está sendo enviado. Você nem precisa ter instalado em seu computador o programa que criou o arquivo para enviá-lo. Por outro lado, certifique-se de que o destinatário poderá ver, ou não fará sentido enviá-lo.

Você pode anexar um documento de qualquer programa do Microsoft Office ou de qualquer outro programa de computador. Pode-se anexar qualquer outro arquivo criado por você. Um dos tipos de arquivos mais populares que as pessoas estão enviando anexados às mensagens são fotos digitalizadas dos filhos. É uma boa maneira de mostrar ao avôs, avós e outros parentes como os "pequenos" já cresceram.

Um estudo de arquivos de anexos

É claro que será ótimo enviar fotografias para os seus avós. Sim, virá a calhar poder enviar uma apresentação a um colaborador no outro lado da cidade . Mas estas coisas não podem ser feitas da forma antiga?

Bem, é claro que sim. Mas ,enviar coisas deste tipo como anexos às mensagens é feito pela mesma razão que as pessoas se comunicam via correio eletrônico ,ao invés de utilizarem a maneira antiga: é muito conveniente e muito mais rápido. Quando o tempo é vital, o envio de anexos se torna cada vez mais necessário.

Para dar um exemplo de porque arquivos são enviados como anexos, considere a seguinte história pessoal.

Em 1995, escrevi o meu primeiro livro para a editora Macmillan chamado *Sports on the Net*. Basicamente consistia em resenhas sobre páginas relacionadas aos esportes na Internet. Quando o escrevi, a Internet começava a ganhar popularidade. Regularmente enviei mensagens aos meus contatos na Macmillan com perguntas, meus progressos no livro, entre outros. Mas ao chegar o momento de enviar os meus capítulos, segui um plano antiquado para os padrões atuais: salvei os arquivos em disquetes e usei um serviço de entrega noturno que pegou os discos em minha casa nos subúrbios de Minneapolis e entregou-os no escritório da editora em Indianapolis.

Este é o meu terceiro livro para a Macmillian e adivinhem como vou enviar este capítulo para Indianapolis ao finalizá-lo? Acertou - irá anexado numa mensagem utilizando o Outlook 2000.

Como anexar um arquivo?

É apenas uma cópia

Quando você envia um arquivo anexado a uma mensagem de correio eletrônico, não estará enviando o arquivo original e sim uma cópia do mesmo. O original permanecerá na pasta de onde foi enviado.

Agora que já foram vistos alguns dos benefícios, chega a hora de enviar uma mensagem com um arquivo anexado. Afinal de contas, você não verá os benefícios deste recurso se não enviar ou receber alguns arquivos. Antes de começar, certifique-se da localização do arquivo a ser anexado. Você precisa mostrar ao Outlook onde está localizado o arquivo antes do programa enviá-lo ao destinatário.

O processo de envio de um anexo é realmente apenas um ou dois passos adicionais em sua rotina de envio de mensagens.

Para começar, abra uma janela de nova mensagem e preencha o campo Para:, digitando o endereço ou escolhendo o destinatário a partir de seu catálogo de endereços. Preencha o campo Assunto e depois digite a sua mensagem. Ainda que algum tipo de ícone apareça no programa de correio eletrônico do destinatário, indicando que há um arquivo anexado, sempre mencione-o em sua mensagem. (Freqüentemente, a única razão para enviar a mensagem é o arquivo em anexo, então a mensagem deve ser simples, como: "Aqui está o arquivo que eu prometi."

Agora vamos anexar o arquivo. A maneira mais fácil de se fazer isto é clicando no botão clipe de papel na barra de ferramentas. Também pode-se anexar o arquivo escolhendo a opção Arquivo a partir do Menu Inserir.

Mantenha os clipes de papel em ordem

Não importa o que você faça, não faça confusão com os seus clipes. O maior e mais animado é o Clippit, o Assistente Pessoal no Outlook. O clipe de papel que você deve clicar para anexar um arquivo é apenas um botão na barra de ferramentas Padrão que fica na parte de cima da janela.

A pasta que se abrir, provavelmente não será aquela que contém o arquivo que deseja enviar. Como você poderá ver na figura a seguir, a pasta Meus Documentos foi aquela que abriu, mas não é onde esta localizado o arquivo desejado.

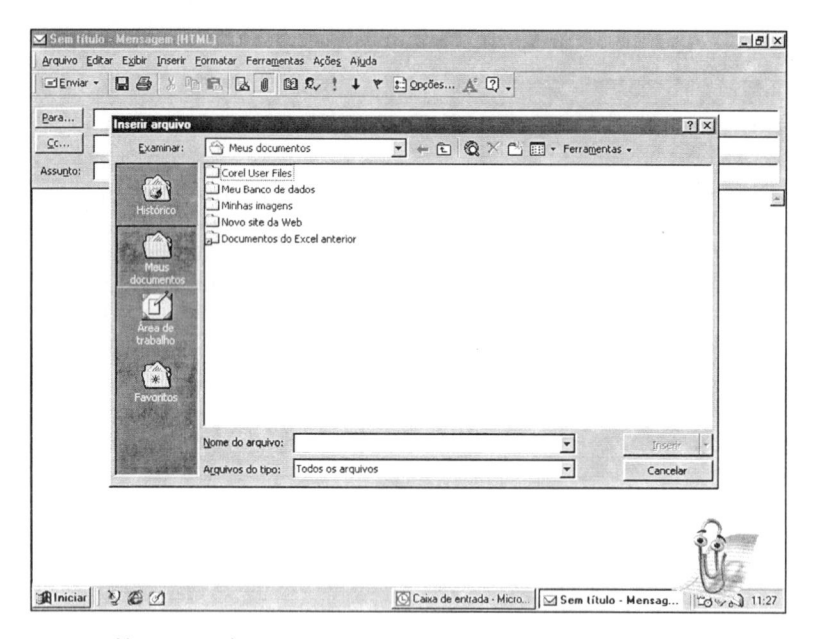

Navegue até a pasta que contenha o arquivo a ser anexado.

Capítulo 12 ➤ Complementos: arquivos anexados às mensagens de correio eletrônico **137**

Você deve mostrar ao Outlook onde está o arquivo a ser enviado. Caso esteja em sua área de trabalho (em uma pasta nesta área), clique no botão Área de Trabalho na lado esquerdo da janela e abra a pasta apropriada. Do contrário, exigirá mais um pouco de navegação. A maneira mais rápida é abrir o menu suspenso próximo à janela da pasta atual.

Quando você abrir esta janela, a pasta atual será selecionada automaticamente. Se o arquivo a ser enviado estiver em um disquete, certifique-se de que o disquete esteja inserido na unidade correspondente e clique na pasta disquete de 3 ½ (A:). Se for um arquivo localizado na unidade de disco rígido, deve-se abrir a unidade C: e localizar a pasta que contenha o arquivo.

Ao encontrar a pasta, você pode anexar o arquivo de duas formas: clicando duas vezes com o mouse no nome do arquivo ou selecionando-o e clicando o botão Inserir na parte inferior direita da janela Inserir Arquivo. Das duas maneiras, você voltará para a mensagem. O arquivo anexado ficará localizado em sua própria janela na parte mais inferior da tela, como pode ser visto na próxima figura.

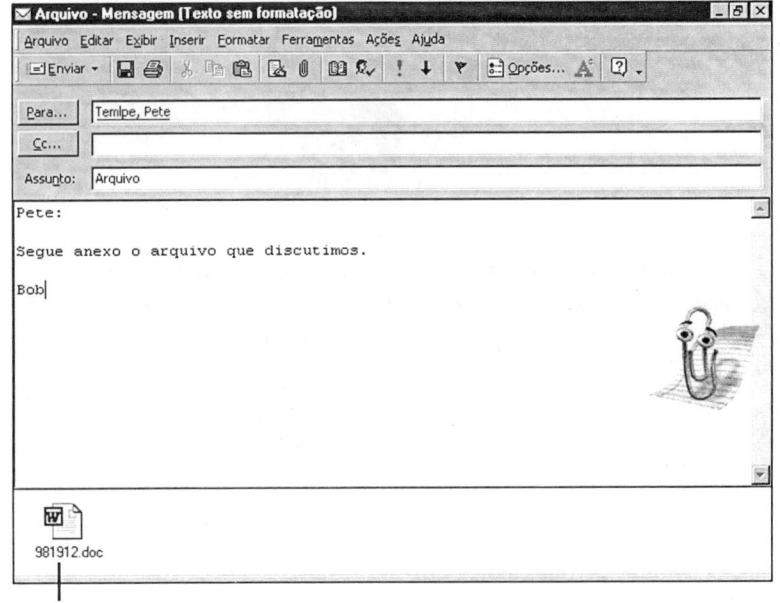

Arquivo do Word anexado

O anexo aparece na parte mais inferior da janela da mensagem.

Você agora está pronto para enviar a sua mensagem com o arquivo anexado. Clique o botão Enviar para movê-la à Caixa de Saída.

Quando o tamanho
é importante.

Quando você envia uma mensagem que contenha um arquivo anexado, ela demora um pouco mais do que quando envia-se uma mensagem normal. Isto acontece devido ao tamanho do arquivo. Quanto maior, mais tempo levará para o envio da mensagem. Infelizmente, isto também significa que quanto maior o arquivo, também é mais provável que você encontre algum tipo de problema.

Aqui vão algumas dicas para enviar arquivos anexados:

> ➤ Se você tem mais de um grande arquivo para enviar, você deve enviá-los em mensagens separadas, ao invés de tudo de uma vez em um só arquivo.

> ➤ É uma boa idéia ter algum tipo de programa que compacte arquivos, como o Winzip em seu computador. Este programa reduz o tamanho do arquivo ou agrupa arquivos diversos em um só de tamanho menor. Ao usá-lo, certifique-se de que o destinatário poderá descompactá-lo.

Qual a aparência do arquivo anexado para o destinatário

Isto depende do programa de correio eletrônico usado por ele. Se for o Outlook 2000, será da mesma forma que aparece para você (já mencionado anteriormente neste capítulo). Se for um programa diferente, com certeza será de uma forma diferente. Se o seu destinatário estiver com algum problema e não estiver conseguindo abrir o arquivo anexado enviado pelo seu Outlook 2000, ele(a) deve contatar o administrador do sistema ou verificar a documentação do programa que está usando.

Em meu ramo de trabalho, escritor e editor, envio e recebo muitos arquivos no formato Word — a maioria deles por correio eletrônico.

A maioria dos arquivos gerados por programas de edição de texto não causarão nenhum problema quando estiverem anexados a uma mensagem. Já arquivos maiores, como um grande banco de dados, têm mais chances de causar um problema.

Capítulo 12 ➤ Complementos: arquivos anexados às mensagens de correio eletrônico **139**

Como anexar itens do Outlook

Você já aprendeu como anexar arquivos criados em outros programas e enviá-los via correio eletrônico usando o Outlook. É possível também enviar itens como anexos do correio. Isto inclui seus contatos, diários, notas, tarefas e calendário. Lembre-se, no entanto, de que não é muito bom enviar seu calendário para outra pessoa a menos que ela(e) também esteja usando o Outlook e possa abri-lo e visualizá-lo.

Anexar itens do Outlook é muito semelhante a anexar um arquivo criado em outro programa. Abra a nova janela da mensagem, preencha os campos Para: e Assunto: , como antes. Quando estiver pronto para anexar o item, abra o menu Inserir e selecione o item. Isto o levará de volta à janela Inserir Item, mas você estará vendo a lista de suas pastas e arquivos do Outlook, conforme pode ser visto na figura a seguir.

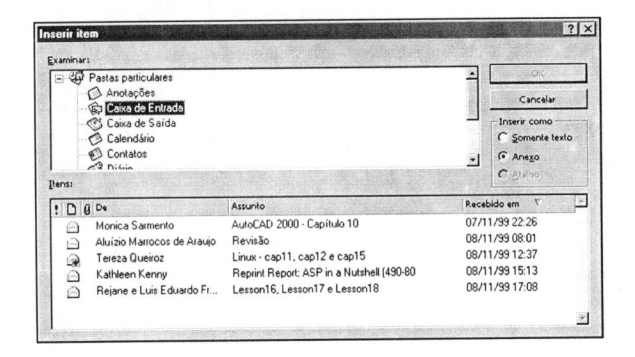

Escolha o item do Outlook que você queira enviar.

Papo técnico
Como exportar

O Outlook permite que você exporte itens, inclusive o Calendário para outros programas. Para mais informações sobre como exportar um item do Outlook, veja o Capítulo 23, "Como tornar o Outlook parte da família."

Novamente, procure pelo arquivo que você queira enviar e selecione-o através de um duplo clique no mouse ou destacando-o e clicando no botão OK. O item do Outlook aparecerá na parte de baixo da janela da mensagem, da mesma forma como os arquivos anexados. Agora ele está pronto para ser enviado.

Eu tenho um anexo!

Um dia você abrirá a sua Caixa de Entrada e lá estará —s seu primeiro arquivo anexado. Agora o que você vai fazer?

Bem, você pode comemorar pelo êxito obtido, entrar em pânico por o que possa estar sendo enviado, ou pode calmamente abrir a mensagem e salvar o arquivo.

Lidar com mensagens recebidas é tão fácil quanto com as enviadas. Uma mensagem recebida com um anexo aparecerá com um ícone em forma de clipe de papel próximo a ela. Ao abrir a mensagem, o arquivo anexado aparece em uma janela separada na parte inferior da janela da mensagem, como pode ser visto na figura a seguir.

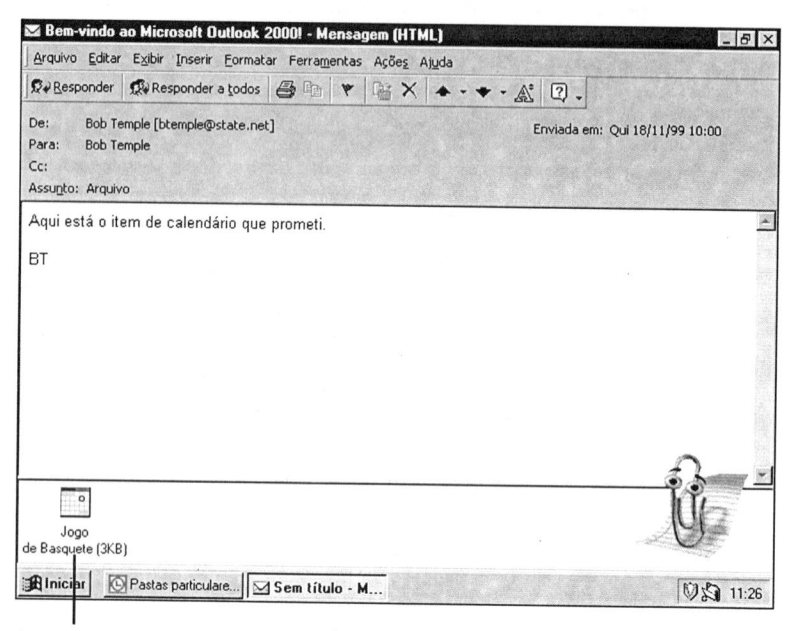

Item anexo do Outlook.

Uma mensagem de correio eletrônico recebida com anexos se parece muito com uma mensagem enviada com arquivo anexado.

Pegou um vírus?

Atualmente, todos devem ter um software anti-vírus instalado em seus computadores. Esta regra vale mais ainda se você for receber arquivos pela Internet. Alguns vírus atacam imediatamente ao abrir um arquivo. Um bom programa anti-vírus examinará qualquer arquivo antes de ser aberto. Um pouco de dinheiro gasto agora evitará sérios problemas no futuro. Também é uma boa idéia não abrir arquivos de forma alguma a menos que você confie na sua origem.

Ao ser recebido, o arquivo anexado já estará salvo em seu computador mesmo que você não o abra. Mas, será salvo apenas como uma parte da mensagem. Para salvá-lo de fato (ou para vê-lo), dê um duplo clique no seu ícone localizado na parte inferior da janela da mensagem. A janela Abrir Anexos de Correio será mostrada, como pode ser vista na figura a seguir. Nela, haverá uma mensagem avisando sobre os vírus e dando a você duas opções: abrir ou salvar em disquete e depois abri-lo.

Para ver o arquivo anexado sem no entanto abrir o correio eletrônico, clique com o botão direito do mouse na mensagem na lista da Caixa de Entrada e depois escolha Exibir Anexos. Ou, se estiver utilizando o painel de visualização de mensagens, clique no ícone em forma de clipe de papel e abra o arquivo anexado.

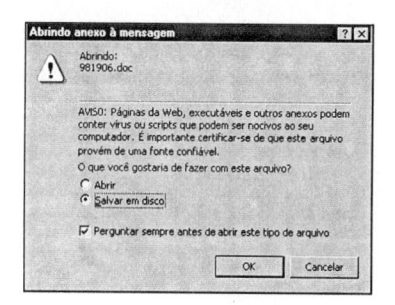

Usando esta janela, você poderá abrir ou salvar o arquivo anexado.

Para abrir o arquivo, agora ou mais tarde, você precisa ter o programa usado para a criação deste mesmo arquivo instalado em seu computador.

Se já estiver com o programa instalado, escolha a opção Abrir. O programa será iniciado e o arquivo será mostrado. Se você quiser apenas salvá-lo para abrir mais tarde, escolha Salvar em disco e salve-o em seu disco rígido ou em um disco removível, como um disquete.

O mínimo que você precisa saber

- ➤ No Outlook, qualquer arquivo pode ser anexado a uma mensagem de correio eletrônico. O arquivo pode ter sido criado em qualquer programa.
- ➤ Anexar um arquivo a uma mensagem de correio eletrônico é a maneira mais eficiente de enviá-lo do que qualquer outro método, incluindo os serviços de entrega noturnos.
- ➤ Você precisa saber onde está localizado o arquivo em seu computador antes de enviá-lo a qualquer pessoa.
- ➤ Você pode anexar itens de qualquer pasta do Outlook a um e-mail, incluindo o Calendário, Contatos, Tarefas, O Diário, Notas e outros.
- ➤ Quanto maior o arquivo anexado, maior o tempo de envio e maior a chance de encontrar problemas. Um programa compactador de arquivos ajudará a diminuir o tempo de envio destes arquivos.
- ➤ Caso você venha a receber arquivos por correio eletrônico., certifique-se de que haja um programa de proteção contra vírus instalado em seu computador.
- ➤ Dar um duplo clique no mouse em um arquivo anexado mostra uma tela onde você decide se quer abri-lo ou salvá-lo.

Capítulo 13

Somente o fax

MADAME, SÓ USE O FAX

Neste capítulo
- ➤ O Outlook lhe poupa a compra de mais uma máquina
- ➤ Como configurar a edição de iniciante do WinFax
- ➤ Como enviar faxes
- ➤ Como anexar documentos ao fax
- ➤ Como enviar faxes para um grupo
- ➤ Como receber faxes
- ➤ Como abrir um fax recebido

Você já sabe sobre as maravilhas e capacidades oferecidas pelo correio eletrônico do Outlook e das várias maneiras que ele simplifica a sua vida. O correio eletrônico tornou-se um elemento fundamental para os negócios diários de pequenas e grandes empresas. Mas, pode-se dizer que o correio eletrônico dá um passo à frente em outra revolução das comunicações ocorridas na década passada: o fax.

O fax ganhou fama na década de 80 como uma forma de comunicação rápida para envio completo de documentos através da linha telefônica sem ter de aguardar pelo correio convencional. O correio eletrônico competiu com o fax em termos de velocidade, mas depois superou-o. O correio eletrônico também adicionou uma série de benefícios, como a economia nas tarifas telefônicas e a possibilidade de imprimir um documento idêntico ao original, coisa que nem sempre ocorria no fax.

Há uma coisa que o correio eletrônico não é capaz de fazer - substituir a máquina de fax. Assim como o fax deu a entender que seria o fim do correio convencional, o correio eletrônico foi a sentença de morte para o fax. Sim e supôs-se que a televisão eliminaria o rádio. A História nos mostra diversos casos onde, ao invés de substituir os seus predecessores, apenas adicionaram mais uma máquina em sua casa ou em seu escritório.

Uma máquina a menos a se comprar

Recentemente, fabricantes de impressoras, copiadoras e de fax tem imaginado um modo de combinar todas estas máquinas em uma só de fácil uso. É raro quando uma destas máquinas chamadas de "inovações que simplificam a sua vida" realmente funcionam, mas elas apareceram para resolver o problema. De forma parecida, os projetistas da Microsoft imaginaram uma maneira de manter sua casa menos abarrotada (ou escritório, ou o escritório de sua casa, quando houver).

Assim que mais pessoas passaram a trabalhar em casa, a necessidade por uma máquina deste tipo cresceu. O Outlook oferece capacidade completa de fax - tanto envio quanto recebimento - de forma semelhante à usuários do modo Apenas Internet e Corporativo. Agora, você pode igualmente enviar mensagens ou passar faxes para seus contatos sem ter de comprar um programa adicional para usar o fax e utilizar a mesma conexão de Internet para ambos.

Mas por que enviar faxes para alguém quando você pode apenas enviar uma mensagem de correio eletrônico? Bem, mesmo com todo o cartaz que o correio eletrônico ganhou nos últimos tempos, nem todos ainda possuem uma conta deste serviço. E, por qualquer que seja a razão, algumas pessoas preferem trabalhar com o fax do que com o correio eletrônico (especialmente os que possuem provedores de acesso à Internet não confiáveis).

Além disso, o fax oferece uma vantagem distinta sobre o e-mail. Se eu faxear a você um documento, ele chegará ao destino como uma versão ligeiramente embaçada do original. Entretanto, se eu lhe transmitir o documento por e-mail, é possível que você não consiga visualizá-lo por completo se não possuir o mesmo programa que usei para criá-lo.

Então, para esses tempos quando o fax é a melhor maneira - ou única - forma de comunicação com um de seus contatos, o Outlook oferece uma programa de fax de uso simples para seus usuários.

Qual o seu tipo?

Dependendo da forma como você instalou o Outlook no início de todo este processo, você terá um programa levemente diferente para usar o fax.

Se você estiver em uma rede e instalou o Outlook no modo corporativo, poderá usar o Microsoft Fax como seu programa de fax. Se for apenas um usuário de Apenas Internet do Outlook, você deve usar a Edição de Iniciantes no WinFax para enviar e receber faxes.

Capítulo 13 ➤ Somente o fax   **145**

Como configurar
a Edição para Iniciantes no WinFax

Usuários do modo corporativo, prestem atenção

Existem algumas diferenças entre o Microsoft Fax e o WinFax. Este capítulo abrange o WinFax; o Microsoft Fax não é visto em detalhes neste livro. Os usuários corporativos que estiverem usando o Microsoft Fax podem seguir as mesmas instruções descritas aqui, se selecionarem Nova Mensagem quando os usuários de Apenas Internet forem selecionar Novo Fax. Se precisar levar mais a sério o assunto Fax - adicionar alguns recursos como horários marcados para enviar faxes, editar faxes, ou enviar e receber faxes como arquivos anexos binários - o Microsoft Fax é o que você precisa.

A sua conta de WinFax é visualizada na caixa de diálogo Contas - a mesma que guarda a sua conta de correio eletrônico. Você pode vê-la a qualquer momento clicando em Contas a partir do menu Ferramentas, mas provavelmente você não irá querer fazer mudanças em sua conta do WinFax aqui.

A área de configuração é onde o Outlook automaticamente registra todas as configurações necessárias para fazer o WinFax funcionar apropriadamente. As escolhas podem ser feitas na área Opções para o WinFax. Para chegar lá, escolha Opções a partir do menu Ferramentas e depois selecione a guia Fax. Todas as informações iniciais devem ficar visíveis, como na figura a seguir.

Na parte superior da janela está a folha de rosto. É isto que será impresso no fax do destinatário, então certifique-se dos dados aí digitados.

Se algumas destas informações estiverem erradas (ou se não houver nenhuma), você pode mudá-las facilmente. Clique no botão Editar para abrir uma janela que permitirá mudar qualquer informação. Ao terminar, clique no botão OK e a nova informação aparecerá na janela.

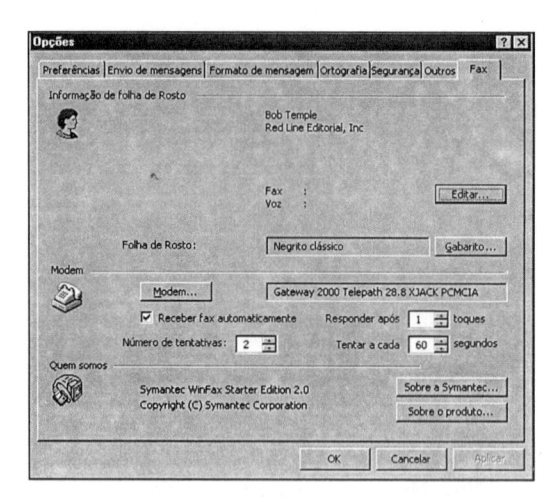

Muitas mudanças no seu fax são configuradas aqui.

Problemas no Modem

Se o nome do seu modem não aparecer com TAPI após a configuração, ele não funcionará com o WinFax. Para reconfigurá-lo, selecione o modem e, mantendo a tecla Shift pressionada, selecione Propriedades. Será pedido para configurá-lo neste momento. Certifique-se que o modem esteja ligado e que você não esteja conectado à Internet e clique OK. Seu modem então será configurado.

Na parte inferior na área da Folha de Rosto está localizado o espaço para configuração da mesma. Clique no botão Modelo e depois escolha a partir de cinco modelos diferentes para usar como sua folha de rosto.

A área do Modem é provavelmente a parte mais importante do processo de configuração. Se esta área mostrar um modem incorreto, ou que não há um modem, você não estará habilitado a receber ou enviar no WinFax. Alguns modems também não suportam o envio e o recebimento de faxes. Se for este o seu caso, precisará fazer uma atualização do seu antes de poder usar o WinFax.

Para fazer mudanças, clique no botão Modem e uma janela Propriedades do Modem será aberta. Você pode apagar o modem atual selecionando-o e pressionando a tecla Delete em seu teclado, ou clicando o botão Remover. Para adicionar um novo modem, clique o botão Adicionar e siga os passos do processo. O Outlook ainda tentará detectar o seu modem automaticamente.

Capítulo 13 ➤ Somente o fax 147

Ainda nesta área, você provavelmente irá querer ter a caixa Receber Faxes Automaticamente se quiser receber faxes quando não estiver usando o computador. O Outlook receberá um fax automaticamente depois de um certo número de toques do telefone. Desta forma, você não precisa ficar sentado em frente ao computador esperando pelo fax. Mas se este botão estiver sempre marcado, você será desconectado do seu provedor de acesso quando um fax vier a ser recebido.

Os botões localizados na parte inferior da área Modem referem-se aos faxes que você for enviar. Pode-se configurar o número de vezes que o Outlook deverá rediscar caso o telefone do destinatário esteja ocupado e quanto tempo deverá aguardar para fazer a estas rediscagens.

Como enviar um fax

Enviar um fax de uma máquina tradicional não é tão complicado assim. Normalmente, você introduz o papel na máquina, disca o número do telefone e pressiona o botão Iniciar.

Como não há lugar para colocar um papel no Outlook, é um pouco diferente. Mas, os seus projetistas fizeram o envio do fax pelo programa algo muito parecido com o envio de uma mensagem de correio eletrônico.

Como de costume, existem diversas maneiras de começar o processo de envio de uma mensagem com o Outlook. A mais fácil é pressionando o botão Novo no menu suspenso e selecionar Mensagem de Fax na lista que aparece. (Usuários corporativos podem abrir o menu Ações e selecionar Nova Mensagem de Correio.

A janela Fax aparece e é quase idêntica à janela de mensagem de correio eletrônico que você está acostumado a ver. (Veja a figura abaixo.)

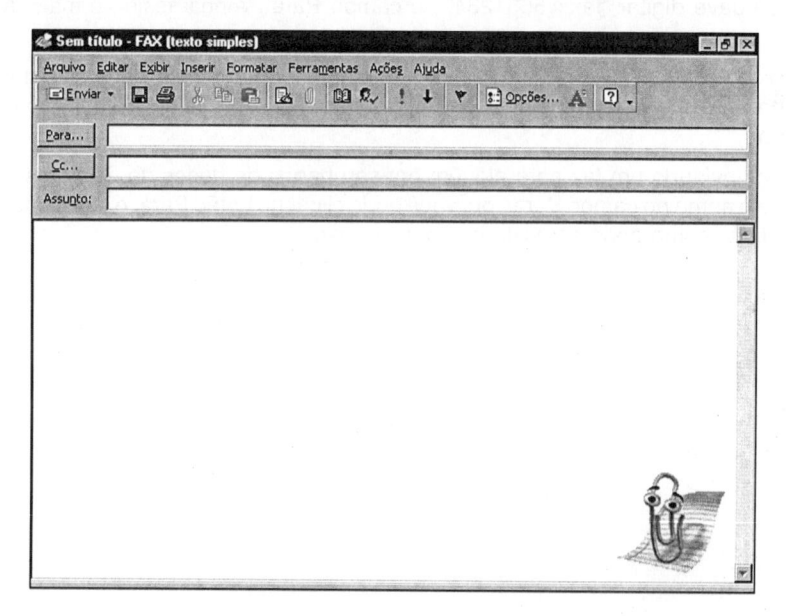

Usa a janela Fax para enviar um.

Há uma outra maneira

Se você quiser pode digitar o nome do destinatário no campo Para mesmo ele não estando em seu banco de dados de Contatos. Depois de clicar o botão Enviar, o programa irá perguntar o número do fax do destinatário. Mas, é melhor inserir o nome no banco de dados de Contatos. Desta forma, se você estiver enviando o fax para diversas pessoas, não precisará sentar em frente ao seu computador e digitar nome por nome toda vez que o número de fax aparecer na tela.

Como você pode se lembrar de nossas discussões anteriores sobre mensagens de correio eletrônico, se o destinatário da mensagem não estiver na lista de contatos, pode-se simplesmente digitar o endereço eletrônico da pessoa no campo Para:.

Esta é uma das grandes diferenças entre os formulários de fax e de mensagens de correio eletrônico, mesmo que eles pareçam ser exatamente os mesmos. Para enviar um fax, você deve ter o nome da pessoa e o número do fax registrados em seu banco de dados de Contatos. Se não tiver esta informação registrada propriamente, não poderá apenas digitar o número do fax do destinatário no campo Para:. Você receberá uma mensagem de erro. Ao invés, digite "fax@" seguido do número. Então, se o destinatário possuir o número de fax 555-12345, você deve digitar "fax@5551234" no campo Para:. Ainda assim, é mais fácil ter a informação registrada no banco de dados de Contatos.

Então, se você estiver enviando um fax para alguém sem um registro nos contatos, clique no botão Para:. Depois clique no botão Novo Contato e digite o nome e o número de fax do destinatário.

Caso esteja enviando um fax para alguém em seu banco de dados de Contatos, simplesmente digite o nome no campo Para:, ou, você pode clicar no botão Para: e selecionar o nome a partir da lista, como pode ser visto na figura abaixo.

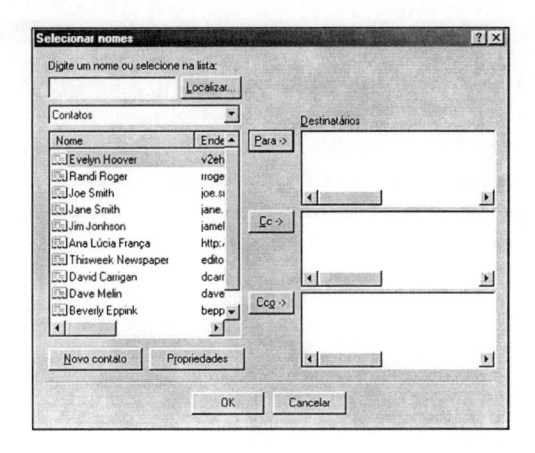

Selecione o nome do destinatário a partir desta janela.

Depois digite um assunto. A ampla janela pode ser usada para o conteúdo do fax, mas é mais freqüentemente usada para digitar uma mensagem que acompanha um documento anexado.

Como anexar documentos

Diferente do correio eletrônico, toda vez que você envia um fax provavelmente anexa um documento. Um fax é normalmente um documento previamente criado e não uma pequena nota para um contato.

Anexar documentos a um fax no Outlook é tão fácil quanto em uma mensagem de correio eletrônico. Clique o pequeno ícone do clipe de papel na barra de ferramentas e depois localize o documento a ser enviado. Ao encontrá-lo, selecione-o e clique no botão Inserir. Um ícone representando o anexo aparecerá numa janela em separado na parte inferior da janela do fax, da mesma maneira que um anexo em uma mensagem de correio eletrônico. A Figura a seguir mostra o anexo da forma como você o verá.

Use agora a ampla janela para digitar qualquer nota que queira incluir no documento e depois clique no botão Enviar.

Diferente da mensagem de correio eletrônico, os faxes são enviados imediatamente no WinFax ao invés de irem para a Caixa de Saída. Se você anexou um documento, verá uma mensagem indicando que o programa está *rastreando* o documento. Isto significa que ele está sendo preparado para ser enviado como um fax. Você verá o documento aberto em seu aplicativo original. Dependendo do tamanho dele, isto poderá demorar um pouco mais.

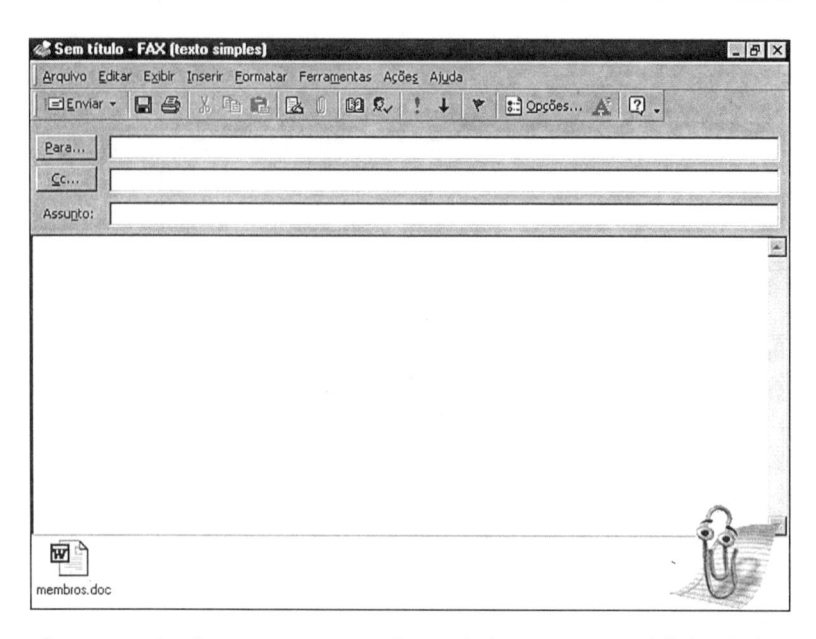

Os anexos dos faxes aparecem em forma de ícones na parte inferior do fax, da mesma forma como anexos à mensagens de correio eletrônico.

Finalmente, você será perguntado para verificar o número do fax do seu destinatário. Esta é a chance final de certificar-se de que o número está correto. Depois clique no botão Enviar e o modem irá discar o número. Uma vez enviado o fax, o modem irá se desligar automaticamente. Se você selecionou um nome dos Contatos com um número válido de fax, não verá esta mensagem de verificação.

Como enviar faxes para um grupo

Se quiser enviar o mesmo fax para outras pessoas, você pode fazer isto no WinFax facilmente. Clique no botão Para: e selecione os nomes de todos os seus destinatários. Lembre-se, se o número do fax não estiver em seus contatos, você pode enviar um fax sem sentar em frente ao seu computador para digitar o número assim que o fax estiver sendo enviado.

Você pode enviar a mensagem assim que tiver selecionado todos os nomes, mas isto levará algum tempo pois cada número deverá ser discado individualmente.

Capítulo 13 ➤ Somente o fax   **151**

Como receber
e abrir faxes

Receber um fax no Outlook é fácil caso você tenha configurado os parâmetros devidamente na janela Opções. Mas, para que o Outlook possa receber um fax, ele deve estar ativo em seu computador quando a ligação for recebida e a opção resposta automática deve estar marcada. Se o Outlook não estiver ativo, a chamada não será respondida.

Quando alguém disca para o seu fax com o Outlook ativado, ele atenderá a chamada após o número de toques especificado em suas configurações

Assim que o fax for recebido, ele aparecerá em sua Caixa de Entrada, como se fosse uma mensagem de correio eletrônico. Na maior parte dos casos, ele se parecerá com um documento anexado em uma mensagem. Se o remetente usou o Outlook e não anexou nada ao fax, o fax atual aparece na janela.

Para abrir o fax, dê um duplo clique nele na Caixa de Entrada. Ele se abre em uma janela como pode ser vista na figura a seguir.

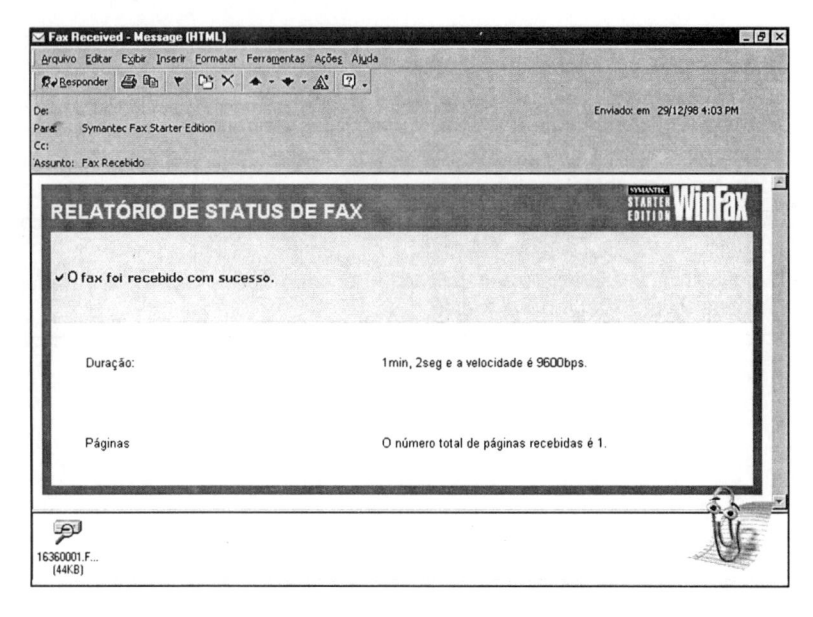

Um fax recebido com um anexo aparece desta forma.

O anexo de fax aparece da mesma forma que o de uma mensagem de correio eletrônico, na forma de um ícone em uma janela separada na parte inferior da tela. Dê um duplo clique no anexo para abrir uma caixa de diálogo que lhe perguntará se você quer abrir o documento ou salvá-lo em um disco.

E o modo Corporativo?

Como foi falado anteriormente, se você configurou o Outlook no modo Corporativo, o Microsoft Fax será usado para enviar e receber faxes. Trabalhar com o Microsoft Fax é muito parecido com o WinFax. Embora você tenha mais opções em algumas áreas, você precisará fazer algumas escolhas diferentes no processo de configuração.

Antes de começar a enviar e receber faxes no modo Corporativo, você deve verificar com o seu administrador da rede para certificar-se que pode enviar faxes de sua estação de trabalho. Ele(a) também poderá ajudar a configurar o Microsoft Fax da forma como a sua empresa o usa.

O mínimo que você precisa saber

➤ Usar o Outlook para enviar e receber faxes permite a você economizar dinheiro e espaço em sua casa/escritório, pois você não precisará comprar uma máquina de fax.

➤ Você deve se certificar que possui o WinFax (ou Microsoft Fax) configurado apropriadamente antes de tentar enviar um fax.

➤ Enviar faxes é muito parecido com enviar mensagens de correio eletrônico no Outlook. De fato, as janelas são quase idênticas.

➤ Você pode anexar um documento clicando o ícone do clipe de papel na barra de ferramentas e selecionando o documento.

Parte III

Como gerenciar contatos

A maioria das pessoas, de alguma forma, mantém um catálogo de endereços. Alguns até dois: uma profissional e outro pessoal. O Outlook permite a compilação de todas estas informações em um só lugar, podendo ainda dividi-las rapidamente a qualquer momento. Nesta parte, veremos o recurso Contatos do Outlook e como ele funciona. Depois veremos como classificar e organizar o banco de dados dos contatos. Finalmente, veremos recursos avançados deste módulo (Contatos) do Outlook..

Capítulo 14

Como manter contato

Neste capítulo
- ➤ Como as listas de contato funcionam
- ➤ Porque as listas de contato são úteis
- ➤ Como configurar uma lista de contato
- ➤ Como cadastrar um contato
- ➤ Como revisar e apagar contatos
- ➤ Como visualizar seus contatos
- ➤ Como comunicar-se com seus contatos

Você pega o telefone para ligar para alguém, mas percebe que está sem o número na mão. Ou precisa enviar uma carta importante, mas não encontra o seu cartão. Ou você adoraria enviar uma mensagem de brincadeira, mas não encontra o pedaço de papel onde anotou o endereço.

Isto parece familiar?

No capítulo anterior discutimos sobre o correio eletrônico e o fax, dois modos freqüentes de comunicação entre as pessoas. Mas como manter o cadastro destas pessoas atualizado?

Pense nas pessoas com as quais você mantém algum tipo de relacionamento. Em casa, seus parentes, amigos, professores, membros da igreja, vizinhos, colegas do clube, entre outros. Provavelmente você já possui uma agenda escrita, talvez uma programação de férias, e só

Deus sabe quantos catálogos. No trabalho, os funcionários do seu departamento e das outras seções, uma lista de clientes e vendedores, talvez um ou dois outros escritórios e uma filial da empresa, etc. Provavelmente uma lista de ramais e endereços dos funcionários do escritório e um fichário cheio de outros contatos comerciais.

É hora de ter tudo isto organizado em um único programa e o Outlook é a resposta.

Por que utilizar o item Contatos do Outlook?

Claro, seria ótimo reunir todas estas informações em uma única fonte, mas isto pode ser feito com uma caneta e um caderno de notas. O item Contatos do Outlook permite fazer muito mais do que apenas manter uma lista.

O que acha de agrupar e organizar os contatos em categorias fáceis de encontrar? E, quando precisar convidar as pessoas para uma festa em sua casa, criar e imprimir rapidamente uma lista com todas elas? Acompanhar todos os contatos feitos com um cliente, documentando todo o processo para uso posterior, ou delegar uma tarefa e muito mais?

No Outlook, há dezenas de campos diferentes onde é possível digitar uma informação. Embora você provavelmente não utilize todos eles em seus contatos, achará a maioria muito útil.

Ao registrar todas as informações, o Outlook também ajuda a manter tudo organizado.

Existem muitas maneiras para categorizar e classificar seus contatos e várias formas de visualizá-los. A mais comum é o modo Cartões de Endereço, que se parece com um fichário. (Ver a próxima figura.) Mas todo o conteúdo de sua lista de contatos pode ser exibido de uma só vez quando você quiser.

Aprenda mais sobre as diversas formas de visualização de sua lista de contatos mais adiante neste capítulo. Afinal de contas, antes de se preocupar em como visualizar sua lista, é preciso criar uma.

Capítulo 14 ➤ Como manter contato

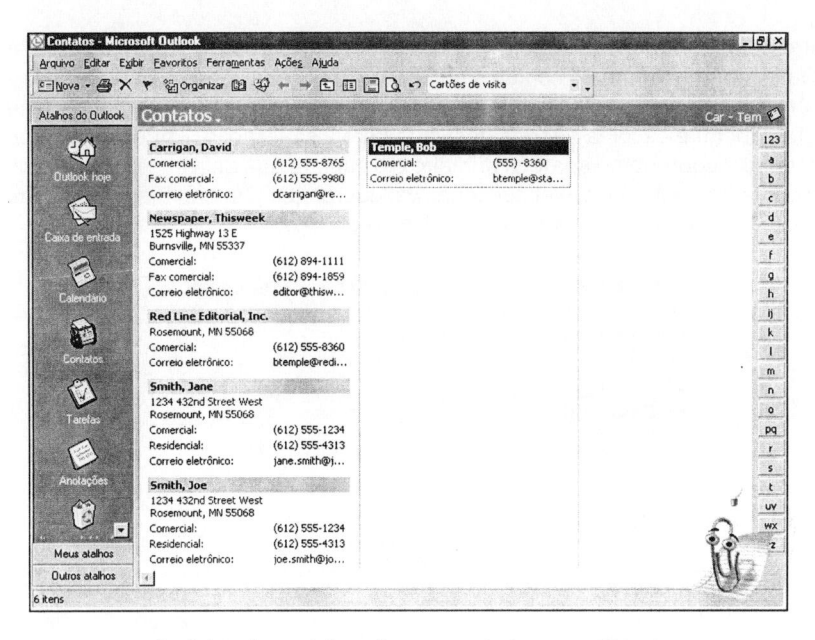

As listas de contatos são apresentadas normalmente no modo Cartões de Endereços.

Como registrar um contato

Você deve se lembrar que, nos capítulos anteriores sobre correio eletrônico, foram feitas algumas listas em seu catálogo de endereços, que é essencialmente uma parte de seus contatos. Tudo o que foi preciso digitar foram nomes e endereços, pois era o que precisávamos no Outlook naquele momento.

Adicionar contatos é uma das primeiras coisas que você deve fazer no Outlook. Isto é mais importante que o Calendário e outros itens, pois todos os outros recursos utilizam os contatos. Você já viu como estes podem o ajudar com correio eletrônico e mais adiante veremos outras maneiras de utilização nesta e em outras seções.

Adicionar contatos é simples e pode ser tão rápido quanto demorado, de acordo com a quantidade de informações que deseje inserir para cada pessoa de sua lista.

Para começar, utilize o menu suspenso ou o botão Novo e selecione Contato. Se já estiver na tela Contatos, clique no botão Novo para abrir a janela.

Como você pode ver, há cinco guias diferentes para informações de seu contato. No momento, vamos nos concentrar na guia Geral mostrada na figura a seguir.

Na parte inferior à esquerda na guia Geral, digite as informações básicas - tais como nome, cargo, empresa e endereço. Mova-se pelos campos utilizando a tecla Tab ou clique com o mouse no próximo campo.

Ao digitar o nome, o arquivo mostrará o sobrenome, uma vírgula e o nome. Isto demonstra como o Outlook armazenará os contatos em ordem alfabética. Observe que a caixa Arquivo as: também é um menu suspenso. Se quiser que a lista apareça em ordem alfabética de nome, abra o menu e escolha a forma desejada para visualização. Por exemplo, você pode não querer que o sobrenome apareça primeiro e o contato que estiver sendo registrado seja o nome de uma empresa. Provavelmente não vai querer que General Electric seja arquivado como "Electric, General" em sua lista na ordem alfabética.

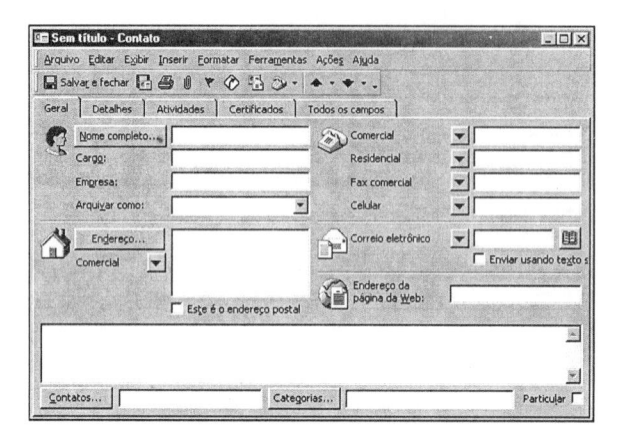

Digite as informações do seu contato nesta janela.

Como alterar o item Formulário de contato

Note que perto dos outros campos existem menus suspensos. A razão é que existem informações diferentes para cada pessoa. Pense assim: os seus contatos possuem informações diferentes entre si. Um deles pode ter pager e não ter fax, ou ter celular e pager.

Se quiser alterar um destes campos para digitar informações variadas, abra o menu suspenso adequado e clique sobre nome do campo que queira utilizar. Este campo será modificado apenas para este contato, não para todos. (Ver figura seguinte.)

Tanto os campos Nome Completo quanto Endereço também possuem botões para adicionar mais opções ao contato. Por exemplo, na janela Nome Completo (que é mostrada depois de clicar o botão Nome Completo), é possível adicionar uma forma de tratamento (Sr., Sra., Dr. e outros) e um sufixo (Jr. por exemplo). A janela Endereço permite a você adicionar informações sobre o endereço em um formulário detalhado que poderá ser mostrado adequadamente nas listas de contato do Outlook.

Porém, em geral, é possível digitar a informação nos campos apropriados e o Outlook irá manipulá-las de forma correta. Mas, se digitar algo que não possa ser reconhecido, o programa pedirá informações adicionais, abrindo uma destas janelas. Por exemplo, ao digitar apenas um endereço de uma rua ou avenida sem a cidade ou Estado, o Outlook abre a janela Verificar Endereço, avisando que é preciso digitar a informação completa.

Capítulo 14 ➤ Como manter contato   **159**

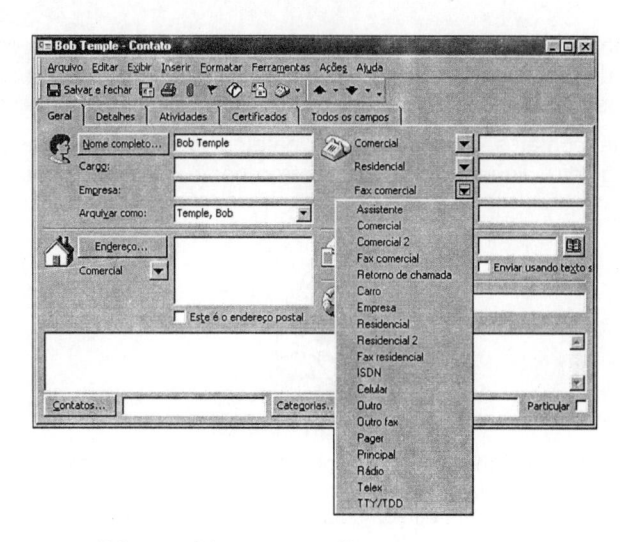

Existem vários campos diferentes a escolher.

Na parte inferior da guia Geral está o botão Categorias . Ele permite escolher algumas categorias que possam ser aplicadas ao contato em particular, conforme pode ser visto na figura a seguir.

Selecione as categorias que se apliquem ao contato.

Por exemplo, se o contato for uma pessoa que todo ano irá receber um cartão de saudação, clique na categoria Cartões de Saudação. Se for um cliente importante, clique na categoria com o mesmo nome (Cliente Importante)- pode-se marcar mais de uma opção para cada contato.

Este é um dos campos mais importantes da janela Contatos pois estas categorias serão utilizadas mais tarde ajudando na classificação da lista. Uma discussão mais aprofundada sobre as categorias pode ser vista no capítulo 15 "Como trabalhar com contatos."

Caso queira vincular contatos, clique no botão Contatos no canto inferior esquerdo da janela principal e, em seguida, clique duas vezes sobre o nome do contato secundário.

Partes Particulares

Se você compartilha informações do Outlook com outras pessoas do seu trabalho, pode também manter um ou dois contatos reservados. Basta clicar na pequena caixa Particular no canto inferior direito da guia Geral para esconder o contato de outras pessoas em sua rede.

Como fazer anotações

Ainda na guia Geral, note que há uma grande área na parte inferior da janela. É um lugar para anotações sobre o contato. Pode-se escrever o que quiser, sem se preocupar em como estará sendo mostrado no Cartão de Endereços.

Mas, fique atento, pois caso esteja em uma rede onde as informações do Outlook são compartilhadas com outras pessoas, elas também poderão visualizar estas mesmas notas. Não é uma boa idéia mencionar neste campo que o chefe do departamento é um chato.

Em vez disso, utilize este campo para fazer anotações construtivas. Este é o local ideal para mencionar informações úteis como o dia em que esta pessoa prefere ser contatada ou o dia em que ela sairá de férias.

Detalhes

Na guia Detalhes é possível digitar... bem... informações mais detalhadas. Na parte superior, digite informações adicionais para os seus contatos profissionais, tais como seu departamento ou escritório, profissões e nomes de seus gerentes ou assistentes. (Veja a figura seguinte.)

Capítulo 14 ➤ Como manter contato   **161**

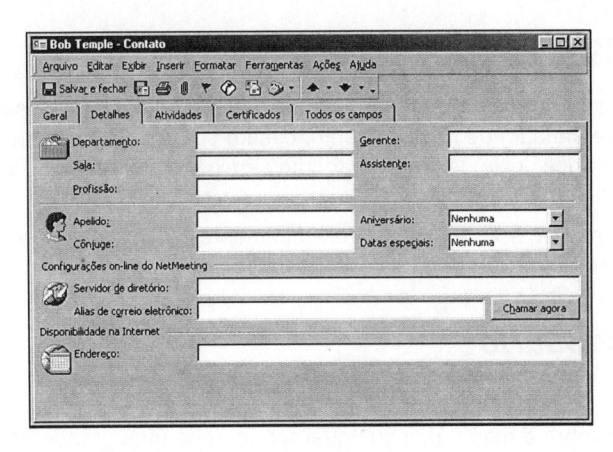

A guia Detalhes mostra um lugar para mais informações.

Acho o campo Profissão particularmente útil. Digamos que você tenha chamado um encanador há algum tempo atrás e na época digitado as informações em sua lista de contatos. Caso precise dele daqui a dois anos, não precisará procurar por um recibo ou um cartão de endereço perdido. Simplesmente abra o Outlook e procure encanador. Ao digitar "Encanador" no campo Profissão, o nome desta pessoa aparecerá.

No meio da guia Detalhes pode-se digitar um apelido ou nome do cônjuge, mais o dia de nascimento e casamento. Cada um destes campos possui um calendário mensal onde a data pode ser marcada.

Ao marcar ,ela sempre aparecerá em seu Calendário, anos após ano. Não havendo mais desculpas para ter esquecido estas datas importantes!

Como salvar um contato

Ao terminar de digitar todas as informações, falta ainda uma decisão final: salvar o contato. Mas, para isto, é necessário informar ao Outlook se quer registrar outro contato ou se já terminou.

Clique no botão Salvar e Fechar caso já tenha terminado de registrar os contatos por enquanto. Caso queira continuar digitando outros, clique no botão Salvar e Novo, que está à direita do botão Salvar e Fechar.

Caso queira digitar um novo contato para a mesma empresa, selecione Novo Contato para a Mesma Empresa no menu Ações.

Como editar os contatos

Há muitos motivos para fazer alterações em sua lista de contatos. As pessoas se mudam, trocam de telefone, mudam de departamento, casam-se, trocam de nome entre outros. Ou talvez alguém que você deixe de considerar como amigo e quer apagar o seu nome da lista. (Isto acontece.)

É muito simples mudar e apagar contatos totalmente e, como sempre, há milhares de maneiras para fazer isto. Não iremos ver todas elas aqui - apenas as melhores.

Não é necessário corretivo

Deixe o corretivo sobre a mesa. (De qualquer modo, faria uma grande bagunça na tela de seu computador.) Fazer mudanças nos contatos é muito simples.

É possível mudar qualquer informação do contato facilmente ,apenas abrindo a janela do mesmo. Para isto, clique duas vezes com o mouse sobre qualquer parte do contato, independente de como estiver sendo mostrado em sua tela. Isto abre completamente a janela Contato, onde é possível digitar novas informações, apagar dados desatualizados e fazer qualquer mudança nas guias. (Ver figura a seguir.)

Se os contatos estiverem exibidos como cartões de endereço ou cartões de endereços detalhados, é possível fazer mudanças no próprio cartão. Basta clicar com o mouse na parte do cartão onde queira fazer a mudança. O campo será envolvido por uma linha pontilhada e dentro dele aparecerá um cursor. Apague os dados antigos ou digite a nova informação.

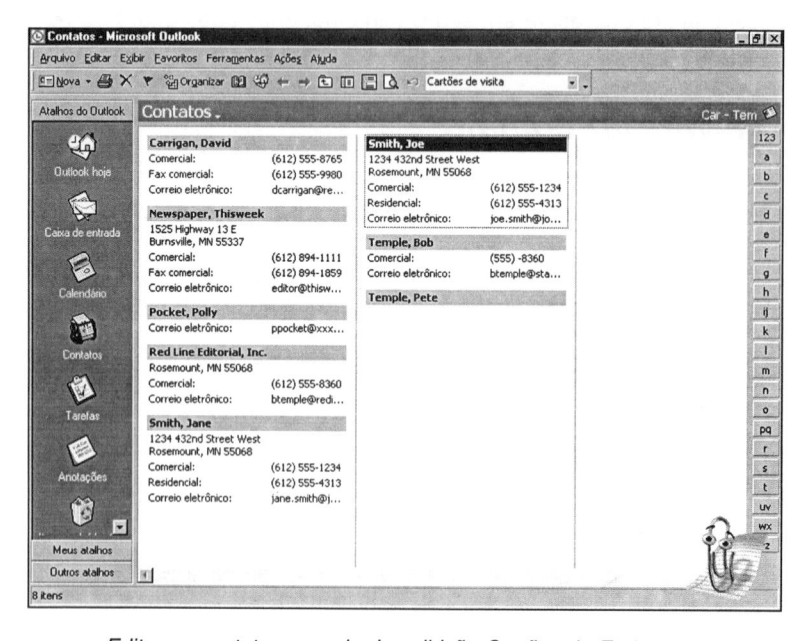

Edite um contato no modo de exibição Cartões de Endereços.

Capítulo 14 ➤ Como manter contato   **163**

A edição de um contato no modo de exibição Cartões de Endereços é limitada, porém, nela é possível mudar apenas os campos visualizados. Por exemplo, se quiser adicionar outro número de telefone para um contato, terá que abrir a janela Contatos.

Como retirar o contato

Caso não se comunique mais com um contato, apague-o de sua lista para que não ocupe espaço.

Existem várias maneiras de apagar um contato, mas, a mais fácil, é simplesmente selecioná-lo na janela Exibir e depois clicar no botão Delete na barra de ferramentas (que se parece com um "X"). É possível também clicar com o botão direito do mouse sobre o contato e selecionar Delete no menu que aparecer.

Como visualizar seus contatos

Como em todas as pastas do Outlook, há várias formas de mostrar o seu conteúdo. Você pode mudar sua visualização utilizando a lista suspensa a partir da barra de ferramentas Avançada.

Vamos dar uma olhada nas várias maneiras de visualizar a sua lista de contatos.

- ➤ **Cartões de endereço** — Este é o modo padrão para os contatos. Mostra o nome e o endereço, todos os telefones da guia Geral e o endereço de correio eletrônico. É a maneira mais utilizada para visualizar seus contatos.

- ➤ **Cartões de Endereços Detalhados)** — Mostra os cartões exatamente da maneira em que aparecem no modo Cartões de Endereços, porém é possível visualizar mais informações: o cargo do contato e a sua empresa, endereço na Web e as categorias marcadas para o contato.

- ➤ **Lista de Telefones** — Apresenta os contatos em forma de tabela e mostra primeiro o nome completo, nome e telefone da empresa. Você pode classificar a lista rapidamente a partir de qualquer campo ,clicando em seu cabeçalho. A figura a seguir mostra uma lista de contatos neste modo.

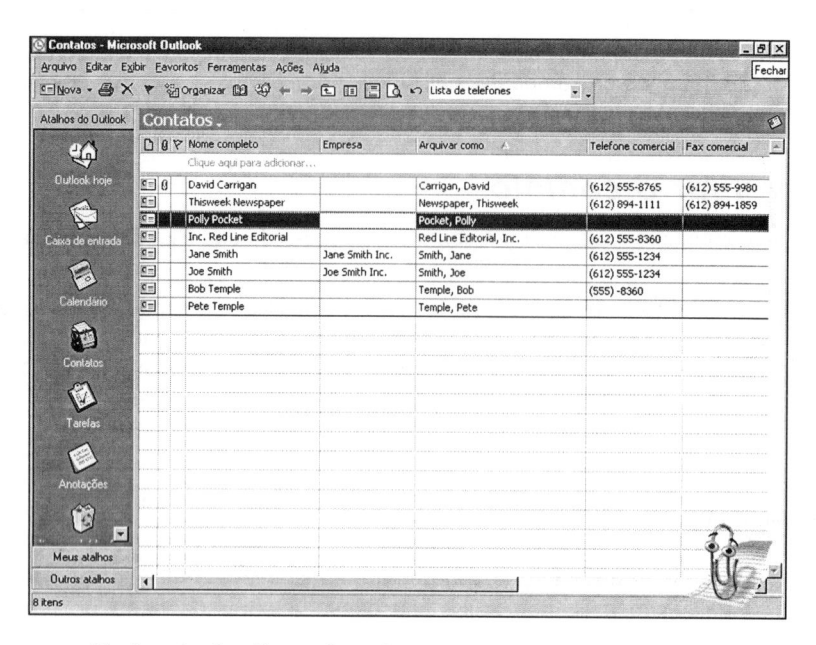

Você pode classificar a lista clicando com o mouse no cabeçalho do modo de visualização Lista de Telefones.

- ➤ **Por Categoria** — Ao selecionar qualquer categoria para um contato específico, eles são agrupados conforme estas categorias.
- ➤ **Por Empresa** — Organiza a lista de acordo com o nome da empresa.
- ➤ **Por Local** — Ao digitar o nome de um país ou o nome de uma região para os seus contatos, este modo de visualização organiza a lista de acordo com estes registros.
- ➤ **Por Sinalizador de Acompanhamento** — Se você definiu sinalizadores nas mensagens de correio eletrônico, eles são classificados neste modo de visualização.

Com registrar um contato

Voltando à seção de correio eletrônico, você aprendeu como utilizar o campo Para: a fim de selecionar as informações a partir de sua lista de contatos, facilitando o envio de mensagens de forma rápida.

Agora, vamos analisar isto por outro ponto de vista. Na pasta Contatos, é possível enviar uma mensagem, escrever uma carta e muito mais. Mas, antes de poder fazer isto, você precisa ter digitado a informação correta para este contato. Por exemplo, o Outlook não pode lhe ajudar a enviar uma carta para um contato se você não tiver registrado um endereço para o mesmo.

Capítulo 14 ➤ Como manter contato

Como enviar mensagens de correio eletrônico

É simples enviar mensagens para seus contatos. Selecione um deles na janela Exibir, abra o menu Ações e selecione Nova Mensagem para Contato. Você também pode arrastar um contato até o ícone Caixa de Entrada. Das duas formas, a janela de mensagem de correio eletrônico será aberta e o nome do contato (ou endereço de correio eletrônico) aparecerão no campo Para:. Tudo pronto para prosseguir!

Outras opções

Alguns dos outros itens no menu Ações, tais como o Novo Pedido de Encontro para o Contato e Nova Tarefa para o Contato, são um pouco mais complexos e serão abordados mais tarde.

Mensagem na garrafa

É possível enviar uma carta para um contato através do Assistente de Carta do Microsoft Word, que trabalha de forma intuitiva com o Outlook.

A partir do menu Ações, selecione Nova Carta para o Contato. Próximo a esta opção há um ícone do Microsoft Word. Ao selecioná-lo, o Word é aberto e o Assistente de Cartas é iniciado.

Tudo o que você precisa saber é seguir as instruções que aparecem na tela. O propósito de criar uma carta deste modo é porque o endereço do destinatário é adicionado automaticamente no local apropriado no início da carta, não havendo necessidade de redigitação.

O mínimo que você precisa saber

➤ Listas de contatos são úteis para manter todas as informações sobre os mesmos tanto da vida pessoal quanto da profissional em um único lugar. Você também pode classificar e agrupar seus contatos caso precise.

➤ Digitar um contato pode ser simples ou complexo, dependendo de quanta informação você queira registrar.

➤ Um contato pode ser editado a partir da janela Exibir ou abrindo o contato e fazendo as mudanças. Nesta janela, você pode apenas mudar os campos visualizados.

➤ Existem várias maneiras diferentes de visualizar seus contatos. O modo mais comum para tal é no Cartão de Endereços, pois eles aparecem como se fossem parte de um fichário.

Capítulo 15

Como trabalhar com os contatos

O MEU PESSOAL VAI ENTRAR EM CONTATO COM VOCÊS

Neste capítulo

- ➤ Como criar uma nova lista de contatos
- ➤ Como adicionar contatos de novas maneiras
- ➤ Como adicionar novas categorias aos contatos
- ➤ Como utilizar categorias personalizadas
- ➤ Como organizar e manipular contatos
- ➤ Como encontrar um contato
- ➤ Como classificar os contatos
- ➤ Como filtrar os contatos

Você tem vários nomes, endereços, telefones, endereços de correio eletrônico, endereços da Web e outros itens em sua pasta Contatos. O quanto isto é bom para você?

Bem, se você a estiver usando para localizar o endereço de alguém só para enviar uma carta ou telefonar não é muito diferente do catálogo de endereços que vem utilizando há anos.

Para que a sua lista de contatos seja verdadeiramente útil, você precisa aprender a trabalhar com ela de forma mais complexa. É uma pequeno paradoxo antigo, mas é verdade: Aprendendo recursos mais avançados do Contatos, pode-se lidar de uma maneira mais fácil com sua lista.

Mas, antes de começar a se preocupar, relaxe. Os recursos abordados neste capítulo não são tão complexos — apenas um pouco mais avançados do que os vistos nos capítulos anteriores.

Aqui você aprenderá a lidar com sua pasta Contatos de várias formas. Aprenderá como fazer uma nova lista de contatos e alguns modos diferentes de registrá-los. Veremos como classificá-los e filtrá-los e alguns de tipos de informações mais avançados que podem ser adicionados em sua pasta de Contatos. Aprofundaremos nosso conhecimento nas categorias e em outras maneiras de organizá-los. A partir do momento em que finalizarmos esta fase, estaremos prontos para irmos na direção de itens verdadeiramente mais avançados!

Uma nova pasta só para você

No capítulo anterior, você registrou alguns contatos na pasta de mesmo nome. Agora é hora de aprender como criar uma nova pasta Contatos.

Por que você quer fazer isto? Bem, existem muitas razões para se ter pasta dessas separada. A mais comum é provavelmente manter contatos profissionais e pessoais separados.

Mas ,também existem outras razões. Talvez você queira ter pastas separadas para seus clientes ,ou talvez você queira separar os seus contatos por região ou país.

Como foi mencionado no capítulo anterior, estas são funções que podem ser utilizadas usando-se apenas uma única pasta. Mais adiante neste capítulo, discutiremos alguns modos de classificar e filtrar sua(s) pasta(s). Mas há vezes em que é bem melhor trabalhar com as mesmas completamente separadas. Confie em mim.

Criar uma nova pasta Contatos é fácil. De fato, você não precisa estar trabalhando com eles para fazer isto.

A partir do menu Arquivo, escolha Novo e depois selecione Pasta. Uma janela Criar Nova pasta se abre, como mostrado na figura a seguir.

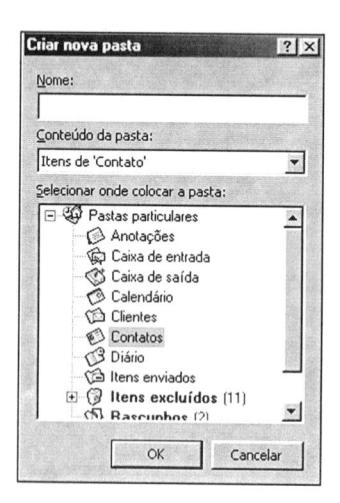

Criar uma nova pasta Contatos é tão simples quanto criar uma outra qualquer.

Capítulo 15 ➤ Como trabalhar com os contatos   **169**

No campo Nome, digite um para a sua nova pasta. Caso esta seja para contatos pessoais, por exemplo, chame-a de Pessoal. Se for para um grupo específico de pessoas com que você trabalha, nomeie-a da maneira que achar mais conveniente.

Estou configurando esta como uma pasta apenas para os meus clientes, então vou chamá-la Clientes. Interessante, não acha? Certifique-se de que a pasta contenha uma janela que mostre o Item de Contato e que a Pasta esteja configurada para o local onde será arquivada. Depois clique o botão OK.

Qual pasta devo utilizar agora?
Se você quiser utilizar esta nova pasta para os outros recursos deste capítulo, você deve digitar vários contatos nela agora. Se quiser apenas prosseguir, retorne à sua pasta regular Contatos para o resto deste capítulo.

Quando você for perguntado se deseja criar um atalho na Barra de Atalhos do Outlook, responda Sim.

Para visualizar o conteúdo desta pasta, clique em Meus Atalhos na barra do Outlook. Pelo fato de você ter criado um atalho, você deverá ver a sua nova pasta listada lá com um ícone semelhante a um fichário. Clique neste ícone para abrir a pasta. É claro que ela estará vazia, mas este é o ponto de onde você precisa começar.

Agora você está pronto para registrar alguns contatos em sua nova pasta. Gaste alguns minutos para digitar alguns. Lembre-se, você começa a digitar um novo contato clicando o botão Novo no canto superior esquerdo da pasta com o mesmo nome.

Como acelerar o processo

Se você já tiver criado uma pasta Clientes ou já tiver registrado muitos contatos profissionais em suas pastas Contatos, provavelmente achará isto um pouco monótono. Você provavelmente tem diversos conhecidos que trabalham na mesma empresa. Não seria ótimo se você pudesse evitar a redigitação de todos estes mesmos contatos novamente?

Bem, você pode. Para fazer isto, abra um onde tenha incluído a informação da empresa através de um duplo clique em qualquer que seja a pasta Contatos. A partir do menu Ações de contato, selecione Novo Contato da Mesma Empresa. Uma nova janela se abrirá, mas ela não estará totalmente vazia como você pode ver na figura a seguir.

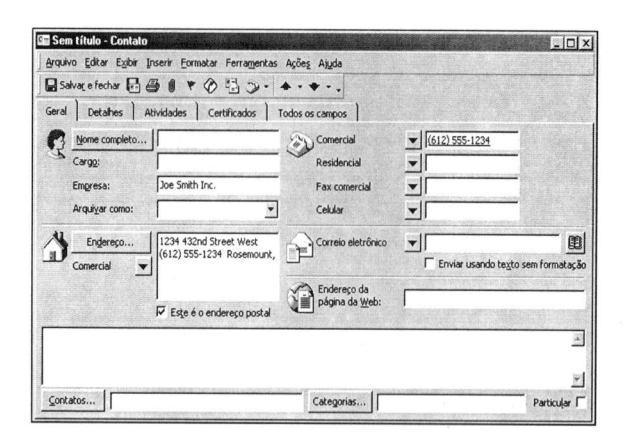

Alguns campos já estarão preenchidos quando você adicionar um contato da mesma empresa.

Como você pode ver, o nome da empresa, endereço e telefone já estão registrados. Se você já tiver registrado um endereço da Web desta empresa, este campo também aparecerá preenchido.

Os campos nome e cargo estão vazios, bem como qualquer outro campo pessoal, como o número de telefone da residência. Você salvou o necessário para redigitar todas as informações sobre a empresa.

No entanto, os telefones do trabalho permanecem, então você deverá mudar esta informação se o novo contato tiver um telefone diferente (ou uma extensão). De fato, esta função não economiza muito o seu tempo, se o novo contato trabalhar para a mesma empresa mas com um endereço diferente.

Telefones rápidos

Eis aqui um atalho que irá economizar tempo ao registrar contatos. Ao digitar um número de telefone, não é necessário utilizar os parênteses antes do código de área ou hífen entre os três primeiros dígitos e os últimos quatro. Apenas digite os números de uma só vez, por exemplo 0219876543 e o Outlook reformatará automaticamente para (021) 987-6543.

Capítulo 15 ➤ Como trabalhar com os contatos

Como categorizar

No capítulo anterior, discutimos rapidamente como adicionar categorias aos contatos. Vamos gastar uns minutos para entender a importância de se adicionar categorias.

Ao ir se habituando ao Outlook, você desejará classificar e agrupar seus contatos para projetos específicos. Por exemplo, digamos que você seja o responsável por um clube de futebol. Você pode querer uma categoria configurada para estes contatos. Ou outra apenas para os clientes que compraram algum produto de sua empresa.

A questão é que existem várias razões para configurar categorias para seus contatos. As categorias parecem ser itens de pouca importância. Porém, ao utilizar o Outlook por um bom tempo, você aprenderá que elas são um dos recursos que o tornam uma ferramenta poderosa e de grande utilidade.

O Outlook possui uma lista completa de categorias que podem ser escolhidas, mas você pode criar as suas próprias, permitindo a personalização da lista. Qualquer categoria criada poderá ser adicionada aos seus contatos.

Você pode marcar mais de uma categoria para um de seus contatos. Por exemplo, digamos que um deles faça parte de um comitê em sua igreja e também seja um de seus clientes; você poderá marcar as duas categorias para este seu contato na sua pasta. Desta maneira, ao classificar a sua lista nestas categorias, o nome deste aparecerá.

Como adicionar categorias

A melhor forma de utilizar as categorias é através da janela principal Contatos. Você pode marcar categorias para os mesmos ao registrá-los, ou poderá voltar a qualquer contato já registrado e adicionar ou remover suas categorias.

Para marcar uma ou duas categorias para um contato, abra a janela dele e clique o botão Categorias na parte inferior. A janela se abre, como pode-se ver na figura abaixo.

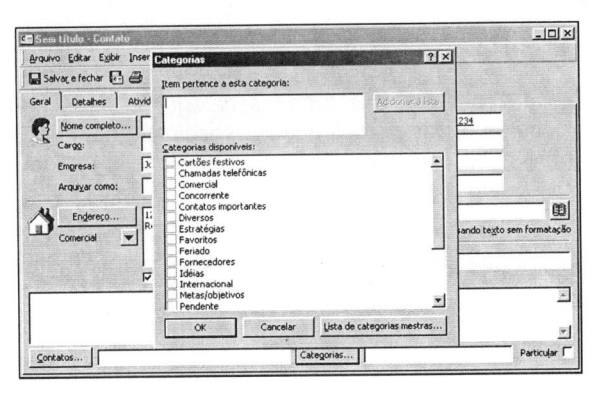

Adicione categorias aos seus contatos a partir desta janela.

Como pode ser visto na figura, você pode digitar as categorias no campo exibido ou clicar o nome dela na caixa Categorias Disponíveis. É melhor utilizar a lista fornecida ,pois caso você escreva uma categoria de forma errada no campo, ela será gravada desta maneira (com o erro de digitação). Por exemplo, se você digitar "Profisional" em vez de "Profissional", o Outlook adicionará esta categoria em um campo separado chamado "Profisional".

Marque quantas categorias quiser para cada contato.

Quer aprender um truque interessante?

"Espere um instante," você pode estar dizendo. "Você está me dizendo para adicionar categorias agora, depois de ter registrado diversos contatos?" Bem, sim, mas pode-se voltar e adicioná-las rapidamente através deste simples truque.

Por exemplo, digamos que você tenha 25 contatos já registrados e 15 deles podem ser classificados como clientes-chave. No modo de visualização Cartões de Endereço, clique em um destes 15 contatos. Depois, mantenha pressionado o botão Ctrl e clique sobre todos os demais. Depois que os 15 estiverem selecionados, abra o menu Editar e escolha Categorias. A que for marcada aqui será aplicada para cada contato selecionado. Se quiser marcar a mesma categoria para todos os contatos, clique o primeiro da lista, depois mantenha pressionada a tecla Shift e clique o último da lista. Todos os contatos da lista serão selecionados e você pode criar categorias para todos eles.

Você não acredita em mim? Experimente.

Como criar as suas próprias categorias

Você também pode até criar as suas próprias categorias, uma prática de fato muito recomendada. Deste modo, criam-se categorias específicas para vários aspectos de sua vida profissional ou pessoal. Marcar a categoria Profissional para todos os seus contatos profissionais é muito abrangente.

A partir da janela Categoria, clique o botão Lista de Categorias Principais. Sem muita surpresa, a janela com este mesmo nome se abre. Ela se parece com a da figura a seguir.

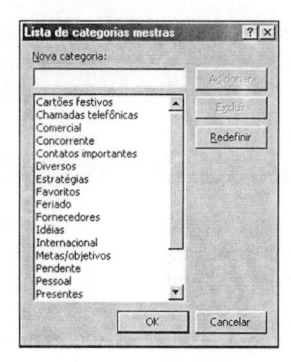

Crie suas próprias categorias nesta janela.

A janela principal mostra todas as categorias existentes atualmente. Digite a sua na janela Nova Categoria. Perceba que na figura o botão Adicionar à Lista está desabilitado. Ao começar a digitar um nome de uma categoria, o botão é ativado.

Faça com que a categoria a ser adicionada seja descritiva mas sem ser longa demais. Deve ser específica o suficiente para fazer você se lembrar de usá-la toda vez que precisar.

E se a categoria já estiver marcada?

Se uma categoria estiver marcada para um ou mais contatos, ela não será apagada em definitivo da Lista de Categorias Principais até que você apague a mesma em cada contato que a estiver usando. Até que esteja feito, o nome da categoria aparece na lista Categorias junto com uma observação de que ela "Não está na Lista de Categorias Principais."

Como apagar categorias

Como de costume em um programa da Microsoft, se você pode adicionar algo à alguma coisa, também pode apagá-la. O mesmo aplica-se às categorias no Outlook. Você não só pode apagar as categorias que criar como também as categorias presentes instaladas como parte do programa.

Para tal, abra a janela Categorias e clique a Lista de Categorias Principais, como você fez quando criou algumas. Selecione qualquer uma que queira apagar e depois clique no botão Delete.

Nenhum aviso de que a categoria será apagada aparecerá - ela simplesmente sumirá tão rapidamente quanto um soluço. Se você apagar acidentalmente, poderá rapidamente colocá-la de volta (como aprendeu na seção anterior).

Como organizar os contatos

Neste momento, sua pasta possui não mais do que uma ou duas telas no modo de visualização Cartões de Endereço (a não ser que tenha importado uma pasta de contatos de uma versão anterior do Outlook). Sendo assim, você poderá encontrar facilmente a informação desejada abrindo a pasta Contatos. Mas, assim que a lista se abrir, isto ficará mais difícil. É difícil acreditar nisto agora, mas um dia a sua pasta Contatos terá centenas de registros.

Este é o propósito das categorias - elas ajudam a estreitar a sua lista para que você possa encontrar o que procura com mais rapidez sem ter de ir de A a Z. Sem se importurar, ao procurar por um telefone de uma certa pessoa., clique na primeira letra de seu sobrenome a partir da lista à direita da tela de Contatos. Você chegou lá.

Não será sempre tão fácil assim e quanto mais contatos você tiver em sua pasta, mais difícil ficará. É aí que o comando Pesquisar entra em cena.

Procure e encontrará

Se você vem prestando atenção nas imagens da Parte 3 deste livro, já percebeu que a lista de contatos é formada por mais ou menos dez nomes. Isto porque ela não é real e não tive tempo de colocar mil nomes. (Afinal de contas estou tentando escrever um livro.) Pode parecer bobagem utilizar o comando Pesquisar em uma lista tão pequena, mas ele funciona independentemente do tamanho da lista.

O comando Pesquisar está disponível apenas no modo Cartões de Endereço, então você deve iniciar certificando-se de que seus contatos estão sendo mostrados neste modo.

A partir do menu Ferramentas, selecione Pesquisar. Esta janela se abre sobre a sua lista de contatos, como mostrado na figura a seguir.

No lado esquerdo da janela, o Outlook procura pelos campos Nome, Empresa, Endereço e Categoria neste tipo de pesquisa.

Se você quiser tentar fazer uma busca neste momento, digite o nome de uma cidade que apareça mais de uma vez em sua lista. Ao clicar o botão Pesquisar Agora, o Outlook mostra todos os contatos que coincidem com o seu critério de busca.

É claro que você pode procurar não só pela cidade. Pode-se procurar pelo nome, sobrenome, qualquer parte de um endereço, qualquer parte de um nome de empresa e qualquer categoria. Até mesmo partes de palavras são aceitas. Por exemplo, ao procurar por "ed", o resultado mostra quatro contatos. Nenhum deles mostra o nome "Ed", mas mostra as palavras "edifício" e "editorial".

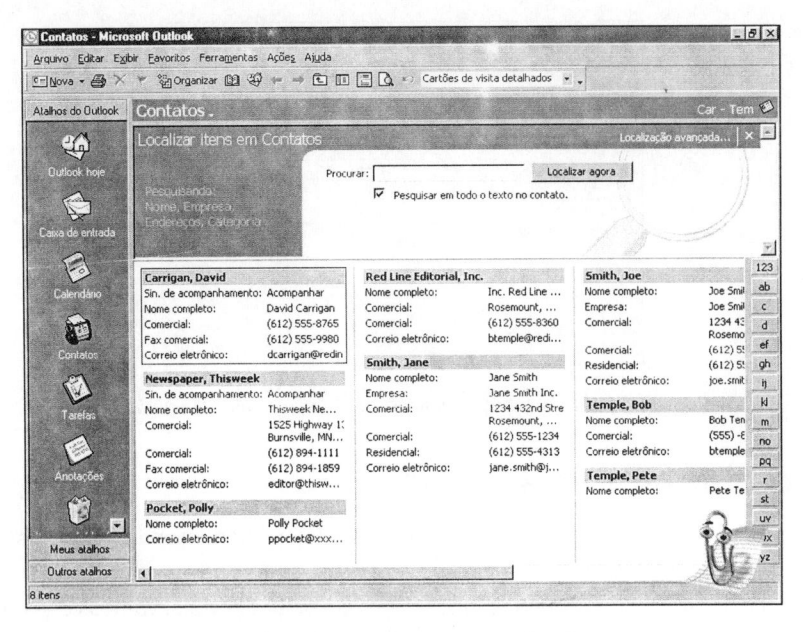

Você pode fazer buscas nesta janela.

Como cancelar uma busca

Independente do tipo de busca que você faça, cancelá-la é fácil. Clique no pequeno "X" no canto superior direito da janela Pesquisar e a pasta Contatos aparece novamente na janela. Cuidado para não clicar no "X" que apaga os contatos de sua pasta!

Fazendo pesquisas avançadas

Caso queira realizar uma busca mais avançada, use o recurso Pesquisa Avançada.

Freqüentemente este tipo de busca é utilizado quando a função Pesquisar apresentar, por exemplo, um resultado com muitos contatos. Ao fazer a busca e quando o Outlook mostrar o resultado, clique Ir para Pesquisa Avançada a partir da janela Pesquisar. (Se você quiser começar pela Pesquisa Avançada, selecione a opção no menu Ferramentas em qualquer tela do Outlook).

Na janela Pesquisa Avançada mostrada na figura a seguir, selecione quais os campos que o Outlook deve procurar, qual o tipo de item está procurando e mais.

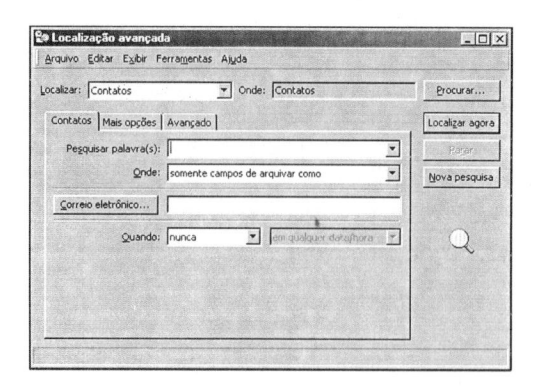

A Pesquisa Avançada realiza uma busca mais detalhada.

Como classificar e filtrar

Também pode-se classificar e filtrar a sua pasta Contatos, identificando alguns específicos ou um grupos deles.

Para melhor compreender o que estas funções podem fazer por você, vamos ver exatamente como elas trabalham.

Classificações

Provavelmente, você já percebeu que a sua pasta Contatos é classificada em ordem alfabética pelo campo Arquivo As. Mas se quiser, pode-se organizar os contatos por outros campos. Pode-se também classificá-los por quaisquer coisas ,desde o nome da empresa, endereço na Web ou até o número do pager.

Para aplicar uma classificação, abra o menu Exibir enquanto você estiver no modo Cartões de Endereço e clique em Exibição Atual. Depois selecione o modo Personalizar Exibição Atual para abrir a caixa de diálogo Resumo de Exibição. Clique no botão Classificar e a janela com o mesmo nome se abre. Ela se parecerá com a figura a seguir.

Capítulo 15 ➤ Como trabalhar com os contatos   **177**

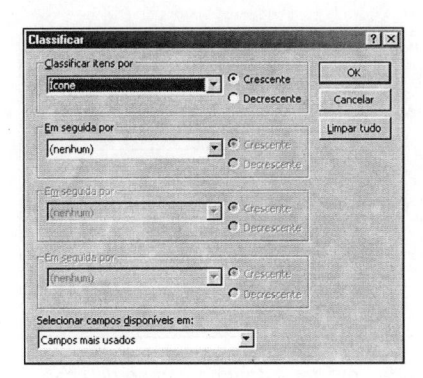

Você pode classificar itens em até quatro campos diferentes.

Como você pode ver, os contatos podem ser classificados em até quatro campos. Na primeira lista suspensa escolha um para classificar a sua pasta e o modo de visualização da lista, que pode ser ascendente ou descendente. Talvez você queira escolher campos secundários e, neste caso, existem muitos iguais ao primeiro que foi escolhido. Por exemplo, se você classificou a pasta pela empresa e a mesma tem muitos contatos, você poderá querer classificar por um segundo campo como o Arquivo As.

Ao terminar, clique no botão Ok e a pasta será classificada. Para desfazer a ação, volte à janela Classificar e clique no botão Apagar Tudo.

Um filtro sem café

Pode-se filtrar contatos no Outlook. Enquanto a classificação simplesmente reorganiza os contatos baseados nos campos escolhidos, um filtro mostra apenas os contatos coincidentes com o seu critério, consequentemente restringindo sua lista.

A filtragem é feita na janela Resumo de Exibição. Para voltar a ela, abra o menu Exibir, selecione Exibição Atual e depois selecione Personalizar Exibição Atual. Você verá próximo ao botão Filtro a palavra Interrompido. Isto significa que no momento você não está aplicando um filtro.

Clique o botão Filtro e você verá uma janela parecida com a figura a seguir.

A janela Filtro se parece com a janela Pesquisa Avançada. Novamente, pode-se procurar por palavras e informar ao Outlook quais campos deve procurar. O resultado será apenas uma lista de contatos que se aplicam ao critério escolhido.

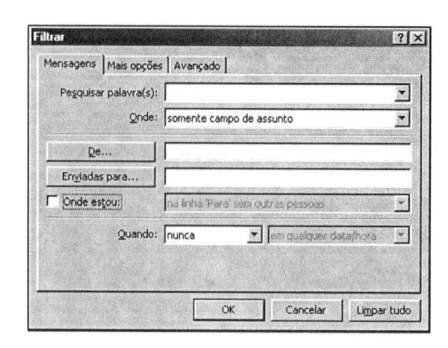

A aplicação de um filtro estreita o campo de ação de sua lista.

Uma coisa muito importante para se observar - os contatos devem coincidir exatamente com as palavras digitadas no campo de busca e deve-se digitar palavras completas. Por exemplo, quando você fez uma busca procurando por "ed", teve como resultado diversos contatos que tinham "ed" como parte de uma palavra. Se você filtrar usando o mesmo critério, o resultado não mostrará nenhum contato de fato ,pois nenhum deles em minha pasta contém toda a palavra "Ed".

Uma vez aplicado o filtro, você verá "Filtro Aplicado" no canto inferior esquerdo de sua tela.

Pode-se retirá-lo voltando à janela Filtro, clicando no botão Apagar Tudo e depois clicando o botão OK duas vezes.

O mínimo que você precisa saber

➤ Você não precisa apenas trabalhar com a sua pasta Contatos. Se quiser, crie novas pastas deste tipo.

➤ Pode-se reduzir o tempo gasto no registro de contatos que trabalham em uma mesma empresa usando o comando Novo Contato da Mesma Empresa no menu Ações.

➤ As categorias estão entre as partes mais importantes da janela Contatos ,pois ajudam a classificar a sua pasta à medida que ela vai crescendo.

➤ As funções Pesquisar e Pesquisa Avançada permitem que você faça buscas rápidas em sua pasta.

➤ A classificação permite visualizar todos os seus contatos baseada na lista de campos que você especificou.

➤ O Filtro permite excluir aqueles contatos que não estão de acordo com o critério aplicado. Ele ajuda a estreitar sua pasta e a localizar apenas os contatos que deseja ver.

Capítulo 16

Como personalizar

Neste capítulo
➤ Por que você gostaria de personalizar o formulário Contatos
➤ Como personalizar um formulário
➤ Como montar um banco de dados personalizado
➤ Como usar a caixa de ferramentas de controle
➤ Como adicionar páginas ao seu formulário
➤ Como organizar o formulário pela ordenação das guias
➤ Como publicar o formulário

Nos dois últimos capítulos, aprendemos o básico - e alguns recursos avançados - da configuração dos Contatos do Outlook.

Como você viu no formulário Contatos, existem muitos campos onde pode-se digitar informações a respeito das pessoas que fazem parte de sua vida pessoal e profissional. Você pode estar surpreso com a quantidade de informações que pode gravar. Mas o que acharia se houvesse... ainda mais?

Bem, novamente os desenvolvedores da Microsoft pensaram em tudo. Em algum momento, imaginaram que a melhor forma de se fazer um programa perfeito para todos é fazer com que ele seja personalizado. Isto já foi visto em várias áreas. Recentemente, você aprendeu como pode criar suas próprias categorias para adicionar aos contatos em seu banco de dados.

Bem, podemos ir mais longe do que isso. O Outlook permite que você mesmo altere o formulário de contato. Correto, a guia Geral e todas as outras no formulário Contatos podem ser personalizados para atender às suas necessidades.

Este capítulo aborda exatamente isto. Alguns dos conceitos aqui discutidos são mais avançados do que os outros dois capítulos anteriores (Capítulo 14 e Capítulo 15), mas provavelmente você já está pronto para aprender.

Qual é o problema ?

Com todos estes campos no formulário Contatos do Outlook, por que se incomodar tentando lidar com isto? Bem, muitos campos nunca serão usados por você. Pelo menos, poderá querer apagá-los pois estarão ocupando espaço.

Por outro lado, existirão muitos outros campos que você irá querer adicionar. Talvez um certo tipo de informação venha sendo adicionado no campo Notas e você descubra que possa ser melhor criar o seu próprio campo.

Você está construindo o seu próprio banco de dados e de fato não precisa do campo Empresa? Apague-o. Gostaria de ter um campo onde poderia colocar o nome do animal de estimação de seus contatos? Crie um. Talvez você tenha um banco de dados de todos os seus clientes e gostaria de adicionar um outro campo para indicar os gastos com a sua empresa no ano passado. Qualquer que seja a razão, poder personalizar o formulário Contatos é uma ferramenta que vem a calhar.

Você pode até não querer saber como personalizar seu formulário Contatos agora, mas um dia, você voltará a ler este capítulo para aprender.

Alguns dos conceitos envolvidos na personalização deste formulário estão além da abrangência deste livro. Aqui iremos apenas conhecer as formas mais comuns de personalizá-lo.

Como reproduzir um banco de dados existente

Muitas empresas tem bancos de dados para os seus clientes. Ao personalizar o formulário de contatos no Outlook, você pode recriar um banco de dados já existente com todos estes mesmos campos.

Por exemplo, uma empresa pode registrar seus clientes em um banco de dados personalizado e definir categorias para eles. Depois, pode usar o mesmo banco para enviar uma mala-direta para todos os clientes ou apenas para aqueles que se enquadrarem em certas categorias

Algumas pequenas empresas também usam o recurso Contatos do Outlook para manter o banco de dados de seus empregados.

Como configurar

É hora de sabermos como configurar nosso próprio formulário Contatos. Antes disto, você pode querer considerar a configuração de um novo banco de dados apenas para este formulário.

No capítulo anterior, aprendemos como criar um novo banco de dados para os contatos. Se você for personalizar este formulário para um grupo de contatos em particular, poderá querer agrupá-los em seu próprio banco de dados. Então, comece criando um novo bando para os registros que serão realizados usando seu formulário personalizado. Para isto, abra o menu Arquivo, escolha Pasta e depois Nova Pasta. Certifique-se de que você já informou ao Outlook que a pasta terá contatos.

Uma vez criada a pasta, será necessário abrir um formulário Contatos em branco clicando o botão Novo enquanto você estiver em seu recém-criado banco de dados de contatos. Neste formulário, abra o menu Ferramentas, selecione Formulários e selecione Defina este Formulário. Um formulário Design é aberto, igual ao da figura a seguir.

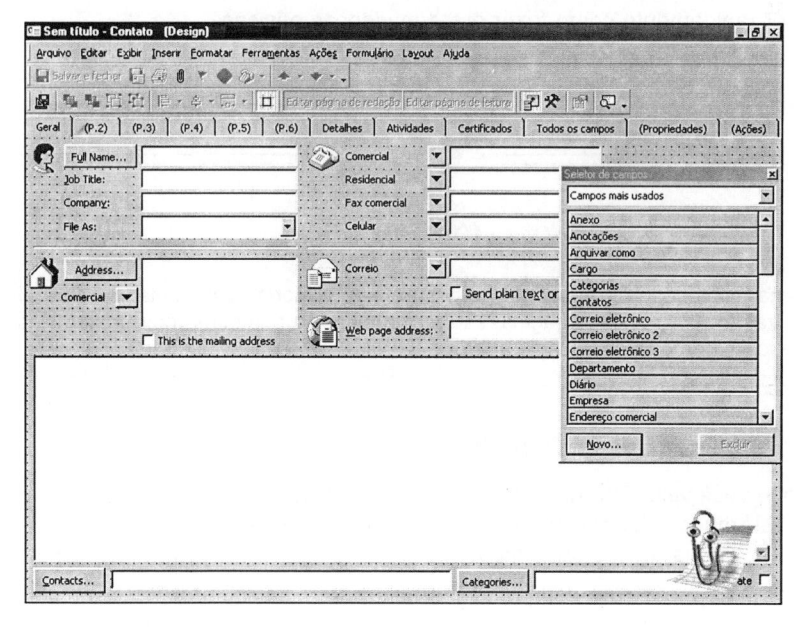

Use esta janela para redefinir seu formulário Contatos.

À primeira vista, ele se parece com o seu formulário Contatos existente. Há uma razão para isto — ele é o próprio formulário que será redefinido. Mas, perceba algumas diferenças. Primeiro, existem pequenos pontos sobre o formulário. Estes pontos ajudam a garantir que todos os campos e caixas adicionados ao formulário ficarão devidamente alinhados. Daqui a pouco veremos como eles agem.

Você irá perceber que todas as guias originais ainda estão lá, mas a elas se juntaram sete novas guias com seus nomes entre parênteses. Estas guias são páginas adicionais, se você decidir que quer adicionar algumas.

No lado direito de sua tela, podemos ver a caixa Escolha o Campo. Ela inclui todos os campos predefinidos a escolher, já que você está construindo o seu próprio formulário Contatos. Na parte superior há uma lista suspensa que permite escolher entre os campos mais utilizados e outros inúmeros grupos de campos. Esta lista inclui uma escolha abrangente de campos chamada Todos os Contatos.

Mais adiante veremos o Escolha o Campo.

Mudanças básicas

No início deste capítulo, aprendemos como fazer mudanças básicas no formulário Contatos. O exemplo utilizado foi um banco de dados pessoal onde não havia necessidade de ter um campo Empresa, que foi substituído por um outro campo chamado Animais.

Vamos ver rapidamente como fazer estas mudanças básicas.

Guias

Uma guia recebe seu nome de uma pasta antiga. No formulário Contatos e em muitas outras áreas do Outlook, páginas são designadas para parecerem com pastas. Nestes casos, o nome de cada pasta aparece na guia, por isso são chamadas de *guias*.

Um clique aqui e outro ali

Tudo o que você visualizar no formulário Contatos existente pode ser apagado ou movido. Podemos até mudar o formato das caixas de texto. Isto também inclui os ícones que aparecem ao longo de alguns nomes de campos, como o rosto de perfil próximo ao campo Nome.

Para apagar ou mover um campo, clique nele para selecioná-lo. Por exemplo, clique na palavra Empresa na guia Geral. Como você pode ver na figura a seguir, o nome do campo fica envolvido por uma caixa cinza com pequenos quadrados em sua volta.

Capítulo 16 ➤ Como personalizar   183

Campo selecionado

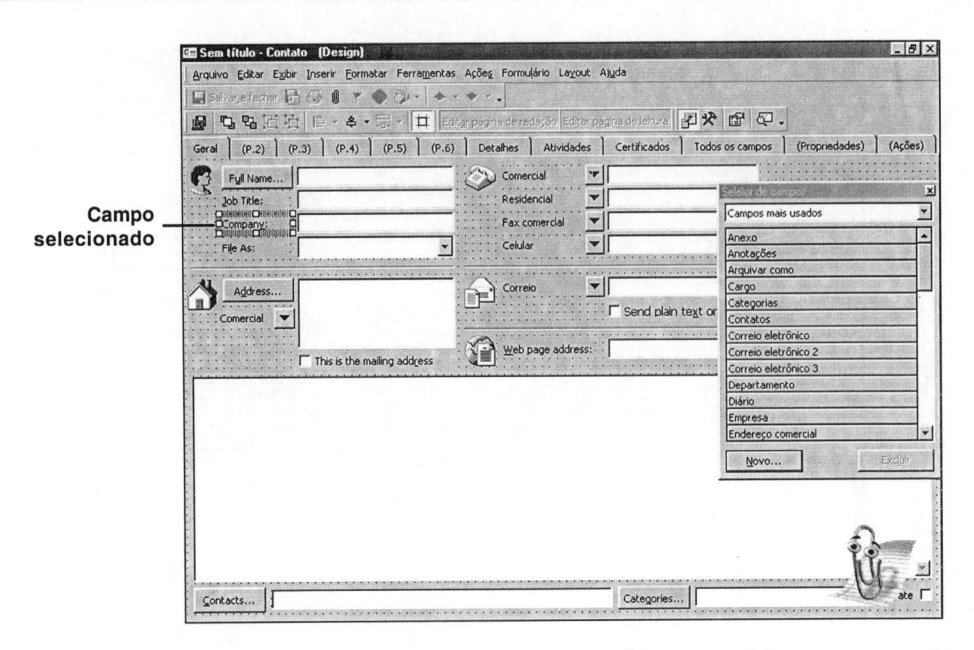

Selecione um campo desta forma para movê-lo ou apagá-lo.

Neste momento, existem diversas opções. Mas se você não fizer nada com este campo, deverá provavelmente selecionar a caixa de texto que o acompanha segurando a tecla Shift e clicando na mesma. Depois, você pode apagar o campo pressionando o botão Delete em seu computador. Se quiser movê-lo, pode clicar em ambos os campos selecionados e arrastá-los ao local desejado.

Antes de substituirmos o campo Empresa, vamos trabalhar o tamanho. Aqueles quadrados brancos nos quatro cantos do campo selecionado em cada lado da caixa podem ser usados na alteração de seu tamanho. Isto é mais usado para redefinir o tamanho da caixa de texto. Veja novamente o seu formulário Definia Contato. Aquele campo Notas na parte inferior da guia Geral é muito largo, não é? Vamos mudá-lo.

Clique em qualquer parte dentro da caixa Notas para selecioná-la., com os quadrados brancos em sua volta. Depois clique em um destes três quadrados na parte superior da área Notas e arraste esta borda superior para baixo até a metade. Depois solte. Seu formulário Contatos deve agora estar parecido com o da figura abaixo.

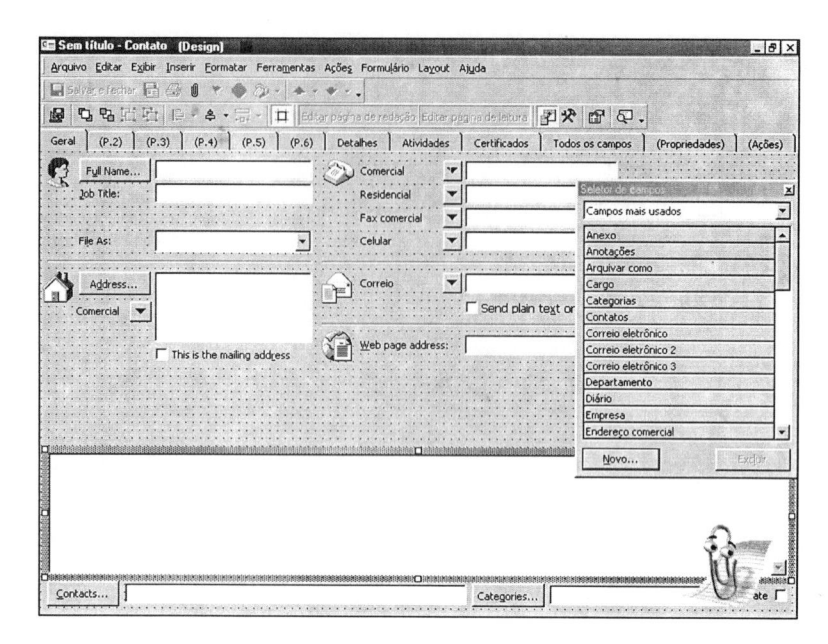

Seu formulário Contatos com o campo Empresa apagado e o campo Notas redefinido.

Agora temos espaço para adicionar alguns campos.

Como usar a Escolha de Campo

Agora é hora de adicionar alguns campos. Falamos sobre como criar um formulário personalizado, então vamos em frente com este plano. Adicionar campos é fácil quando você usa a Escolha de Campo, que ainda deve estar no lado direito de sua tela.

Vejamos primeiro os campos pessoais que o Outlook oferece. Abra o menu drop-down na caixa Selecionar Campo e escolha Campos pessoais. Surgirá uma lista de 10 campos.

Capítulo 16 ➤ Como personalizar   185

Não superestime

Isto é apenas um exemplo que estamos fazendo. Se você criou um formulário Contatos apenas para sua vida pessoal, provavelmente irá retirar outros campos (como Fax de Trabalho e Cargo de emprego). Estamos lidando com o básico aqui, então você pode manipular os mesmos da maneira que desejar. Afinal de contas, esta é a natureza de um formulário personalizado.

Para adicionar um campo a partir da Escolha de Campo, simplesmente clique no nome do campo que queira adicionar na janela com o mesmo nome e arraste até o ponto onde queira inseri-lo.

Primeiro, vamos usar o espaço criado ao redefinir o tamanho da janela Notas para adicionar alguns campos pessoais. Clique em Crianças e arraste-o para baixo do campo Endereço. Ao soltá-lo, ele se adapta aos pontos mais próximos corrigindo o formulário. Caso ele não se coloque no local correto, clique em qualquer parte da caixa selecionada com a cor cinza (o cursor de transforma em uma seta de redimensionamento) e arraste-o ao local correto.

Agora, adicione mais um campo abaixo de Crianças e mais dois abaixo de Páginas de Endereços da Web do lado direito. Seu formulário deverá se parecer com a figura abaixo.

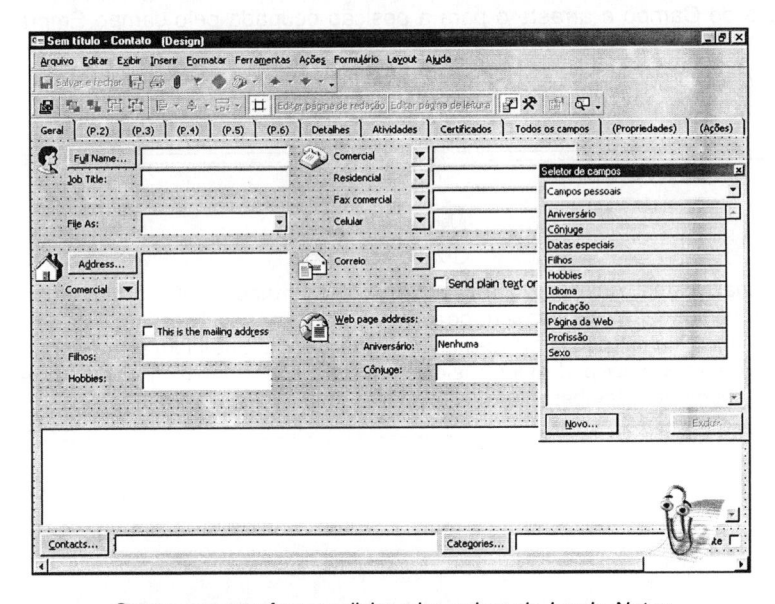

Quatro campos foram adicionados acima da janela Notas.

Talvez você queira rearrumar a ordem destes campos, pois o redimensionamento não ficou tão bom. Mas a idéia foi assimilada.

Perceba também que cada um destes campos já vem com uma caixa de texto anexada. Se você achar que qualquer uma destas janelas de texto deveria ser maior, pode aumentá-las da mesma forma que foi reduzida a janela Notas.

O seu próprio campo

Falamos em adicionar um campo Animais onde normalmente ficava o campo Empresa; provavelmente você percebeu que o Outlook não tem um campo Animais.

Na parte inferior da Escolha de Campo há um botão Novo. Clique nele para adicionar um novo campo. Uma caixa de diálogo aparecerá, onde pode-se digitar um novo nome para o campo. No nosso exemplo, deve ser "Animais", como pode ser visto na figura a seguir.

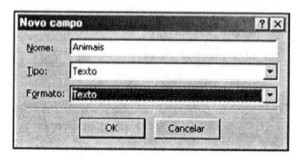

Adicione seus próprios campos nesta caixa.

Depois, escolha o tipo de informação que será escrita no campo e o formato para o mesmo. No nosso exemplo, ambos devem ser Texto. Depois clique em OK. Como pode ver, seu novo campo aparece em uma lista de campos definidos pelo usuário. Agora, clique em Animais na Escolha de Campo e arraste-o para a posição ocupada pelo campo Empresa.

Qual o seu tipo?

Ao criar o campo Animais, você teve que escolher um tipo. Ao abrir o menu suspenso Tipo, vemos que existe uma série de escolhas. Não temos aqui o espaço para ver todas elas, mas algumas podem vir a calhar. Dependendo do tipo de informação a ser incluída em um campo, você pode querer selecionar um tipo diferente a partir do menu. Se fizer isto, depois você também pode selecionar o formato para esta informação.

Como usar
a Caixa de Ferramentas de Controle

A Caixa de Ferramentas de Controle oferece uma variedade de maneiras para manipular o formulário que você está desenhando. O Controles também permite que você insira tipos especiais de objetos no formulário, como caixas de texto ou diferentes tipos de botão.

Para abri-la, clique o botão Caixa de Ferramentas de Controle na barra de ferramentas na parte superior da tela. O botão tem a forma de um martelo sobre uma chave inglesa. A caixa de ferramentas se parece com a figura a seguir.

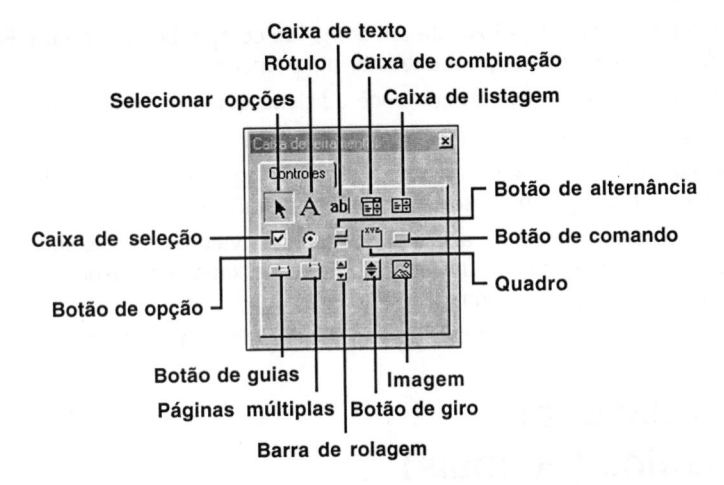

A Caixa de Ferramentas de Controle permite a manipulação do formulário que você está desenhando.

Cada um destes 15 controles executa diferentes funções. Para ver o nome do controle, aponte seu cursor no botão da Caixa de Ferramentas e deixe-o sobre ela até que o nome apareça. Eis aqui descrições rápidas destes controles:

➤ *Selecionar Opções* — Você não sabe, mas este é o controle-padrão. É aquele que permite a você selecionar os campos e caixas de texto e apagá-los ou movê-los.

➤ *Rótulo* — Cria um rótulo para uma caixa de texto, ou pode ser usada para fins informativos no formulário.

➤ *Caixa de texto* — Cria uma caixa de texto aberta que pode ser vinculada a um nome de campo ou pode ser deixada desvinculada.

➤ *Caixa de Combinação* — Cria uma caixa acompanhada de uma lista suspensa.

➤ *Caixa de Listas* — Cria uma caixa com uma lista de escolhas.

➤ *Caixa de seleção* — Cria uma caixa quadrada pequena que pode ser marcada.

➤ *Caixa de opções* — Cria um botão que ao ser agrupado com outros de seu tipo, permite que você selecione a partir de uma lista de escolhas em um formulário. Este é diferente da caixa de listas, pois todas as opções podem ser visíveis e mais de uma pode ser marcada.

➤ *Botão de alternância* — Similar à caixa de seleção, exceto que quando inativo fica elevado e quando ativo fica marcado.

➤ *Quadro* — Permite a colocação de bordas em volta dos objetos, dividindo o formulário em seções.

➤ *Botão de Comando* — Executa um comando como o botão Salvar e Fechar. Ao ser clicado, diz ao Outlook para executar uma função.

➤ *Botão de guias* — Permite que você adicione guias na página.

➤ *Páginas múltiplas* — Na essência, cria páginas dentro de uma outra.

➤ *Barra de rolagem* — Adiciona uma barra de rolagem em um lugar do formulário onde há mais informação para ser vista no momento.

➤ *Botão de giro* — Permite adicionar ou diminuir valores. Por exemplo, quando você imprime uma página, há um botão de giro próximo à área onde você escolheu o número de cópias a imprimir.

➤ *Imagem* — Cria um quadro onde você pode adicionar uma imagem ou um gráfico.

Como adicionar uma página (ou mais)

No início deste capítulo, existem sete páginas extras visíveis quando configuramos um formulário. Estes são os sete formulários onde os nomes das guias estão entre parênteses. Para criar uma nova página para um formulário, você pode fazer isto com uma destas páginas. É melhor começar com a (P.2). Estas páginas podem ser vistas, mas na verdade não são adicionadas ao seu formulário antes que você nomeie a página e diga ao Outlook para mostrá-las.

Para começar, simplesmente clique a guia da página a ser adicionada. Isto abrirá um formulário Contatos vazio, onde pode-se adicionar quaisquer campos que você queira.

Agora estamos prontos para nomear a página e dizer ao Outlook para mostrá-la. Ambas as funções são executadas a partir do menu Formulário.

Para nomear a página, selecione Renomear página. Isto abre uma pequena caixa de diálogo onde pode-se digitar o nome que você queira para a guia. Depois clique OK.

Capítulo 16 ➤ Como personalizar   189

Note que este nome ainda está entre parênteses. Isto ocorre porque você não informou ao Outlook para mostrar a página ou adicionar qualquer campo. A menos que realize uma destas duas opções, o Outlook mostrará apenas a página no modo de configuração e não quando você deseja realmente inserir uma informação do contato.

Para mostrar a página, abra o menu Formulário e selecione Visualizar esta Página. Como você pode ver na próxima figura, não existem parênteses na página Pessoal, que é o nome da que eu adicionei.

Como organizar o Ordenador de Guias

Esta seção não é sobre configurar a ordem das páginas. Cada página é aberta clicando na guia, como em uma pasta. Esta seção é sobre a sua tecla Tab.

Ao digitar qualquer informação no formulário completo, você irá querer que a navegação deste formulário seja fácil e rápida. Toda vez que digita alguma coisa em um campo, você clica a tecla tab para mover-se ao próximo campo. Se ao clicar na tecla Tab o cursor for para um ponto distante, isto só causará frustração.

Vamos voltar à guia Geral. O Outlook permite que você configure a ordem de movimentação de seu cursor pelo formulário através da tecla Tab. Para fazer isto, clique com o botão direito do mouse em qualquer intervalo vazio no formulário enquanto estiver no modo de configuração. Depois selecione Ordenação de guias para mostrar a ordem atual, como pode ser visto na figura a seguir.

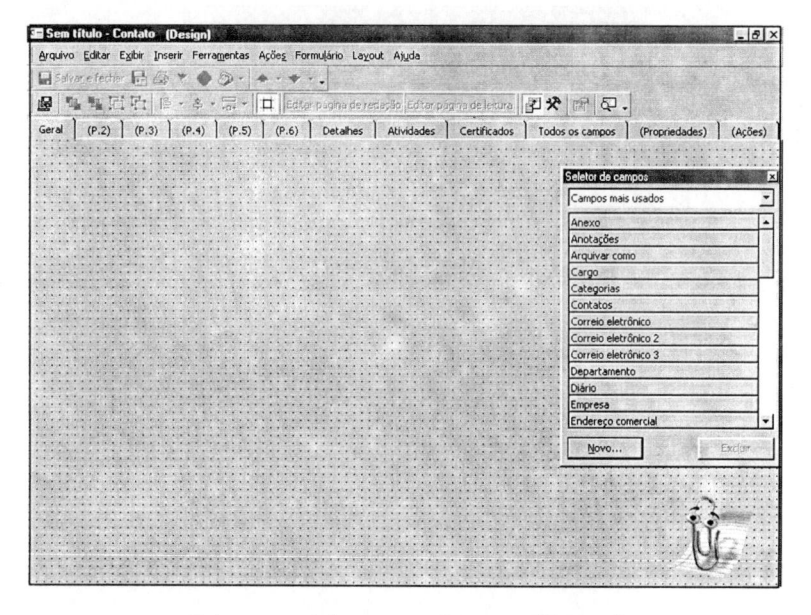

Esta nova página agora chama-se "Pessoal".

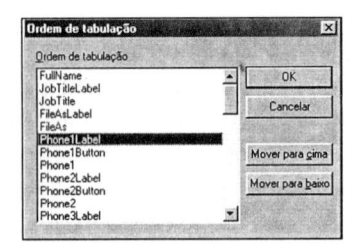

Configure a tecla Tab nesta caixa.

Selecione qualquer campo e clique Mover para Cima ou para Baixo para trocar a ordem.

Como publicar um formulário

Você não terminou de configurar o formulário antes de publicá-lo. A sua publicação permite a sua utilização como um formulário de Contato, mais tarde.

Feitas todas as alterações no formulário, você poderá publicá-lo. Para isto, clique o botão Publicar Formulário canto esquerdo da barra de ferramentas ou abra o menu Ferramentas, selecione Formulários e depois selecione Publicar Formulários As. Você verá a janela mostrada na figura a seguir.

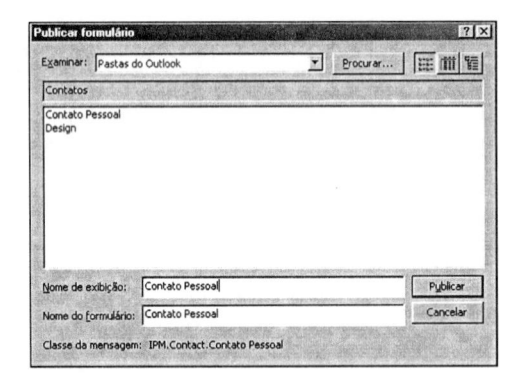

Publicar o formulário é a etapa final do processo.

Capítulo 16 ➤ Como personalizar

Certifique-se de que a janela Ver Em diga Pastas do Outlook e depois digite um nome para o formulário. (Desde que projetamos um formulário para contatos pessoais, estou chamando-o de Contato Pessoal, como pode-se ver na figura anterior.) Quando você digita o nome no campo de Visualizar nome, ele também aparece no campo nome do Formulário. Clique Publicar.

Depois de alguns instantes você retorna à tela Design que agora pode ser fechada. Se o programa perguntar se deseja salvar as mudanças feitas, clique Não pois o formulário já foi publicado.

Então, como voltamos a este formulário de novo? Simples. Apenas abra o menu Arquivo, escolha Novo e depois selecione Escolher Formulário. Coloque as Pastas do Outlook no campo Ver Em e o nome do seu formulário aparecerá. Abra-o e você estará no seu caminho.

Se você quiser tornar o seu novo formulário um padrão para um banco de dados de Contatos pessoais, você pode. Clique com o botão direito do mouse na pasta ,depois selecione Propriedades. Você verá um menu suspenso onde pode-se selecionar o formulário para usar "quando enviar para esta pasta".

O mínimo que você precisa saber

➤ Personalizar o formulário Contatos permite que você inclua todos os campos desejados e apenas os que você quiser incluir. Ele também permite que você crie um formulário para tipos especiais de contatos que você venha a ter.

➤ Configurar um formulário personalizado é muito fácil. Os tipos básicos de edição de um formulário podem ser feitos usando o arrastar e soltar.

➤ A Caixa de Ferramentas de Controle contém comandos que permitem que você manipule seu formulário e adicione ferramentas específicas, como listas suspensas, barras de rolagem e outros.

➤ Adicionar páginas ao seu formulário assegura que você possa incluir toda a informação desejada e tenha as mesmas configuradas da maneira que você quiser.

➤ Você pode organizar a ordem de navegação do cursor nos campos do formulário pela tecla Tab.

➤ Quando você terminar de projetar o seu formulário, deve publicá-lo para que possa vir a utilizá-lo mais tarde.

Parte IV

Não desperdice tempo?
Como se organizar

É hora de se organizar! O Outlook possui boas ferramentas que podem ajudar. Esta seção do livro aborda os modos de organização do Outlook 2000. Iremos começar com algumas informações de segundo plano do item Calendário do Outlook e depois começaremos a utilizá-lo. A seguir veremos como os itens Diário e Notas podem ser úteis. Por fim, organizaremos sua lista de tarefas atribuindo-lhe prioridades utilizando o Outlook.

Capítulo 17

Mais do que Caixas Numeradas em uma Página

Neste capítulo
- Por que utilizar o Calendário do Outlook?
- Usos domésticos para o Calendário.
- Usos profissionais para o Calendário.
- Primeiros passos com o Calendário
- Uma visão geral dos recursos do Calendário
- Visualizações do Calendário

No dia 12 de dezembro, um sábado, de manhã bem cedo, o telefone tocou em minha casa. Pulei da cama e fui em direção ao aparelho. A voz no outro lado perguntava se eu queria jogar golfe. Na verdade isto não é muito comum nesta época do ano, dependendo de qual parte dos Estados Unidos você vive. Eu moro nos subúrbios de Minneapolis -St Paul, assim é um pouco estranho alguém me perguntar se quero jogar golfe próximo ao inverno.

"Deve ser piada", pensei. Olhei para fora, fazia uma bela manhã ensolarada. "Que dia é hoje?", perguntei. "12 de dezembro?" Meu parceiro de jogo confirmou, menosprezando as temperaturas que fizeram nos anos 50; de fato era dia 12 de dezembro.

O clima estava me transformando em um mentiroso fora do meu calendário. Quando joguei golfe um dia depois do dia de Ação de Graças, tinha sido a primeira vez para mim em Minnesota. Então, o fato de ter ainda duas semanas para jogar golfe era inacreditável.

Não fosse pelo Calendário do Outlook, nunca teria me convencido de que já era época das compras de Natal. Além disso, por quê eu deveria realmente fazer compras de Natal ,se me sentia em plena primavera? Com o Calendário do Outlook me avisando a todo dia dos feriados, não pude evitar de manter meus olhos na estação.

(Tudo bem, não era apenas o Outlook que me mantinha alerta para as férias que estavam por vir. As três pequenas pessoas em minha casa – meus filhos - também faziam um belo trabalho.)

Para falar a verdade, o Calendário do Outlook faz muito mais do que apenas lembrar você sobre que dia é hoje. Afinal, um bom relógio de pulso também pode ajudá-lo nesta tarefa. O Outlook é uma excelente ferramenta de gerenciamento de tempo que poderá ajudar a organizar sua vida pessoal e profissional, garantindo que você não irá perder nada importante.

Neste capítulo, explicaremos principalmente os recursos básicos do Calendário do Outlook, além de formas para definição e lembretes de datas, bem como eventos e reuniões.

O próximo capítulo inclui uma explicação mais ampla destes e de outros recursos do Calendário.

Por que utilizar o Calendário do Outlook?

Por que não?

Este Calendário é uma ferramenta perfeita para organizar horários pessoais e profissionais. Você pode até criar horários diferentes em seu controle doméstico para diferentes pessoas, sem ter de aparecer tudo no mesmo local .

Em casa

Não importa como você esteja neste momento - solteiro, recém-casado sem filhos, ou casado com filhos pequenos, adolescentes, ou universitários. As pessoas tendem a pensar que nunca estiveram tão ocupados em toda sua vida (a não ser, é claro, que você tenha se aposentado recentemente).

Em média, semanalmente adicionando o seu horário de trabalho, provavelmente você tem sempre muitas coisas para se lembrar. Entre elas, as aulas de dança de sua filhinha, a reunião das escoteiras, as aulas de piano, o treino do basquete e as aulas de judô de seu filhinho. Adicione uma ou duas reuniões na igreja para você e seu cônjuge e mais uma série de coisas que você precisa se lembrar.

Caso a sua casa seja um pouco parecida com a minha, provavelmente você possui pelo menos um calendário pendurado na parede de sua cozinha. E, provavelmente, tem dezenas de compromissos ou eventos marcados nele, talvez até coloridos pelas crianças. Também com marcas de borracha ou garranchos lembrando compromissos que foram mudados ou cancelados.

Com o Outlook, é possível organizar tudo isto em um único local, que pode ser modificado sem criar uma enorme bagunça. E, se você ainda quiser colocar um calendário em casa, pode sempre imprimir uma cópia de seu Calendário do Outlook e colocá-lo na parede.

Capítulo 17 ➤ Mais do que Caixas Numeradas em uma Página **197**

No trabalho

Tendo em mente a utilização doméstica deste recurso, pode-se ter uma boa idéia de como o Calendário pode ser útil no trabalho. Porém, o que se quer dizer com "no trabalho", pode ir bem mais além do que apenas cuidar de todas as suas reuniões, eventos e outros compromissos.

Se o seu computador estiver em rede e utilizando o modo Corporativo do Outlook, é possível compartilhar o Calendário com outras pessoas. Você poderá até planejar uma reunião e aprender rapidamente a verificar se todos os participantes estão livres para aquela hora em questão. Ou ainda, pode permitir que o seu assistente tenha acesso ao Calendário para que ele saiba quando você terá tempo disponível.

No decorrer deste capítulo, e em todo o próximo, você aprenderá com detalhes sobre os recursos do Calendário do Outlook. À medida em que for se acostumando com estes recursos, terá uma idéia exata do que ele poderá fazer por você.

Como iniciar

Como em diversos recursos do Outlook (e em todos os programas da Microsoft), existem várias formas de iniciar o Calendário. Como de costume, iremos ver aqueles que são os mais comuns e de fácil utilização.

O modo mais fácil de iniciar o Calendário é indo diretamente para barra de atalhos do Outlook. Um dos atalhos existentes pertence ao programa. Clique no ícone para iniciá-lo. Você verá uma tela muito parecida com a da figura mostrada a seguir.

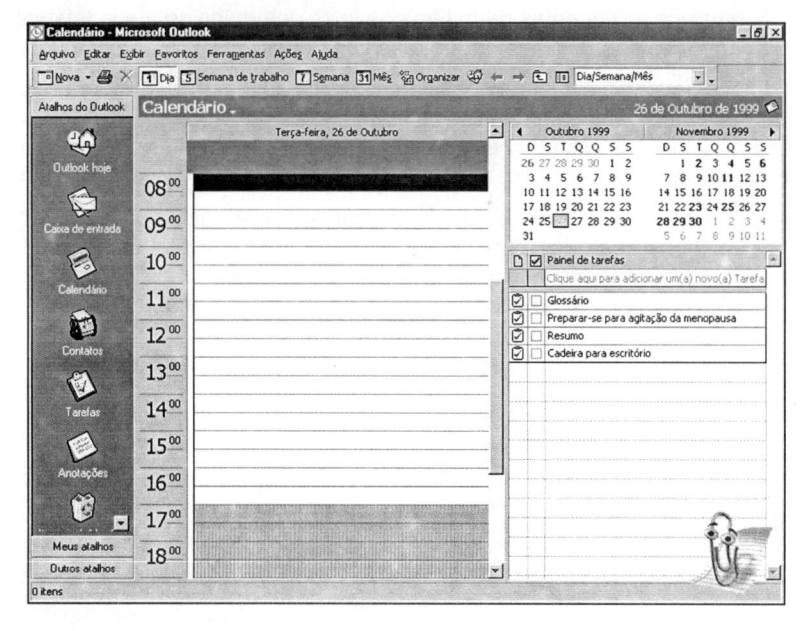

Um bom lugar para se começar é a tela padrão do Calendário.

Visualização Mensal

Se você selecionar a opção Visualização Mensal na barra de ferramentas acima do Calendário, ela vai tomar conta de toda a tela e não apenas do painel Calendário de Compromissos. Ao mostrar um mês completo, o programa torna a visualização dos dias muito pequena no caso de você ainda ter de visualizar os outros painéis.

Como trabalhar com o padrão

Como você pode ver na parte superior à direita da figura, a visualização padrão do Calendário é Dia/Semana/Mês. Mas, ao contrário dos outros módulos do Outlook, o Calendário normalmente é visualizado na parte esquerda. (Iremos falar de visualizações mais à frente.)

O modo Dia/Semana/Mês oferece visualizações dentro de uma mesma janela. Ou seja, quando se está neste modo, é possível escolher uma entre quatro formas diferentes de se visualizar o Calendário em sua tela.

Os botões da barra de ferramentas permitem que você determine se a sua tela vai mostrar um único dia, uma semana de trabalho, uma semana inteira, ou o mês completo.

Normalmente, a janela do Calendário possui três painéis. O maior, à esquerda, é destinado aos seus compromissos. Mostra qualquer número de dias que você definir. Por exemplo, a figura anterior mostra uma visualização no modo diário. É possível alterar para que sejam exibidas em cinco ou sete dias, clicando no botão apropriado na barra de ferramentas.

O painel superior à direita mostra o Navegador de Datas, que normalmente exibe o mês atual e o próximo. É possível alterá-lo utilizando as setas acima dos meses. Ele também permite mudar o que é mostrado no painel Compromissos do Calendário. Se você clicar uma data diferente neste Navegador, ele abrirá esta data(ou semana, dependendo de como você a mostrou) na área de Compromissos do Calendário.

O painel inferior à direita mostra o Bloco de Tarefas, onde pode-se digitar os itens. Tarefas e Listas de Tarefas, que serão abordados mais detalhadamente no capítulo 20, "Multitarefas utilizando as Listas."

Configuração básica

A configuração padrão do Calendário mostra as oito horas de trabalho normais de expediente (das 8h às 17h) em amarelo. As demais horas são mostradas em um amarelo mais escuro. Porém, é possível mudar estas cores, bem como o início e o fim do horário de trabalho diário.

Para isto, abra o menu Ferramentas e clique em Opções. Depois clique no botão Opções do Calendário. Será aberta uma janela parecida com a da figura seguinte.

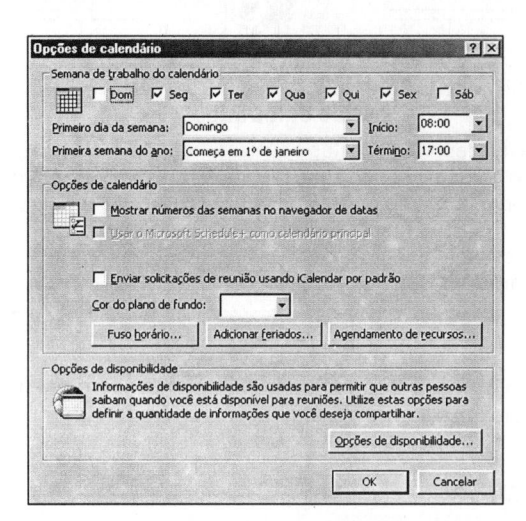

Você pode dominar configurações básicas do Calendário nesta janela

No centro da tela, escolha a cor que deseja visualizar no fundo de seu Calendário. Existem doze cores diferentes a escolher. Independente da cor escolhida, as cores externas serão mostradas em uma versão mais escura da original. O principal é que o Outlook permite que você configure as suas horas diárias de trabalho e estas serão automaticamente selecionadas em seu Calendário.

Se você trabalha à noite, por exemplo, pode modificar suas horas de início e fim de expediente. Caso seu horário seja diferente, como de domingo à quinta-feira, poderá configurar também desta forma, podendo, ainda, mudar caso sua jornada se altere.

Uma visão geral dos recursos do Calendário

Dependendo de sua definição para a palavra *recurso*, pode-se afirmar que o Calendário do Outlook possui centenas. Por exemplo, se você considera a mudança das horas de sua jornada de trabalho, explicada na seção anterior, como um recurso, existem muitos recursos similares no Calendário do Outlook.

Mas, na verdade, existem três recursos básicos no Calendário : os compromissos, os compromissos periódicos e eventos. Estes recursos são definidos com os tipos de informação que você pode adicionar dentro de seu Calendário.

Não enlouqueça

O que você acha das reuniões, tarefas e outras funções que podem ser realizadas no modo Calendário? Mesmo sendo seus recursos , eles são um pouco diferentes. .É possível digitar uma tarefa nele. Isto pode afetá-lo (se tiver uma data marcada, por exemplo). Uma reunião vai representar um compromisso . Antes que você possa realmente olhar estes elementos, devemos primeiro aprender o básico, como por exemplo os compromissos.

Demos uma breve olhada nos compromissos, nos periódicos e eventos. Eles serão vistos em detalhes em capítulos mais à frente deste livro, junto de outros recursos.

Compromissos.

Manter e cumprir seus compromissos é o objetivo principal de qualquer calendário, seja ele de bolso, de mesa, ou rabiscos em papéis sobre a sua mesa.

O Outlook permite organizar seus compromissos, como em qualquer outro calendário. E vai muito além disto. Ele permite categorizá-los por tipo (comercial, pessoal, ou qualquer outra categoria à sua escolha). Também permite fazer anotações sobre seus compromissos., dando um detalhamento não disponível em um calendário de papel.

Para abrir a janela onde se quer registrar um novo compromisso, clique no botão Novo enquanto estiver no Calendário. Aparecerá um formulário parecido com o da figura a seguir

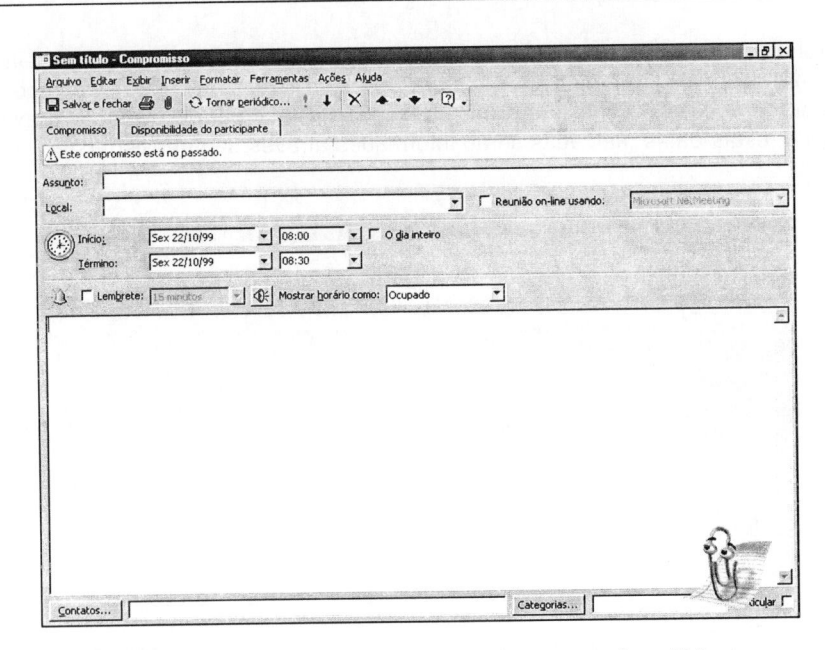

Capítulo 17 ➤ Mais do que Caixas Numeradas em uma Página

Digite as informações sobre compromissos neste formulário.

Mais detalhes sobre compromissos serão apresentados no próximo capítulo, mas vamos dar uma olhada rápida na sua tela.

É possível digitar um compromisso e a hora de início e fim do mesmo. Também pode-se usar a extensa área de anotações localizada na parte inferior de sua tela para digitar o que quiser. Por exemplo, se houver um compromisso com um cliente que ainda não foi visitado, você pode usar esta área para digitar o endereço e como chegar ao escritório dele.

O Outlook avisa com antecedência sobre um compromisso, através de um aviso sonoro ou algo parecido. O tempo de aviso pode ser também configurado.

Eventos

Qual a diferença entre um compromisso e um evento? Isto é uma questão de definição. O Outlook define a diferença desta maneira: um evento é algo que tenha 24 horas de duração, pelo menos.

Então um show dos Rolling Stones pode ser um evento para você, mas para o Outlook será um compromisso pois dura apenas algumas horas. Agora, se o show dos Stones for parte de um festival que dure o dia inteiro, você deve chamar isto de um evento. E o Outlook fará o mesmo.

É muito simples definir um evento no Outlook. Perto dos campos Início e Fim na janela Novos Compromissos, há uma caixa de seleção para Eventos Diários. Ao clicá-la, o campo Tempo desaparece e você pode configurar uma data inicial e final para o evento. Ao exibir seu Calendário, estas datas marcadas serão informadas através de um aviso, como na figura abaixo.

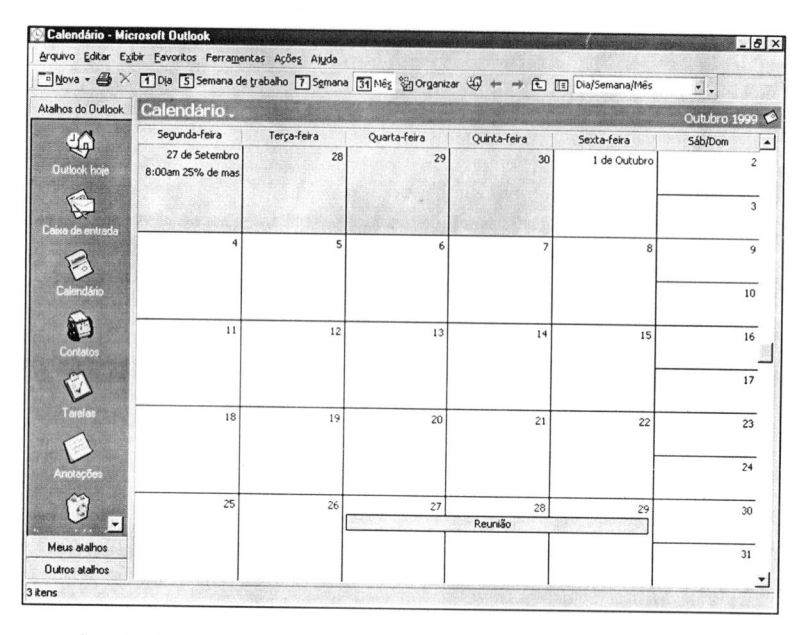

A convenção de três dias que planejei assistir foi marcada por mim.

Na última figura, registrei os três dias da convenção que eu preciso assistir no final do mês. Visualizei o Calendário no modo Mês, a fim de ver estes três dias marcados.

Compromissos periódicos

Este é um dos melhores recursos do Calendário do Outlook e um dos que menos aparecem nos calendários de compromissos de papel.

Caso utilize um calendário tradicional e tenha um compromisso semanal com o médico, uma reunião mensal ou um evento anual (como seu aniversário), é possível registrá-lo manualmente na data em que ele ocorre. Mas com o Calendário do Outlook, qualquer evento periódico pode ser configurado rapidamente. Só é necessário preencher um pequeno formulário e tudo estará configurado.

Próximo ao topo da janela Compromissos há um botão chamado Repetição. Clique nele para abrir a janela com o mesmo nome, mostrada na figura seguinte:

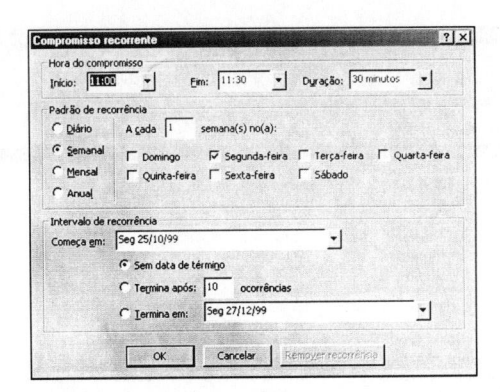

Capítulo 17 ➤ Mais do que Caixas Numeradas em uma Página   203

Configure compromissos periódicos nesta janela

Existem três configurações necessárias para um compromisso periódico:
- ➤ Horário de compromisso — Configura a hora inicial e final do compromisso periódico
- ➤ Padrão de repetição — Configura se o compromisso é diário, semanal, mensal ou anual. Dependendo da sua escolha, será possível fazer outras configurações mais adiante. Por exemplo, se você escolher uma periodicidade mensal, poderá configurar um compromisso para ocorrer no terceiro sábado de cada mês.
- ➤ Faixa de repetição — Configura uma data inicial para o compromisso e o número de vezes que ele ocorrerá. Por exemplo, se você tem consulta de fisioterapia para o cotovelo por causa dos jogos de tênis por dez semanas, configure aqui as datas de início e fim deste período de dez semanas.

Como visualizar

Como nos outros módulos do Outlook, é possível configurar a visualização do Calendário. Dentro do modo Dia/Semana/Mês, você pode mudar o número de dias que aparecerão em seu painel Calendário de Compromissos.

Mas também existem outras formas para visualizar o Calendário:
- ➤ *Dia/Semana/Mês* — Este é o modo padrão já visto por nós, sendo a maneira mais comum de visualização de seu Calendário.
- ➤ *Dia/Semana/Mês com Visualização Automática* — Este modo é similar ao anterior, exceto que são mostradas as primeiras linhas da seção Notas de seus compromissos.
- ➤ *Compromissos Ativos* — Mostra, em forma de tabela, compromissos que ainda irão ocorrer de acordo com sua periodicidade (e a repetição, se necessário), conforme apresentado na figura seguinte.

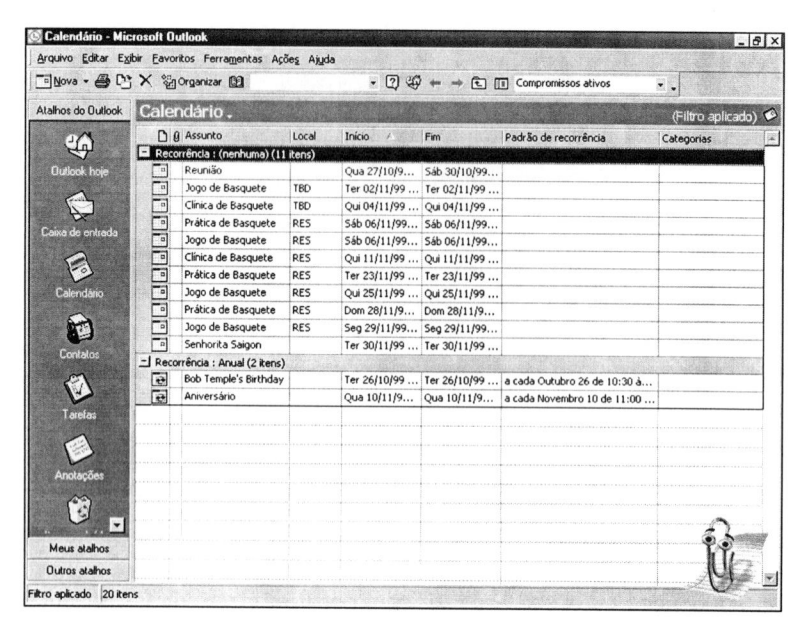

Uma lista de compromissos ativos, classificados por repetição.

- ➤ *Eventos* — Mostra os eventos que ainda estão por vir, também na forma de uma tabela. Os compromissos não são mostrados.
- ➤ *Eventos anuais* — Mostra apenas uma tela com os seus eventos anuais. Isto é muito bom para obter de forma rápida uma lista de datas de aniversário entre outros.
- ➤ *Compromissos periódicos* — Mostra uma tela com qualquer evento periódico que você tenha programado. Os eventos não são mostrados.
- ➤ *Por categoria* — Classifica seus compromissos e eventos em uma tabela, de acordo com a categoria escolhida por você, caso haja.

Capítulo 17 ➤ Mais do que Caixas Numeradas em uma Página   **205**

O mínimo que você precisa saber

- O Calendário do Outlook faz tudo que um calendário de papel comum faz e ainda mais.
- É possível utilizar o Calendário do Outlook para organizar os horários e datas de sua família ocupada, seus compromissos profissionais ou ambos.
- É possível mudar a cor de fundo do Calendário do Outlook e também informá-lo qual o horário de seu expediente.
- É possível digitar facilmente compromissos no Outlook e adicionar um detalhamento que normalmente não é possível em um calendário de papel comum.
- Com o Outlook, gravar compromissos periódicos é tão fácil como alguns cliques.
- A marcação de um dia todo ou de dias é feito através do planejamento deles como um evento no Outlook.
- Existem sete formas diferentes de visualizar o Calendário do Outlook

Capítulo 18

Como fazer o calendário trabalhar

Neste capítulo
- Como adicionar um compromisso
- Outras maneiras de registrar um compromisso
- Como mudar um compromisso - como remarcar e como cancelar
- Como apagar um compromisso
- Como planejar um evento
- Trabalho com eventos periódicos e compromissos
- Como apagar todas as ocorrências de um evento periódico
- Como agendar um reunião

No capítulo anterior, abordamos alguns dos recursos básicos do Calendário do Outlook. Você sabe como abrir o Calendário, como abrir a janela de compromissos e como mudar as configurações de cor do fundo e da jornada de trabalho. Você também sabe o básico sobre abertura de telas que irão ajudá-lo com compromissos periódicos, eventos e outros.

Em outras palavras, apenas vimos o Calendário superficialmente, mas na verdade não especificamos os detalhes práticos que o tornam uma ferramenta organizacional efetiva.

Aí está a razão para a existência deste capítulo. Iremos além do básico e mergulharemos nos mais profundos detalhes do Calendário. Veremos as maneiras de registrar os compromissos e as formas de manipulá-los assim que forem registrados. Você irá aprender como apagar um compromisso e mudar as suas datas de início/fim. Aprenderá sobre as várias opções para configurar compromissos periódicos e também sobre o planejamento de eventos. Finalmente você aprenderá como usar o Outlook para marcar uma reunião.

Adicionando um compromisso

Adicionar um compromisso no Outlook é muito fácil, mesmo se você não estiver no Calendário neste momento.

Se você estiver na janela Outlook Today, por exemplo, pode abrir o botão de menu suspenso Novo, selecionar Novo Compromisso e pronto. Ou, se você estiver no Calendário, apensa clique no botão Novo. A janela Compromissos se abrirá, parecendo-se com a figura a seguir.

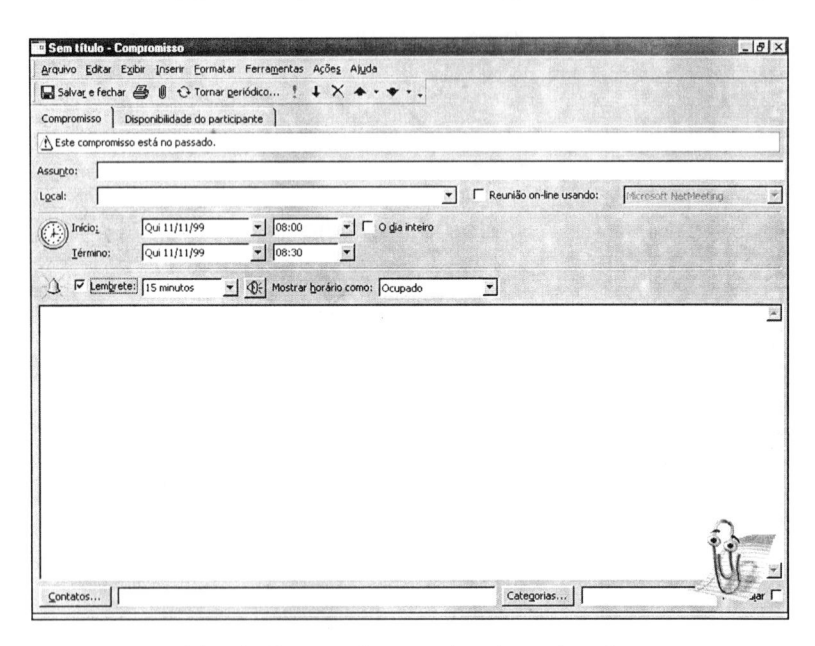

A janela Compromissos está onde você registra a informação para um novo compromisso.

Existem duas guias nesta janela – Compromisso e Disponibilidade. A última refere-se ao planejamento de reuniões usando o Outlook, que será discutido mais tarde neste capítulo. Por agora, vamos nos concentrar na guia Compromisso.

Defina o assunto

A linha de assunto é o principal da janela Compromisso. O que você digitar aqui é o que aparecerá no seu Calendário, juntamente com o horário. Ainda que haja muito espaço para você expor o assunto do compromisso, apenas algumas palavras aparecerão em seu calendário no momento em que você visualizá-lo. Porém, ao parar o cursor do mouse sobre o assunto quando visualizar o seu Calendário, todo o conteúdo irá aparecer.

Capítulo 18 ➤ Como fazer o calendário trabalhar 209

Caso você tenha um assunto do tipo "Esta é a reunião semanal com a minha equipe," o que aparecerá no Calendário mensal será "Esta é a ...". Você poderá ver até um pouco mais ou menos dependendo do número de dias que você estiver visualizando, mas, ainda assim ;é melhor ser breve na linha de assunto. Pelo menos, você irá querer se certificar de que as primeiras poucas palavras do assunto resumam o suficiente para fazer sentido quando você visualizar seu Calendário mensal ou semanal. Então o melhor assunto para uma situação como esta seria "Reunião Equipe".

Local

A próxima linha na janela Compromissos é o campo Local. Dependendo do tipo de compromisso que você estiver registrando, este campo poderá ser muito útil ou completamente desnecessário

Por exemplo, se você trabalha em um grande escritório num prédio com muita salas de conferência, ter um campo Local irá ajudar a identificar o local para uma reunião externa, pois você poderá digitar o nome do prédio e o seu endereço.

O melhor recurso deste campo é que assim que você o usa, ele se transforma em um menu suspenso que o lembra dos últimos sete endereços registrados, como você pode ver na figura a seguir.

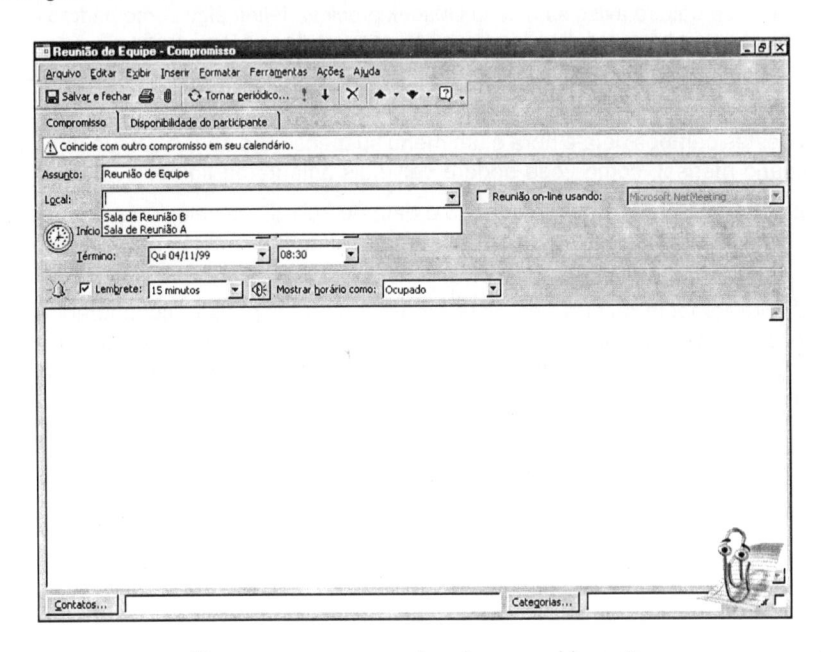

Use o menu suspenso Local para rapidamente selecionar o lugar do compromisso.

Nesta figura, o menu suspenso mostra os nomes dos últimos dois locais de reunião. Então ,ao invés de redigitar a informação sobre o local, você pode selecioná-la a partir da lista que se abrir.

Quando?

Depois, é hora de registrar a data e a hora para o compromisso. O Outlook registra automaticamente a data corrente em ambos os campos de data e listando o horário de 08:00 a 08:30 nos campos de hora.

Em Tempo

Perceba que há um aviso acima da linha Assunto na janela Compromissos. A mensagem diz que o evento que você está planejando já aconteceu. Assim que você mudar os campos de data, o aviso sumirá. O Outlook precisar definir algo como padrão nos campos data e hora, resultando em uma mensagem de erro temporária.

Cada um destes campos data e hora é um menu suspenso. Ao abrir o campo data, você tem um calendário mensal, como você poderá ver mais adiante na figura.

O calendário abre no mês atual, marcando a data de hoje. Para selecionar uma data, clique no calendário. Você pode navegar de mês em mês usando as setas próximas ao nome do mês.

O campo hora também mostra uma lista em um menu suspenso., configurado em ordem crescente de meia-hora. Se você tiver uma reunião ou um compromisso em um horário incomum (como por exemplo 10:08), você pode apenas clicar no campo apropriado, selecionar a hora e digitar a sua própria .

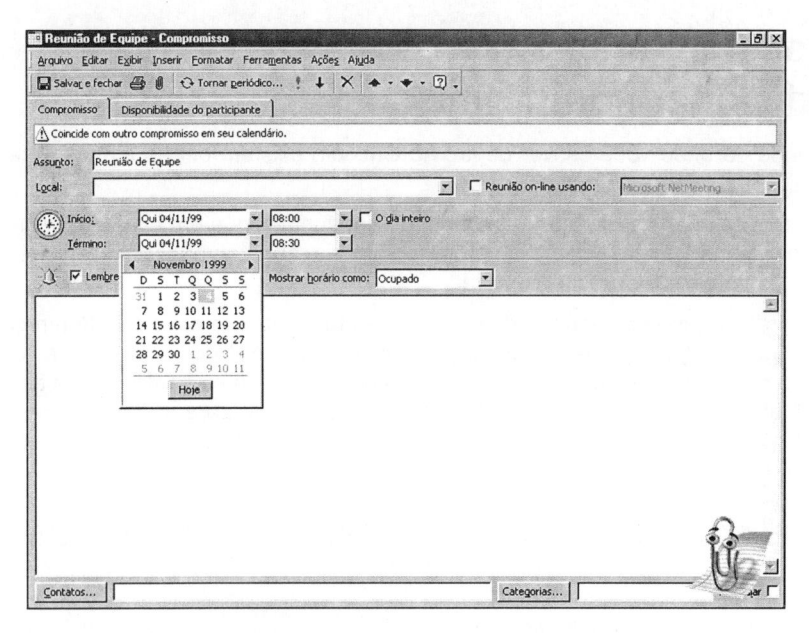

Capítulo 18 ➤ Como fazer o calendário trabalhar 211

Utilize o calendário suspenso para selecionar uma data.

Outras configurações para compromissos

Ainda há mais na janela Compromissos. Eis aqui breves resumos de outras coisas que você poderá configurar:

- ➤ *Lembrete* — Você pode configurar um lembrete sonoro para ocorrer em um intervalo de tempo antes do seu compromisso. O padrão é de 15 minutos antes do horário do compromisso. Existem diversos tipos de som a escolher e você também pode usar um som de acordo com o seu gosto.
- ➤ *Mostrar tempo* — Você pode dizer ao Outlook para mostrar o período de tempo quando você estiver neste compromisso como Ocupado, Fora do Escritório, Provável, ou Livre. Correto, você pode até planejar ou seu tempo livre usando o Calendário do Outlook.
- ➤ *Notas* — A grande caixa aberta é para as notas sobre este compromisso: orientação para chegar ao local, um esboço para a reunião, ou o que quer que você queira.
- ➤ *Contatos* — Se há pessoas da sua lista de contatos que estão envolvidas na reunião, você poderá fazer anotações nesta área.
- ➤ *Categorias* — Do mesmo modo que você usa categorias para ajudar a classificar os seus contatos, também poderá categorizar os seus compromissos. Isto pode ajudar você a identificar olhando rapidamente o que é relativo a negócios, o que é pessoal e assim por diante.

Outras maneiras de adicionar compromissos

Dependendo de onde você estiver dentro do Outlook, existem outras formas para marcar compromissos em seu Calendário.

Por exemplo, se você estiver no Calendário, dê um duplo-clique em qualquer segmento de meia-hora e uma janela Novo Compromisso irá se abrir com este mesmo segmento assumido como padrão, no campo hora.

Ou, vamos dizer que você acabou de fazer um contato com um novo cliente em potencial. Você acabou de ligar para ele e marcou um compromisso. Você pode ir para o módulo Contatos e preencher o Formulário de Contatos para o cliente e registrar todas as informações no Outlook. Mas, você não precisa ir para o Calendário para marcar o compromisso. Nos Contatos, abra o menu Ações e selecione Novo Compromisso com Contato, como você verá na figura a seguir.

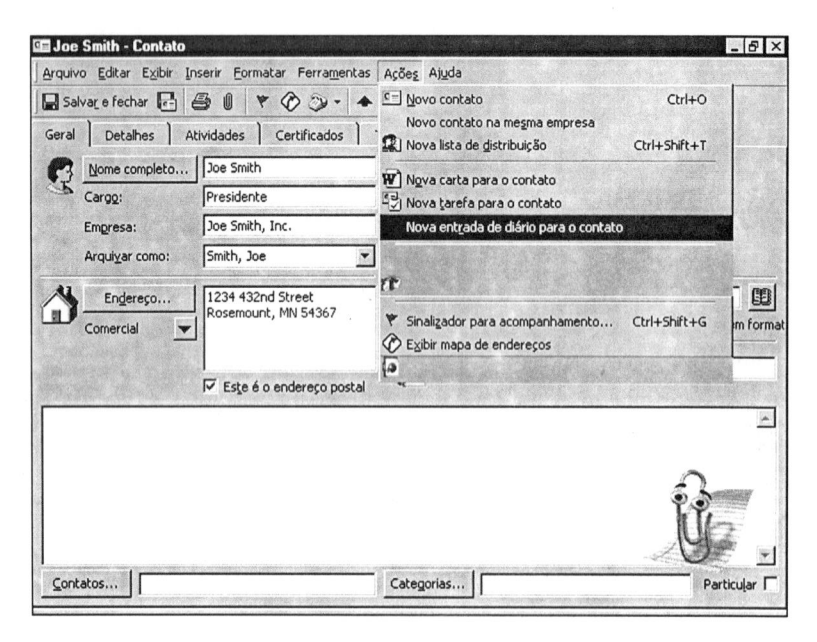

Como marcar um compromisso a partir do módulo Contatos.

A janela Compromissos abre e padrões aparecem no campo data (hoje), hora (o próximo período de meia -hora) e contatos (o nome do contato onde você está).

Capítulo 18 ➤ Como fazer o calendário trabalhar   213

Como Mudar

Compromissos raramente são marcados em concreto. O vendedor que marcou uma visita em seu escritório às 13:00 poderá querer remarcar para às 13:30, ou talvez até um outro dia completamente diferente. Você poderá achar necessário cancelar aquele canal no dentista por alguma razão. Seu chefe poder ligar e aquela reunião da equipe foi mudada da Sala de Reunião B para a Sala de Reunião A..

Há uma maneira universal de fazer qualquer mudança que você queira em um compromisso. Você pode dar um duplo-clique nele em qualquer Visualização de Calendário(diária, de cinco em cinco dias, de sete em sete ou mensalmente) e a janela Compromissos será aberta. Você ,então, pode mudar qualquer informação registrada anteriormente, ou pode registrar novas informações.

Certos tipos de mudanças, precisam ser feitas voltando à janela original Compromissos. Isto inclui mudança de local, categoria, aviso de hora e contatos. Porém, existem alguns atalhos que podem ser usados.

Antes de você poder fazer qualquer mudança em um compromisso, precisa selecioná-lo. A melhor maneira de fazer isto é visualizar o seu Calendário no modo diário, ir para a data onde o compromisso irá ocorrer e selecioná-lo clicando nele. Ao selecioná-lo, o topo, a parte inferior e o lado esquerdo do compromisso ficarão marcados em azul. Agora, fazer as mudanças é fácil. Seu compromisso ficará parecido com o da figura abaixo:

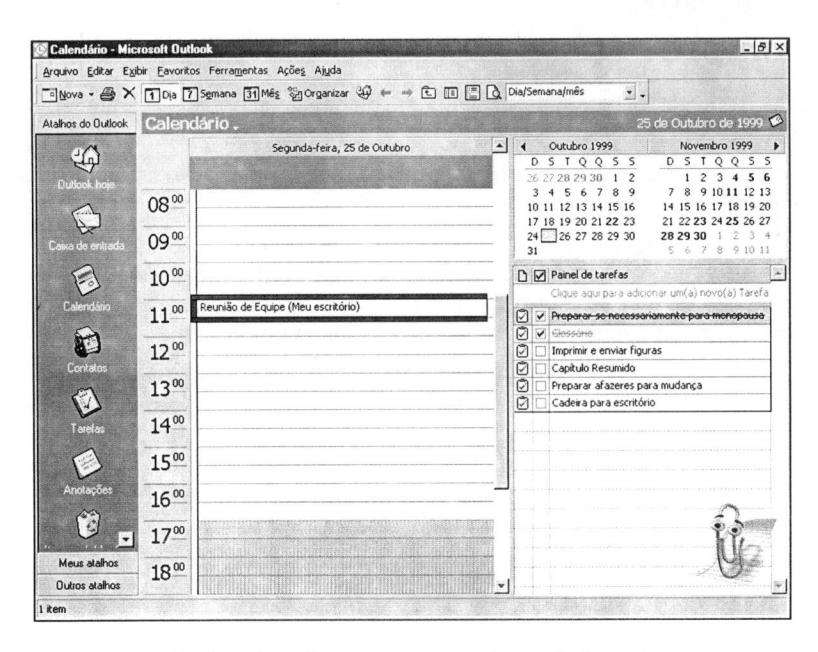

Você pode editar seus compromissos diretamente do modo de visualização diário.

Quando você visualiza seu Calendário no modo diário, pode ver o assunto do compromisso, seguido pelo local em parênteses. Mas, ao clicar no Compromisso para selecioná-lo, o local desaparece e o cursor aparece próximo do assunto do compromisso.

Vamos dar uma olhada em algumas mudanças que podem ser feitas:

- ➤ Como mudar o assunto — Uma vez que o cursor apareça próximo do assunto de um compromisso, você pode apagar letras ou toda uma palavra e redefinir o assunto da reunião completamente.

- ➤ Como mudar as horas — Uma vez selecionado o compromisso, ao passar por cima dos campos de horário de início e fim, seu cursor se transformará em uma seta indicativa para cima e para baixo. Clique no horário e arraste para cima ou para baixo na visualização do dia. Então ,se ao invés de querer uma hora e meia para a sua reunião você quiser marcar duas horas, arraste o cursor. Se a sua reunião foi cancelada de 11-11:30 para 15-15:30, clique sobre lado esquerdo do compromisso, mantenha pressionado e arraste-o para o novo horário desejado.

- ➤ Como mudar as datas — Se as datas de sua reunião mudarem, você pode clicar no lado esquerdo do compromisso, mantendo-o pressionado , arrastando-o sobre o calendário mensal e soltando-o na data desejada. O horário será o mesmo da data original, a não ser que você o mude.

Como apagar um compromisso

Então, você decidiu cancelar aquele tratamento de canal, ou então o seu aumento de salário foi cancelado.

Apagar um compromisso é simples no Calendário do Outlook. O problema maior é escolher a maneira como você vai apagá-lo.

No modo de visualização diário do Calendário, você pode fazê-lo de diversas maneiras. Primeiro, selecione o compromisso clicando em sua borda esquerda. (Clicar no assunto colocará o cursor nesta área e assim você irá apagar apenas algumas letras, e não todo o compromisso.) Assim que estiver selecionado, clique no botão delete na barra de ferramentas (a letra X escrita à mão) ou pressione a tecla delete.

Você também pode dar um duplo-clique no compromisso, que abrirá a janela principal Compromissos. Depois, você pode clicar o botão Delete na barra de ferramentas e o compromisso irá desaparecer.

Como planejar um Evento

Vamos deixar de lado um pouco esses compromissos e marcar um evento.

De acordo com o Outlook, um evento é qualquer acontecimento com duração mínima de 24 horas. Então, a festa de formatura do meu irmão não pode ser classificada como um evento (mesmo que esteja bem perto de ser), mas a convenção de três dias sim.

Capítulo 18 ➤ Como fazer o calendário trabalhar 215

Marcar um evento no Calendário do Outlook é fácil. Próximo aos horários de início e fim há um caixa de verificação chamada Evento de um Dia Todo. Se você clicar na mesma, os horários desaparecem ,pois o Outlook assume que o evento dura um dia.

Aqui vai um pequeno recurso bem otimista do Outlook - o seu padrão é Livre para eventos diários. Infelizmente, terei que trocar para Fora do Escritório para a minha convenção, como você pode ver na próxima figura.

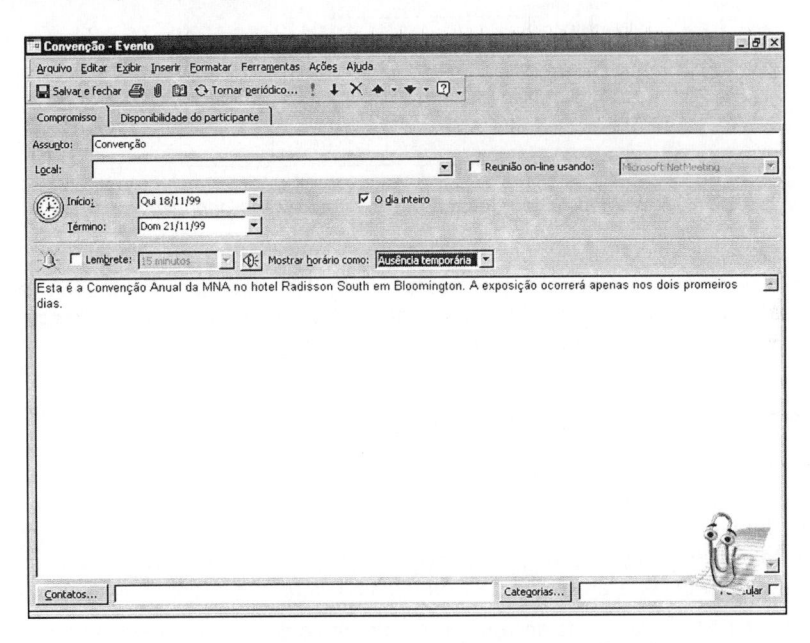

Planeje um evento na janela Compromissos clicando no botão Evento de um Dia Todo.

Assim que o evento estiver marcado, ele aparecerá em seu Calendário (independentemente do modo de visualização) como um aviso no topo dos dias marcados.

Pesadelos Repetidos

Marcar compromissos periódicos no Outlook está longe de ser um pesadelo. De fato, é muito fácil.

Como já foi discutido no capítulo anterior, o processo de repetição de compromissos é iniciado ao clicar no botão Periódicos no topo da janela Compromissos. Isto abre a janela Compromissos Periódicos, como você vê na figura a seguir.

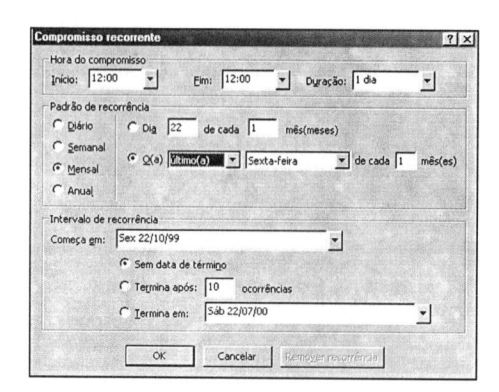

Nesta janela, a marcação de compromissos periódicos

Você pode se divertir o quanto quiser nesta janela. Por exemplo, caso você tenha uma reunião de diretoria todas as terças-feiras de cada mês, pode marcá-la aqui. Também poderá configurar datas de início e de fim para estes compromissos.

Marcando eventos anuais

Digamos que você queira marcar uma data especial que ocorra todo ano, como o meu aniversário. Primeiro, abra uma nova janela Compromissos e digite a informação pertinente - assunto, data, e outros. Depois clique o botão Evento de um Dia Todo. Finalmente, clique no botão Periódico. Depois, configure como um evento anual sem uma data final e depois digite a data correta na área Limite de Periódicos. Clique OK e depois salve.

Outra maneira de lembrar-se do aniversário de alguém é digitá-lo no espaço correspondente na sua pasta Contatos. Isto automaticamente marcará em seu Calendário o compromisso anual.

Como trabalhar com compromissos periódicos

Você pode editar ou apagar compromissos periódicos da mesma forma que os compromissos regulares. Porém, você deve ter o cuidado de saber que as mudanças feitas para um compromisso sejam feitas para todos os outros, se é isto que você realmente quer.

Para editar ou apagar um compromisso periódico, dê um duplo-clique na próxima ocorrência do mesmo no Calendário. O Assistente Pessoal interromperá perguntando se você quer abrir apenas esta ocorrência ou todas elas. Querendo fazer mudanças para todas as ocorrências deste evento ou compromisso periódico, clique em Abra as Séries. Se você quiser apenas mudar esta ocorrência, clique no botão Esta Ocorrência.

Capítulo 18 ➤ Como fazer o calendário trabalhar   217

Dê uma olhada se você não confia no Outlook

Assim que você fizer a(s) mudança(s) desejada(s), vá para a próxima ocorrência para ver se o Outlook fez tudo como você ordenou. Por exemplo, se a sua reunião de equipe de toda segunda-feira mudar de 10:00 para 11:00 apenas nesta semana, você irá querer se certificar de que o Outlook não mudou todas as marcações.

Como agendar um reunião

Se você for um usuário corporativo do Outlook e os seus calendários precisarem estar conectados, há uma função de agendamento de reuniões que permite marcar uma e descobrir antecipadamente se todos estarão disponíveis para participar. Mas, para poder usá-la, sua empresa precisa estar em rede com um programa tipo Servidor da Microsoft's Exchange . Deste modo, os calendários de vários empregados poderão interagir com cada um deles.

Até mesmo se você não utilizar o Outlook em rede, poderá usá-lo para auxiliá-lo na marcação de uma reunião.

Como convidar outras pessoas

Você pode convidar outras pessoas para uma reunião que estiver planejando através do envio de uma mensagem do correio eletrônico a partir do Calendário. Este é um dos modos que todos os recursos do Outlook se juntam, fazendo como um coro planejando uma reunião virtual sem esforço.

Primeiro, abra o seu Calendário e marque o horário e local para a reunião. Depois, clique no botão Convidar Subordinados no topo da janela. Um campo Para: aparecerá no topo da sua janela Compromissos, como você pode ver na figura a seguir. Se você estiver convidando alguém da sua lista de contatos, você pode clicar no botão Para: e selecionar os nomes (ou as listas de distribuição) a que eles pertençam, ou apenas digite os nomes. Se eles não aparecerem em sua lista de contatos, terá que digitar no campo de correio eletrônico.

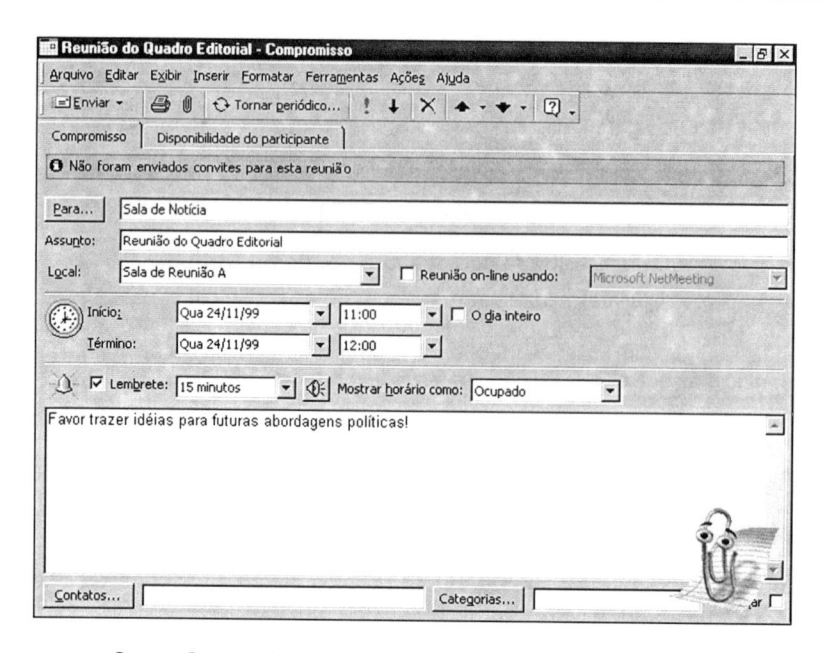

Com o Outlook é fácil convidar as pessoas para a sua reunião

Uma vez que todos os nomes tenham sido digitados no campo Para:, clique no botão Enviar. O aviso da reunião será enviado para todos os nomes via correio eletrônico. Assim que todos receberem, poderão manipular a mensagem como uma outra qualquer. Poderão responder, apagar, reenviar, salvar, entre outros. Mas, mesmo você sendo muito importante, enviar este aviso não marcará automaticamente o horário no calendário das outras pessoas.

Disponibilidade dos subordinados

Chegou a hora de olhar a outra guia na janela Compromissos. Você deve estar em rede com outros usuários do Outlook para que este recurso funcione.

Quando você estiver tentando marcar uma reunião com outras pessoas em sua rede, clique na orelha Disponibilidade de Subordinados para visualizar uma tela como a da figura a seguir.

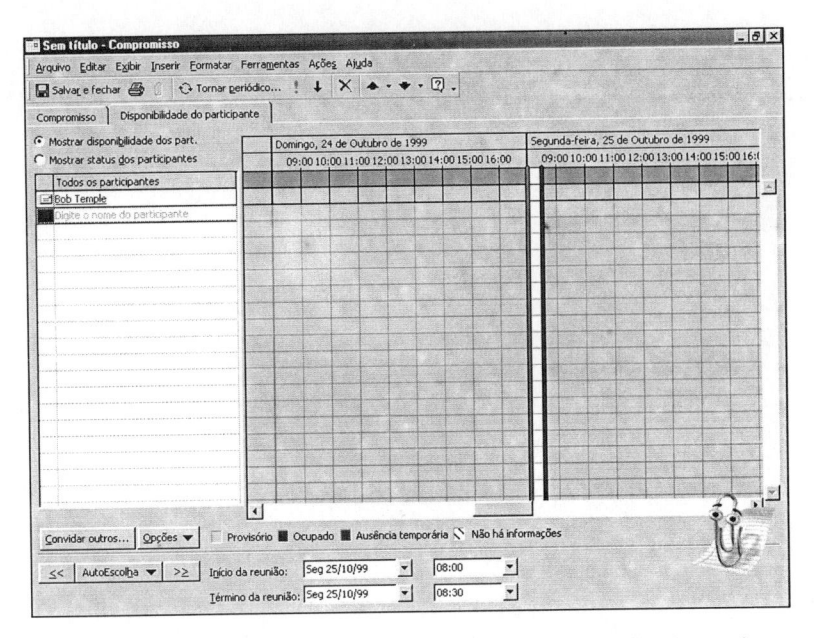

Capítulo 18 ► Como fazer o calendário trabalhar   **219**

Aqui você pode verificar a disponibilidade de seus subordinados aqui.

Digite os nomes das pessoas que você quer que assistam a reunião e você poderá ver se eles estão ocupados ou disponíveis nesta tela. (Podem haver fatores que limitem o uso deste recurso. Verifique com o administrador do sistema para especificações.)

O mínimo que você precisa saber

- ► Existem vários modos para abrir a janela Compromissos e marcar um novo. Um atalho é dar um duplo-clique na hora do mesmo para abrir uma janela Compromissos.

- ► Você pode apagar e editar compromissos de diversas formas. Certos tipos de mudanças podem ser feitas na janela principal, mas coisas como assunto da reunião e horários de início e fim podem ser mudadas no calendário diário.

- ► Compromissos que duram todo dia são chamados eventos no Outlook. Você pode marcá-los na janela principal clicando no botão Evento de um Dia Todo.

- ► Eventos periódicos e compromissos são facilmente marcados em uma janela especial. Você então pode editar/apagar estes compromissos periódicos individualmente ou realizar mudanças para todas as séries.

- ► A janela Compromissos oferece diversas formas para ajudá-lo a marcar uma reunião. Você pode avisar aos seus subordinados por correio eletrônico, ou, se estiver em rede com outros usuários do Outlook, poderá verificar a disponibilidade dos mesmos antes de agendar a reunião.

Capítulo 19

O maior e o menor: os itens Diário e Notas

Neste capítulo
- ➤ O objetivo das notas
- ➤ Como criar, editar e apagar notas
- ➤ Como configurar opções de notas
- ➤ Como visualizar notas
- ➤ O objetivo de manter um diário
- ➤ Porque um diário pode não ser necessário
- ➤ Registros automáticos do diário
- ➤ Registros manuais do diário

Cheguei em meu escritório esta manhã, uma segunda-feira, e as encontrei empilhados caprichosamente próximos ao meu telefone sobre minha mesa: notas. Não haviam mais do que oito delas. Algumas eram daquelas amarelas "grudentas" e muitas em garranchos em folhas ou no verso dos envelopes.

Elas estavam cheias de pequenas coisas que precisava fazer, coisas que precisava lembrar, lembretes de coisas que iriam acontecer, entre outros - tudo deixado na mesa semana passada, aguardando apenas para tomar toda a manhã de uma segunda-feira. Eu precisava telefonar para fulano, avisar sicrano, combinar não sei o quê com beltrano. Precisava imprimir e arquivar outras coisas. E com não sei quem que estava de férias, precisava realizar algumas tarefas.

Muitas destas coisas poderiam ser consideradas tarefas e seria bem melhor organizá-las usando a Lista de Tarefas do Outlook, que será mencionada no próximo capítulo. Mas, você também pode usar o módulo de Notas do Outlook para ajudá-lo a lembrar algumas destas pequenas coisas que não podem deixar de ser feitas.

Melhor ainda, notas são uma ótima maneira de anotar qualquer coisa que você queira - uma idéia, uma tarefa, um lembrete. Elas lhe dão um local para organizar estes pensamentos antes de transferi-los para uma parte mais funcional do Outlook - um correio eletrônico, uma lista de tarefas, um compromisso.

O Outlook também possui uma função Diário que lhe permite controlar todos os tipos de coisas, incluindo o seu correio eletrônico, documentos do Office e mais. Ele lhe dá a habilidade de organizar todo o contato com uma pessoa em particular e é bastante útil para manutenção.

Estes dois módulos são as funções do Outlook mais simples e mais fáceis de compreender. Por isso são vistos juntamente em um mesmo capítulo, enquanto os outros módulos exigem múltiplos capítulos para explicarem suas variadas funções. Mas também são de valiosa importância, especialmente as notas. Logo, é importante gastar alguns minutos para aprender sobre eles.

O objetivo das notas

Aquele pequeno pedaço de papel amarelo quadrado pode ser de grande utilidade. O mesmo é válido para o recurso Notas do Outlook, se bem que tamanho não é documento.

As Notas do Outlook podem fazer muitas coisas e podem preencher uma grande necessidade para algumas pessoas - especialmente daquelas que rabiscam papéis como eu. Mas ,definitivamente existem coisas que absolutamente o Notas não pode fazer.

Por exemplo, você não pode enviar à alguém via correio eletrônico uma nota do Outlook. Porém, você pode copiar e colar a mensagem de uma nota para uma mensagem de correio eletrônico e enviar, ou arrastar e soltar a nota para o ícone Caixa de Entrada. Você não pode programar um nota para lembrá-lo ,15 minutos antes ,de algo que você precisa fazer (mas você pode cortar e colar a informação em um assunto de um compromisso, que pode lhe lembrar.

Entendeu?

Então, quando você está ao telefone com aquele cliente importante e lembrar-se que precisa agradecer pela compra realizada, você pode rapidamente digitar o lembrete em uma nota. Mais tarde, poderá dar seguimento à aquela nota fazendo que ela se torne um lembrete ou registrando-a na sua lista de tarefas ou em outra função do Outlook. Você pode simplesmente arrastar e soltar a nota no ícone apropriado e o conteúdo da mesma torna-se o conteúdo do item que você escolheu.

Faça um nota

Alguma vez você já telefonou para um número que foi trocado? A resposta é aquela voz chata informando que este número "não existe". Depois ela lhe diz o novo número e ainda o pune com "Por favor anote o número".

Capítulo 19 ➤ O maior e o menor: os itens Diário e Notas   **223**

Em outras palavras, "Escute aqui, anote este número agora, pois não quero ter que ajudá-lo novamente."

Bem, o Outlook é mais legal do que o caso acima. Nele, você pode anotar o que quiser e ninguém irá ser impertinente com você.

Como criar notas

Existem várias formas de criar uma nova nota. Surpreso? Não deveria. Existem muitas formas de se fazer tudo no Outlook.

Assumindo que você está no Outlook, você pode criar uma nota nova a qualquer momento. Simplesmente abra o menu suspenso a partir do botão Novo e escolha Nota. Você também pode clicar no botão Notas na barra de Atalhos do Outlook e depois clicar apenas no botão Novo. Se você não estiver no Outlook e tem o Office completo instalado em seu computador, você pode clicar no botão Nota Nova na barra de atalhos do Microsoft Office.

Independentemente da maneira que você escolher, uma nova janela Notas se abrirá. Ela se parecerá com a da figura a seguir.

Esta janela Nota não é uma maravilha que você usará para criar uma nova nota. É a própria. Como você pode ver, o cursor está piscando na mesma, aguardando apenas que você digite alguma coisa. Vá em frente e escreva a nota onde você quiser. A não ser que você precise arquivar esta nota em algum lugar por algum motivo., não há necessidade em salvá-la. Uma nota é salva automaticamente antes mesmo que você mande o Outlook fazer alguma coisa com ela.

Utilize a janela Notas para digitar a sua .

Então, por exemplo, mesmo que você feche o Outlook completamente, a nota permanecerá ativa na sua área de trabalho. Um exemplo é mostrado na figura a seguir.

O Notas fica ativo mesmo com o Outlook fechado

Como fechar o item Notas

Caso você queira manter as notas mas não queira que elas fiquem zanzando pela área de trabalho, você pode fechá-las. Apenas clique no "X" no canto superior direito da nota.

Porém, ela não foi apagada neste momento. Ainda permanece em sua pasta - lembre-se que você não precisa "salvar" a nota para ela ficar dentro do Outlook. Ao voltar ao Outlook e clicando no botão Notas na barra de Atalhos do Outlook, a nota aparecerá como um ícone na janela, como você pode ver na próxima figura.

Querendo reabrir a mesma, tudo que você tem a fazer é dar um duplo-clique no ícone na pasta Notas.

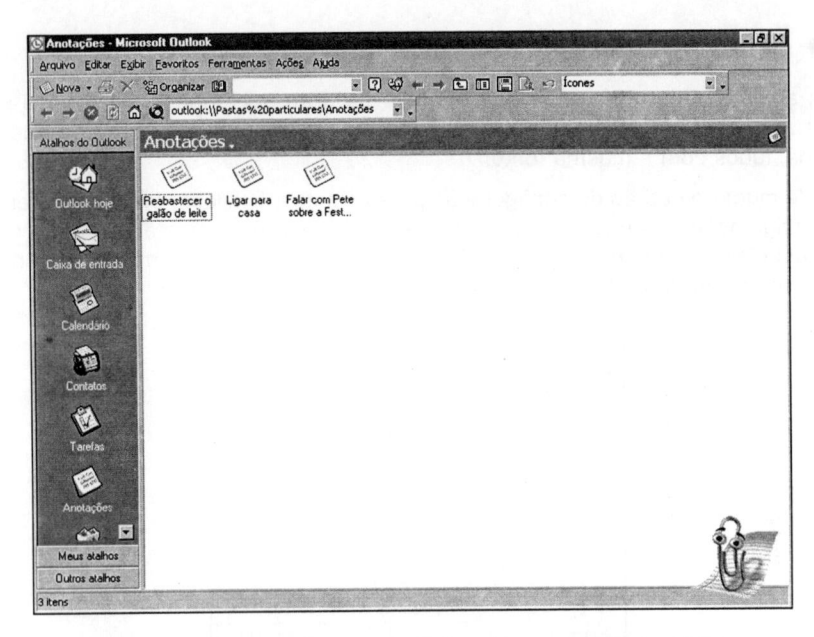

Capítulo 19 ➤ O maior e o menor: os itens Diário e Notas

As notas permanecem na pasta Notas até que decida apagá-las.

Como editar e apagar notas

Editar notas não pode ser mais fácil.

Quando for a hora de editá-las, não existem várias funções complicadas a desempenhar.

Uma nota precisa ser aberta para ser editada. Depois, você usa as funções normais de edição: seleciona o texto e usa a tecla Delete ou Backspace para apagá-lo; clique no ponto de entrada com o seu cursor e digite.

Apagar uma nota é também bem simples. Se a nota está aberta, você pode apagá-la clicando no pequeno ícone amarelo Notas no canto superior esquerdo da mesma (isto abre um menu suspenso) e selecione Delete.

Se a nota não estiver aberta, selecione o ícone relativo na pasta Notas. Depois clique o botão Delete na barra de ferramentas ou pressione a tecla Delete no seu teclado. Ambos irão realizar o trabalho.

Como configurar as opções de notas

Como observado anteriormente, as notas são componentes muito simples do Outlook e não existem muitas opções. É bom Ter uma simples para fazer uma mudança, não acha?

Porém, você pode alterar a aparência de suas notas. Também pode designá-las para categorias ou contatos.

Além do que a vista alcança

Mudar a aparência de uma nota pode ser feito de diversas formas. Como você já pôde perceber, a cor padrão das notas é amarelo e elas aparecem no formato de pequenos quadrados, todos com a mesma fonte.

Você pode mudar o padrão de configuração para as notas. Qualquer uma criada terá estas novas configurações. Entre na pasta Notas, abra o menu Ferramentas, e clique Opções. Quando esta janela se abrir, clique em Opções de Notas. A janela com o mesmo nome se abrirá, como mostrado na figura a seguir.

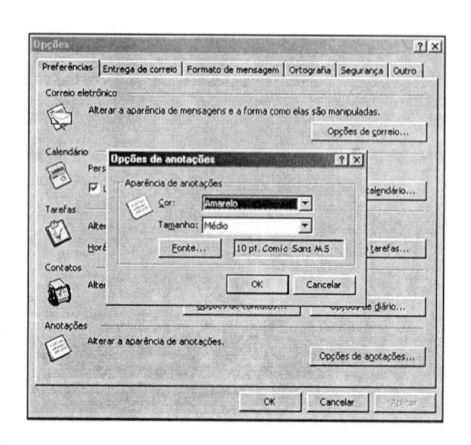

É possível modificar a aparência padrão das notas

Aqui, você pode selecionar uma das cinco cores diferentes para as suas notas, decidir sobre três tamanhos diferentes e escolher qualquer uma das fontes instaladas em seu sistema. As novas configurações só valerão para as futuras notas a serem criadas.

Se você quiser mudar a cor de apenas uma , abra-a e clique o ícone pequeno Notas no canto superior esquerdo. Depois, selecione Cor no menu suspenso e escolha a desejada. Isto mudará apenas a cor da nota aberta neste momento.

Como classificar Notas

Também no menu suspenso Notas está Categorias. Você pode usá-la para designar categorias para as suas notas. Geralmente isto é apenas necessário se você tiver um punhado delas. Depois, você pode classificá-las por categoria, mantendo-as organizadas.

Capítulo 19 ➤ O maior e o menor: os itens Diário e Notas 227

Se você quiser classificar a nota em uma categoria, primeiro abra a mesma. Depois, selecione Categorias no menu suspenso abaixo do ícone Notas. A janela categorias será aberta (como nos outros módulos), e você pode então marcar a caixa para cada categoria apropriada.

Depois de clicar no botão OK, você pode retornar à nota, mas o nome da categoria não aparece. A única vez que você vê a categoria listada é ao visualizar suas notas em uma lista. Haverá mais informação sobre como visualizar notas mais tarde neste capítulo.

Como fazer contatos

Neste mesmo menu suspenso abaixo do ícone Notas, você também pode designar um ou dois contatos para a mesma. Isto pode ser feito quando você abre um contato e clica na guia Atividades; a nota aparecerá junto a vários endereços de correio eletrônico e outros itens que você tenha associado a esta pessoa.

Para adicionar um contato à sua nota, clique Contato no menu suspenso em uma nota aberta. Depois, selecione o nome do contato que você gostaria de adicionar e depois o nome da pessoa será vinculado à nota. Os nomes dos Contatos não podem ser visualizados em qualquer modo de visualização do Notas.

Como visualizar as Notas

Como nos outros módulos do Outlook, existem diversas formas para se visualizar as notas. Porém, o módulo Notas não é tão repleto de recursos quanto os outros, pois só tem cinco módulos.

Aqui temos uma descrição sucinta destas visualizações:

- ➤ *Ícones* — Este é o modo de visualização padrão para as notas. Quando você abre a pasta Notas, para cada uma delas há uma pequeno ícone colorido e as duas primeiras linhas de cada nota aparecem abaixo dele..

- ➤ *Lista de notas* — Esta é uma versão da Visualização Automática da nota que pode ser encontrada em outros módulos do Outlook. Ele classifica as notas pelo assunto e mostra a maioria delas (caso não mostre todas), mais a data e o horário em que foi criada e a categoria a qual pertence.

- ➤ *Últimos sete dias* — As notas são vistas no modo de visualização Lista de Notas, mas são apenas mostradas as que foram criadas nos últimos sete dias.

- ➤ *Por categoria* — As notas são exibidas em formato de tabela e agrupadas por categoria, então você pode ver rapidamente, por exemplo, quantas notas pessoais você criou.

- ➤ *Por cor* — Para ajudar na organização, algumas pessoas colorem as notas. Esta visualização mostra as notas em formato de tabela, agrupadas por cor.

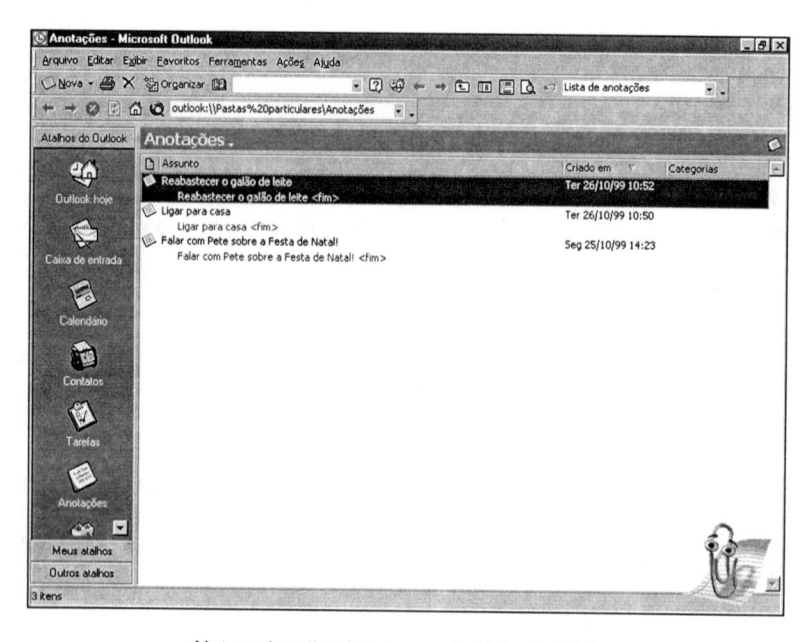

Notas visualizadas no modo Lista de Notas.

O objetivo de manter um diário

Algumas pessoas vêem a pasta Diário na barra Meus Atalhos, aquela onde o ícone se parece com um livro aberto e pensam que é um lugar para elas escreverem os seus pensamentos mais íntimos. Não é verdade.

Isto não é um diário particular. É mais um diário do tipo contábil. É isto, ele faz uma gravação das diversas coisas que ocorrem entre você e os seus contatos. Por exemplo, se você quiser manter registros de um contato em particular, poderá manter um diário de qualquer mensagem de correio eletrônico, pauta da reunião, ou informações sobre as tarefas para esta pessoa.

Isto é útil no caso de você estar em uma posição onde delega tarefas para outras pessoas em seu escritório. Isto lhe ajuda a rastrear as diversas comunicações realizadas com estas pessoas e documenta o progresso destas tarefas. (Veremos detalhadamente as Tarefas no próximo capítulo.) De fato, diversas formas de visualização dos diários aparecem como linhas do tempo no Outlook.

Talvez o recurso mais útil do módulo Diário é que ele pode gravar uma comunicação que nenhum outro módulo do Outlook pode gravar — um telefonema.

Capítulo 19 ➤ O maior e o menor: os itens Diário e Notas   **229**

Por que os diários podem não ser necessários?

Provavelmente o Diário é o módulo menos usado do Outlook e com boa razão. Diários são de certa forma redundantes com o recurso Contatos do Outlook.

Automaticamente, o módulo Contatos grava qualquer comunicação que você tenha feito com um deles. Por exemplo, se você designou uma tarefa para um contato, enviou ou recebeu mensagens de correio eletrônico deste contato, marcou um compromisso com ele, ou fez qualquer outra coisa relacionada ao Outlook, isto já estará gravado no arquivo do contato.

Para ver isto acontecendo, abra qualquer contato que você tenha interagido no Outlook. Depois, clique na guia Atividades. Haverá uma pausa enquanto o Outlook procura nos seus registros as suas atividades com este contato. Assim que ele os encontra, começam a aparecer na janela, como você pode ver na figura a seguir.

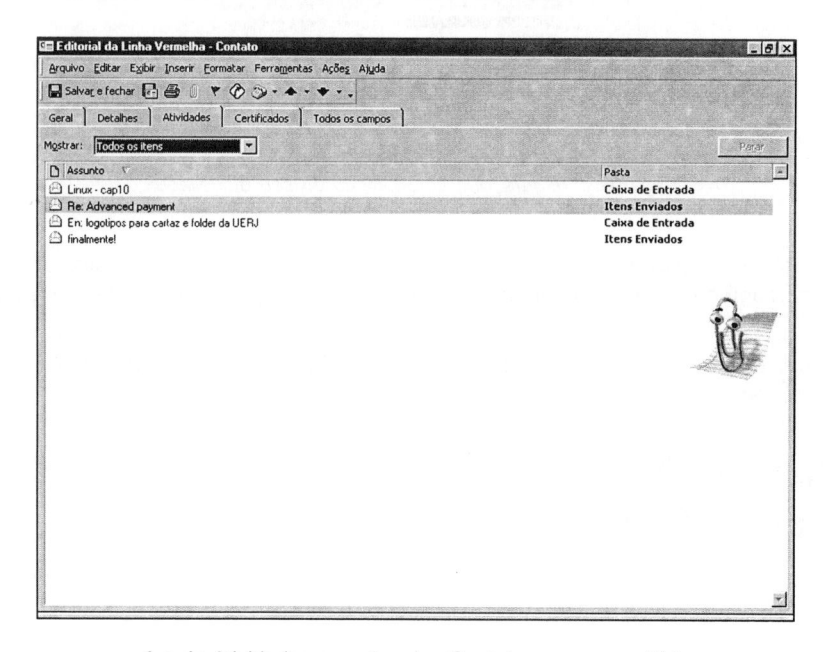

A guia Atividades nos atos dos Contatos como um diário.

No entanto, o Diário vai além disso em várias formas.

Registros automáticos do item Diário

Se você quiser rastrear suas comunicações e arquivos relacionados a um certo contato, clique no ícone Diário na barra Meus Atalhos. A primeira vez que você fizer isso, seu Assistente Pessoal perguntará se você quer iniciar o Diário. Ao fazer, será mostrada a janela Opções de Diários, como na figura a seguir.

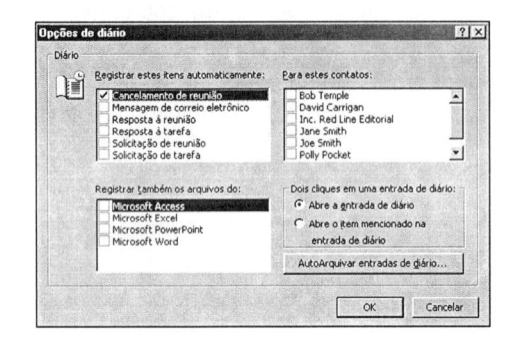

Faça as configurações automáticas do seu diário aqui.

Nesta janela, você dirá ao Outlook o tipo de informação e para quais contatos deverão ser gravadas. Também poderá ser informado para gravar arquivos de certos programas do Office.

Assim que o Outlook já souber quais são as configurações, ele começará a fazer as anotações para você.

Registros manuais do item Diário

Fazer registros manuais do Diário é muito útil para as pessoas que precisam monitorar a duração das ligações telefônicas. As pessoas que cobram por este tempo, como por exemplo os advogados, podem se beneficiar com este recurso.

Para registrar manualmente uma informação, clique o botão Novo enquanto estiver na Pasta Diário ou escolha a Registro de Diário no menu suspenso do botão Novo (caso esteja em outro módulo). Se você estiver na pasta Contatos com um contato aberto, abra o menu Ações e selecione Novo Registro de Diário para Contato. A janela Registro de Diário se abrirá, como você pode ver na figura abaixo.

Capítulo 19 ➤ O maior e o menor: os itens Diário e Notas   231

Faça um registro manual nesta janela.

Você pode digitar um assunto e qual será o tipo de registro. O padrão do Outlook é de Ligação Telefônica, pois este é o mais comum dos registros manuais.

O campo Iniciar hora registra como padrão o horário do dia seja ele qual for. Então, se você abrir esta janela no início do telefonema, você estará pronto para continuar. Assim que a ligação for completada, clique Iniciar o Timer e o Outlook cronometrará o tempo da ligação até que você aperte o botão de Pausa do Timer.

Você pode usar a área de notas para fazer anotações durante a ligação e poderá designar contatos e categorias para ela.

Quando você terminar, clique o botão Salvar e Fechar, ou imprima tudo e passe para o departamento de contabilidade.

O mínimo que você precisa saber

➤ O módulo de Notas do Outlook é muito útil para rabiscar idéias, tarefas, lembretes e assim por diante. Você pode usá-las para fazer breves anotações que poderão ser transferidas mais tarde para um outro módulo do Outlook.

➤ As Notas permanecem em sua tela depois que você sai do Outlook. Você nem precisa salvá-las. Você pode apagá-las e rapidamente editá-las.

➤ Você pode mudar a aparência de suas notas e pode visualizar em cinco formatos diferentes.

➤ O módulo Diário do Outlook o ajuda a rastrear as comunicações feitas com seus contatos. Você pode fazer registros automáticos ou manuais.

➤ Algumas das funções do módulo Diário já são manipuladas pela guia Atividades no módulo Contatos.

➤ Os registros manuais são particularmente úteis para as pessoas que precisam monitorar o tempo gasto nas ligações telefônicas com os seus clientes. Você pode cronometrar uma ligação e fazer anotações na mesma janela.

Capítulo 20

Multitarefas utilizando Listas

> **Neste capítulo**
> ➤ O que é uma tarefa?
> ➤ Como as listas de tarefas podem ajudar
> ➤ Como abrir a tela Tarefa
> ➤ Como registrar uma tarefa
> ➤ Como usar tarefas automáticas
> ➤ Como editar, delegar e apagar tarefas
> ➤ Como mudar a aparência da tarefa
> ➤ Como visualizar as tarefas

Durante um bom tempo, minha mãe colou em sua geladeira uma piada em história em quadrinhos. Descrevia um homem entrando no sótão pensando, "O esfregão, o esfregão, o esfregão..." O próximo quadro, mostrava ele saindo do sótão com o tal do esfregão. O título dizia, "Ele irá lembrar-se do esfregão, mas esquecerá o balde, o balde, o balde..."

Penso que a maioria das pessoas, de uma forma ou de outra, já se encontrou nesta situação. Você já entrou em uma sala para pegar uma coisa qualquer e simplesmente esqueceu o que queria? Bem, o recurso Tarefas do Outlook pode lhe ajudar a não perder de vista todas as coisas, tanto as pequenas quanto as grandes, que você tem a fazer em qualquer dia.

Melhor do que isto, o Outlook pode ajudar você a gerenciar projetos de longa duração, delegar algumas ou todas as tarefas, lembrar das que são periódicas e priorizar.

O que é uma tarefa?

A resposta para esta pergunta não é de todo difícil, mas o que estamos buscando aqui é o que o Outlook enxerga como tarefa.

Seria muito fácil definir tarefa como "qualquer coisa que precisa ser feita." Isto é verdade. A maioria de nós tem muitas coisas que precisam ser feitas de variadas formas todos os dias. Algumas são coreografias diárias, como alimentar o cachorro ou jogar o lixo fora; nelas você não precisa usar a lista de tarefas do Outlook para se lembrar. Por outro lado, listas de tarefas não são apenas para grandes projetos, ou de longa duração (se bem que elas são maravilhosas para esses).

Para os propósitos do Outlook, tarefa é qualquer coisa que, para ser considerado feita por ele, precisa estar em sua lista de tarefas a executar. Itens pessoais como lembrar de levar flores no aniversário de sua esposa ou tarefas no trabalho como fazer uma ordem de compra, todas pertencem à sua lista de tarefas.

Muitos de nós se transformam em uma cesta de lixo de listas de tarefas. Normalmente, carrego pelo menos uma no meu bolso - às vezes duas. Há a lista de tarefas do meu trabalho e de recados que preciso fazer durante o caminho de casa. Em alguns dias, chego do trabalho, esvazio os meus bolsos e encontro uma lista com várias tarefas que esqueci de cumprir, pois havia me esquecido da lista. Obviamente, preciso de uma lista para me dizer onde guardo minhas listas.

O Outlook simplifica tudo isto.

Como as listas de tarefas podem ajudar

A ajuda da lista de tarefas do Outlook se dá de diversas formas. Primeiro, ela lhe força a listar em sua computador todas as coisas importantes que você precisa fazer.

Para algumas pessoas, isto sozinho já basta. Uma vez forçado a lembrar de alguma coisa o suficiente para escrevê-la, você está mais próximo de lembrar-se dela.

Com o Outlook, você pode ou não investir muito do seu tempo em suas tarefas. Pode ser tão simples quanto digitar a lista, como escrevê-la em um pedaço de papel. Ou você pode detalhar, listar datas esperadas, relatórios em andamento, designar categorias e contatos ao item, entre outros. Ao invés de ter aqueles rabiscos sobre a sua mesa, o Outlook compila tudo em um local e, melhor ainda, lembra você que as datas esperadas estão se aproximando.

Suas tarefas nem aparecem no Outlook Today, que é a sua página inicial padrão no programa. Deste modo, pela manhã é mostrada a sua lista de prioridades, como visto na figura abaixo.

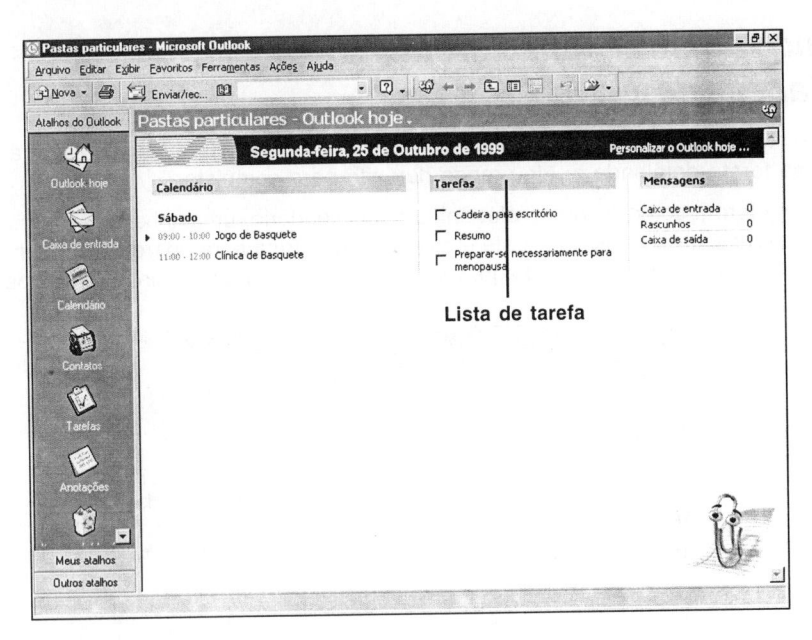

Capítulo 20 ➤ Multitarefas utilizando Listas   **235**

Suas tarefas aparecem na tela Outlook Today.

E as suas tarefas também aparecem na parte inferior à direita do painel do calendário diário para que você vá revisando sua lista de compromissos diários.

Deste e de outros modos, o Outlook mantém suas tarefas em foco direto, em vez de rechear o seu bolso ou bagunçando a sua mesa juntamente com outros papéis.

O Outlook também pode ajudar a priorizar suas tarefas, para que você possa planejar seu tempo ,organizar melhor os prazos das reuniões e a delegação de tarefas.

Como abrir
a tela Tarefas

A janela Nova Tarefa pode ser aberta de diversas maneiras. Melhor ainda, se você quiser digitar rapidamente uma tarefa, você de fato nem precisa abrir a tela Tarefa.

Para abrir esta janela , clique apenas no menu suspenso no botão Novo em qualquer parte do Outlook. Depois, selecione na lista Tarefa. Ou, você pode clicar no botão Tarefas na barra de Atalhos do Outlook e clicar no botão Novo.

Como registrar uma Tarefa
na janela de Novas Tarefas

Esta é o modo mais completo de digitar uma tarefa no Outlook. É necessário apenas se você tiver uma tarefa detalhada ou de grande duração para completar.

Da mesma forma como o correio eletrônico e o Calendário, uma linha de assunto aberta é mostrada (ver a próxima figura). Este é o resumo da tarefa e irá aparecer em todas as lista que você visualizar no Outlook. Logo, resuma o projeto o mais sucintamente possível.

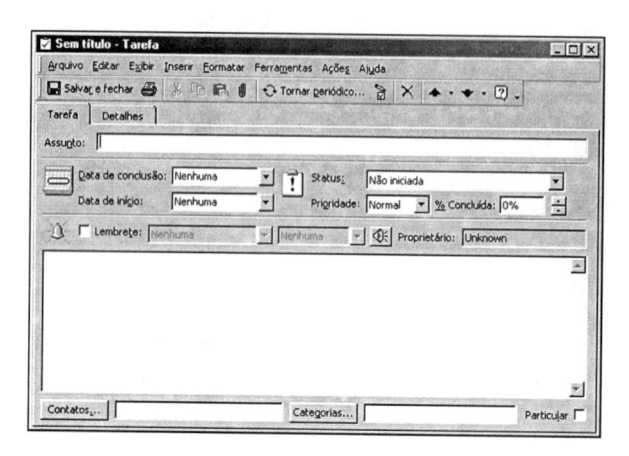

Digite as informações relativas à tarefa na tela com o mesmo nome.

Abaixo da linha de assunto estão os campos data e progresso. Do lado esquerdo, você pode selecionar uma Data Final e Inicial para a tarefa. O lado direito ajuda a manter o planejamento do projeto. Por exemplo, se você iniciou um projeto no primeiro dia do mês e ele termina no dia trinta, você pode checar o dia quinze para ver se você já fez pelo menos a metade.

Ambos os campos contém calendários suspensos onde você pode clicar na data que aparecerá automaticamente no campo.

Capítulo 20 ➤ Multitarefas utilizando Listas   **237**

Vantagem para usuário em rede

Alguns destes campos podem parecer banais a você. Por que preciso dizer a mim mesmo a quanto tempo estou na tarefa? Eu já não sei? Bem, alguns destes recursos não são apenas para você. Se estiver conectado a uma rede ou usa comunicação via correio eletrônico com outro usuário do Outlook, poderá delegar uma tarefa para ele e o mesmo poderá usar o formulário de Tarefas para informá-lo sobre o progresso da mesma.

No lado direito da janela há mais três campos que podem lhe ajudar:

➤ *Status* — Aqui você pode selecionar cinco opções: Não Iniciado, Em Progresso, Completa, Esperando por Alguém, ou Diferida. Em algumas visualizações de tarefas, você poderá classificar a sua lista baseado nestas opções.

➤ *Prioridade* — Selecione três opções: Alta, Normal, e Baixa. Novamente, em algumas visualizações, você poderá classificar as suas tarefas baseado nestas opções.

➤ *% Completa* — Ajuda a verificar o seu próprio desempenho e o dos outros.

Da mesma forma com os contatos, a janela grande na parte inferior do formulário de Tarefas é destinada à digitação de qualquer observação que você queira fazer sobre a mesma. Por exemplo, uma das minhas tarefas poderia ser terminar as minhas compras de Natal. Na área de notas, posso manter uma lista de pessoas para as quais quero comprar um presente e qualquer outra nota que queira digitar para elas. Depois, assim que completar cada parte desta lista, posso voltar e apagar o nome e o presente de cada pessoa.

O campo Responsável, também na guia Tarefa, não pode ser modificado manualmente. Porém, ele muda automaticamente caso você designe a tarefa para outra pessoa.

Explore os Detalhes

A guia Detalhes adiciona recursos às suas tarefas. Clique nela para visualizar uma janela como esta:

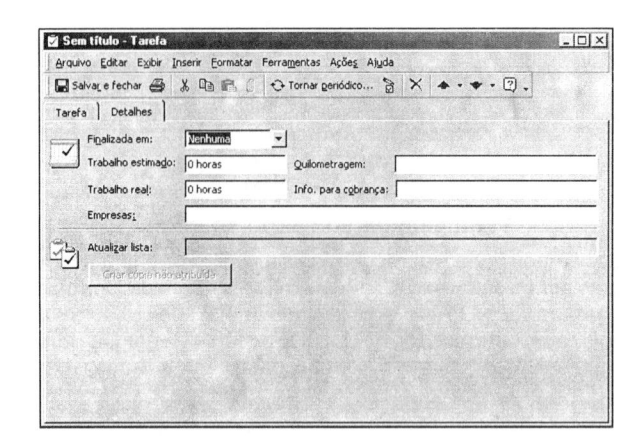

Rastreie outras informações na guia Detalhes.

Aqui você pode rastrear informações de grande utilidade para pessoas com certas profissões. Por exemplo, se sua tarefa estiver relacionada a um cliente - isto é, se for uma conta a receber - use esta guia para verificar as receitas.

Primeiro, selecione a data de cumprimento da tarefa. Depois, digite o total de horas de trabalho (a total e a atual), a milhagem e o endereço para cobrança. Mais tarde, imprima esta informação e passe para o departamento de cobrança.

Envie por correio eletrônico

Você até pode enviar a tarefa para a Contabilidade pelo correio eletrônico (ou para qualquer lugar) se você quiser. Se desejar, digite uma nova mensagem e envie-a como anexo abrindo o menu Inserir e selecione o item. Depois, selecione a tarefa na lista de pastas e clique OK. Ela será anexada à mensagem.

Um plano Simples

E se você se deparar com uma pequena tarefa que não exija muitos detalhes? Por exemplo, digamos que sua esposa telefonou pedindo para pegar os filhos na escola quando você for para casa. Você detestaria esquecer, mas não precisa priorizá-la ou bolar planos mirabolantes para cumprir a mesma. Tudo o que precisa é de um lembrete: "Pegar as crianças na escola."

Capítulo 20 ➤ Multitarefas utilizando Listas   **239**

Fácil. Não é necessário ir ao formulário de Tarefas para digitá-la. Faça isto na própria Pasta de Tarefas.

Para abrir esta pasta, clique no ícone Tarefas na barra de ferramentas de Atalhos do Outlook . Isto mostrará a tarefa no modo que você escolher. (Modos de visualização serão vistos mais a frente.) Mas, no topo da tela há uma caixa com um texto cinza dizendo: "Clique aqui para adicionar uma nova tarefa," como mostrado na figura a seguir.

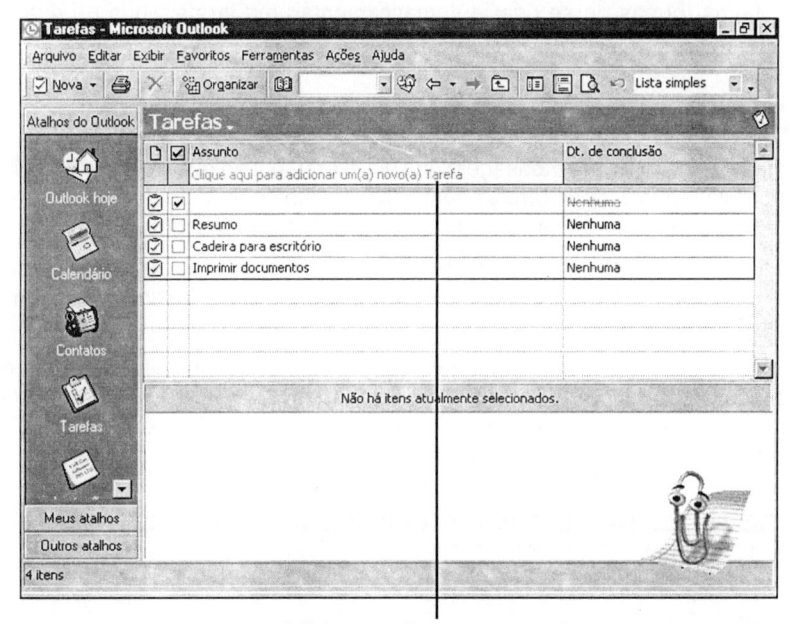

Adicione aqui uma nova tarefa

Você pode adicionar uma tarefa diretamente da pasta com o mesmo nome.

Clique neste botão e digite o assunto. Neste caso, seria: "Pegar as crianças na escola". Dependendo do modo em que você estiver, você poderá adicionar mais informações pressionando a seta direita em seu teclado para mover-se ao próximo campo. No modo Visualização Simples da Lista, que é o padrão, você pode digitar apenas o assunto e a data adequada. Em outros modos de visualização, você poderá digitar mais detalhes.

Ao terminar, pressione Enter e a tarefa aparecerá na sua lista .

A Automação revoluciona a indústria

Vamos juntar tudo. Suponha que o seu chefe lhe envie uma mensagem dizendo que haverá uma reunião na segunda-feira às 09:00 da manhã, onde ele quer lhe apresentar a proposta sobre Vancouver. Na mensagem, ele especifica o que é necessário para a reunião: uma apresentação audiovisual e uma proposta.

Como o Outlook pode lhe ajudar neste caso? Bem, você já o usou para receber mensagens de correio eletrônico, mas agora precisa fazer outras duas coisas: adicionar a reunião ao seu calendário e o que é necessário para ter terminado pela segunda-feira às nove horas da manhã, o que parece ser uma tarefa.

Você já aprendeu em capítulos anteriores como marcar rapidamente em seu calendário um compromisso. Como transformar isto em uma tarefa sem ter que digitar todos os detalhes?

Existem algumas formas de se criar automaticamente uma tarefa vinda de outro item do Outlook.

Pela Caixa de Entrada

Neste exemplo, você tem uma mensagem que diz exatamente o que deve ser feito. Não seria ótimo adicioná-la à sua lista de tarefas sem escrever uma nota à você mesmo com algo do tipo: "Ver a mensagem do chefe na Caixa de Entrada para mais detalhes"?

Por que não tornar a mensagem parte da tarefa? Este recurso (e muitos outros semelhantes) é uma das razões que farão o Outlook um de seus programas favoritos. Ele torna fácil o controle da sua vida ocupada.

Pegue qualquer mensagem de correio eletrônico recebida que inclua algum tipo de tarefa e em segundos torne-a parte de sua lista de tarefas. Na Caixa de Entrada, clique na mensagem, arraste-a e solte-a no ícone Tarefas na barra de Atalhos do Outlook. Imediatamente, um formulário de Tarefa aparecerá, como o da figura abaixo.

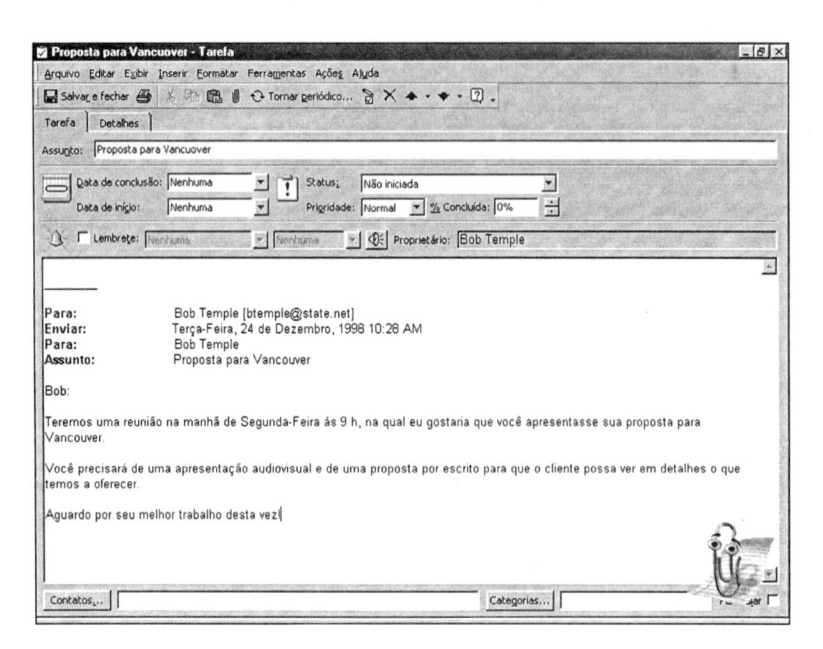

Arrastar uma mensagem para o ícone Tarefas a transforma automaticamente em uma delas.

Capítulo 20 ➤ Multitarefas utilizando Listas   **241**

Como você pode ver, o assunto da mensagem se transforma no assunto da tarefa e o texto da mensagem aparece na área de anotação, sem a necessidade de redigitação. Depois, clique na área de anotações e apague as informações desnecessárias. Apague a mensagem da Caixa de Entrada pois você não precisa mais dela. Preencha outras partes do formulário de Tarefas e pronto!

Pelo Calendário

Para ver como criar uma tarefa a partir do seu calendário, vamos começar de novo e olhar a proposta de Vancouver de outro modo. Digamos que você marcou um compromisso em seu calendário para a reunião na segunda-feira às 09:00 da manhã. Você já preencheu o formulário do Calendário para o mesmo, mas você tem que anotar em sua lista de tarefas que precisará da apresentação em tempo para a reunião.

Na visualização do Calendário, há uma marca de tarefas no canto inferior direito. Para transformar uma marcação do calendário em uma tarefa, selecione a mesma e arraste para o ícone Tarefas na barra de Atalhos do Outlook ou diretamente à sua marca de Tarefas.

Novamente, o formulário de Tarefas se abrirá. A marcação do calendário ficará na área de anotação e a data é adicionada automaticamente à tarefa. Na próxima figura você verá que um lembrete de aviso da reunião foi adicionado automaticamente para ser acionado com uma hora de antecedência. Isto ocorreu porque havia adicionado um lembrete para esta reunião em meu calendário. Este lembrete de Tarefas me deu mais algum tempo extra - meu lembrete de calendário aparece em 15 minutos.

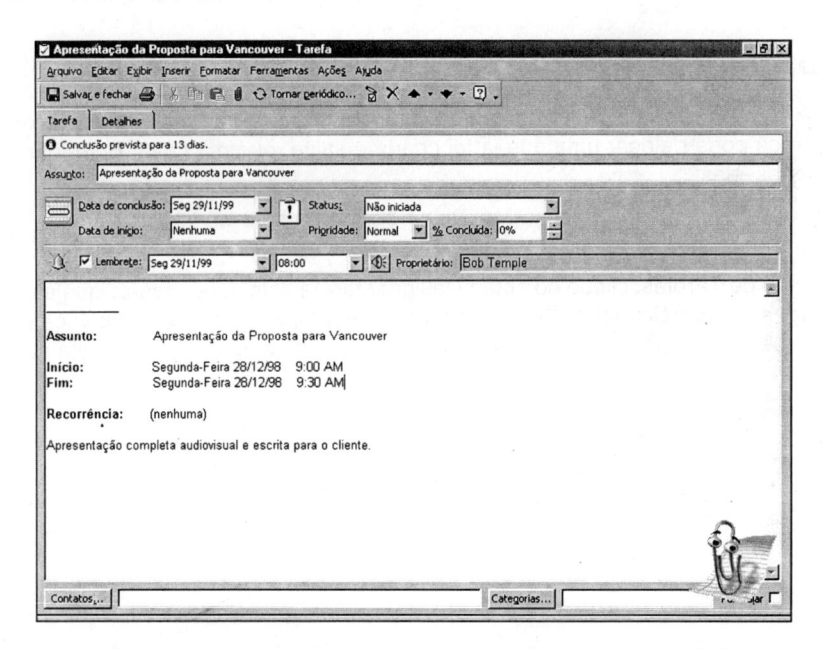

Criar uma tarefa a partir do Calendário não poderia ser mais fácil.

Como trabalhar com Tarefas

Muita coisa pode ser feita com uma tarefa depois que você a digitou. Você pode editá-la, designá-la para uma pessoa, ou apagá-la uma vez que ela tenha sido cumprida.

Como editar tarefas

Como você já aprendeu anteriormente, o Outlook nunca o deixa distante da sua lista de tarefas. Você pode vê-la no Outlook Today, ela está esperando por você no Calendário e é claro, abra a pasta Tarefas se você realmente deseja uma boa visualização.

A boa notícia é que você pode abrir qualquer tarefa de qualquer um destes lugares. Há dois modos dela ser editada: abrindo o formulário de Tarefas, ou, caso você esteja na pasta Tarefas, poderá editar da própria lista.

Se tiver mudanças detalhadas para fazer na tarefa, tais como atualizar seu andamento ou modificar o campo de notas, você deve abrir o formulário maior de tarefas. Pode fazer isto de qualquer lugar de onde possa ver suas tarefas. Por exemplo, se você estiver no Outlook Today e quiser editar uma tarefa, simplesmente clique duas vezes na mesma e o formulário abrirá. Você poderá, então, fazer qualquer mudança que queira na tarefa, salvá-la e isso será modificado.

Se você quiser apenas mudar o assunto da mensagem ou a devida data, pode fazer na lista na pasta Tarefas. Abra a pasta clicando no ícone Tarefas na barra de Atalhos do Outlook, clique uma vez no campo desejado, apague o texto ou adicione o que quiser.

Como delegar Tarefas

O Outlook torna muito fácil o ato de delegar tarefas, o que é bom pois todo mundo adora delegar. Você pode delegar uma que já foi criada e salva, ou uma nova. Bom ,porque não delegar todas elas?

O ato de delegar tarefas ocorre no formulário com o mesmo nome. Uma vez a tarefa já delegada, você pode rastreá-la ou esquecê-la por completo.

No formulário de Tarefas, clique no botão Designar tarefa. Isto abre a janela que é um misto de mensagem de correio eletrônico e uma tarefa. De fato, são ambas, como você pode ver na figura a seguir. Irá enviar uma mensagem que certamente designará a tarefa para outra pessoa.

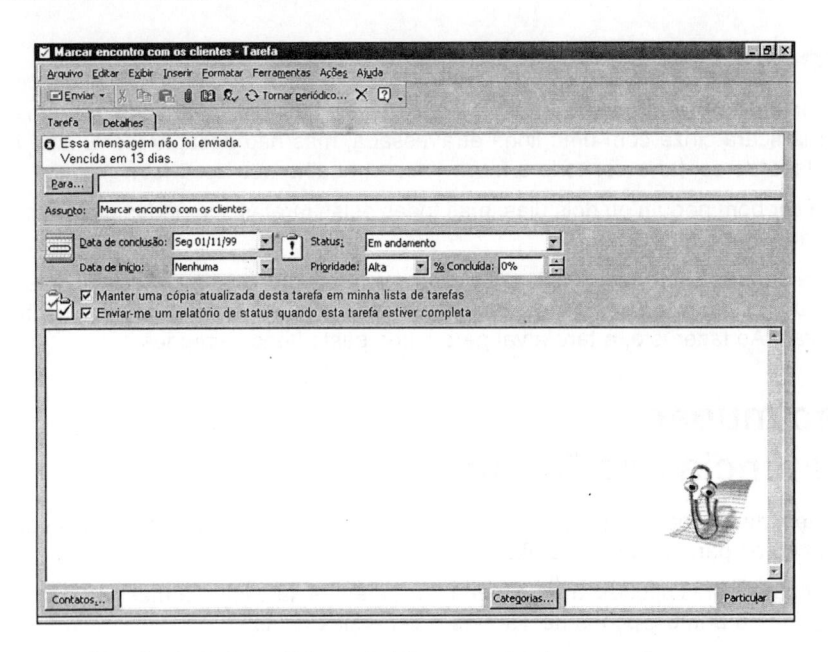

Capítulo 20 ➤ Multitarefas utilizando Listas **243**

Através deste formulário você delega uma tarefa para outra pessoa.

Mantendo-as marcadas

Mantenha estas duas caixas checadas a não ser que seja absolutamente desnecessário que você saiba do resultado da tarefa. Por exemplo, se o seu chefe designou-a e você está delegando parte ou toda, certamente precisará saber do seu andamento, pois você é o responsável pela mesma. Mas, se a tarefa estiver sendo transferida para outro departamento e você não é mais o responsável, desmarque estas caixas. (Isto se aplica tanto para o modo corporativo ou Apenas Internet.)

O campo Para: é onde você nomeará qual o pobre coitado que terá que fazer todo o trabalho sujo para você. Digite o nome do contato (ou clique o botão Para: a fim de escolher um), ou digite o endereço de correio eletrônico, caso o contato não esteja no seu banco de dados. Preencha o resto do formulário, clique no botão Enviar e não é mais problema seu.

Mas espere! E se você ainda for o responsável pela tarefa? Aí entra a importância destas duas caixas. A primeira mantém uma cópia atualizada da mesma em sua lista de tarefas para que você não se esqueça dela. A segunda envia automaticamente uma mensagem de volta quando ele for cumprida, para que você possa ficar tranqüilo.

Como apagar tarefas

Ao cumprir uma tarefa, marque a caixa próxima a ela em qualquer lugar onde a mesma estiver visível. Ela ficará cinza com uma linha atravessada, mas não desaparecerá. Isto lhe dá a oportunidade de sentar e ver todo o maravilhoso trabalho que você fez.

Isto pode ser bom por um ou dois dias, mas todas estas tarefas cumpridas podem confundir lista. Então vamos apagá-las.

Apagar não poderia ser mais simples. Selecione a tarefa e pressione a tecla Delete em seu teclado. Ou, se você abrir o formulário de Tarefas, clique no botão Delete na barra de ferramentas. Ao fazer isto, a tarefa vai para a sua pasta Itens Excluídos.

Como mudar a aparência das Tarefas

Não existem muitas opções para mudar a aparência da sua lista de tarefas, mas você pode mudar as cores para várias condições.

Para configurar estas opções, abra o menu Ferramentas na pasta Tarefas e clique Opções. Depois, clique o botão Opções de Tarefas e veja duas delas.

Quando uma tarefa não for cumprida, ela fica vermelha em sua lista. Quando a tarefa for cumprida, fica cinza (ambas são padrões). Mude estas cores nesta janela.

Como visualizar a sua lista de tarefas

Como você já aprendeu, no Outlook você pode visualizar a lista de tarefas em diversos locais. Por exemplo, você pode mudar a aparência delas no Outlook Today.

Nesta seção, falaremos sobre as diversas formas de ver sua lista de tarefas na pasta com o mesmo nome. Eis aqui as opções:

- ➤ *Lista Simples* — Classifica a lista pelo campo que você especificou, mostrando apenas a o assunto e a data esperada. Na janela inferior, você vê o conteúdo do campo de anotações para a tarefa selecionada.

- ➤ *Lista Detalhada* — São mostrados campos adicionais, incluindo Prioridade, Status, % Completa e Categorias. Mas a janela de anotações não aparece.

- ➤ *Tarefas Ativas* — O mesmo do item anterior, exceto que você não poderá adicionar uma nova tarefa a partir daqui.

- ➤ *Próximos Sete Dias* — Mostra as tarefas ativas que devem ser cumpridas na próxima semana.

Capítulo 20 ➤ Multitarefas utilizando Listas **245**

- ➤ *Tarefas Atrasadas* — Mostra os mesmos campos da opção Tarefas Ativas, mas visualiza apenas as tarefas que ultrapassaram a data-limite.
- ➤ *Por Categoria* — Este modo visualiza as tarefas baseada nas categorias designadas por você.
- ➤ *Designadas* — Mostra as tarefas que você delegou, o andamento e os novos responsáveis por ela.
- ➤ *Por Responsável* — Agrupa todas as tarefas baseada no responsável por cada uma delas.
- ➤ *Tarefas Completas* — Mostra a lista das maravilhas que você já fez (antes de apagá-las).
- ➤ *Linha de Tempo das Tarefas* — A única vez que a visualização das datas em um módulo do Outlook me agrada. Mostra as tarefas em uma linha de tempo baseada na data em que foram marcadas, como pode ser visto na figura a seguir.

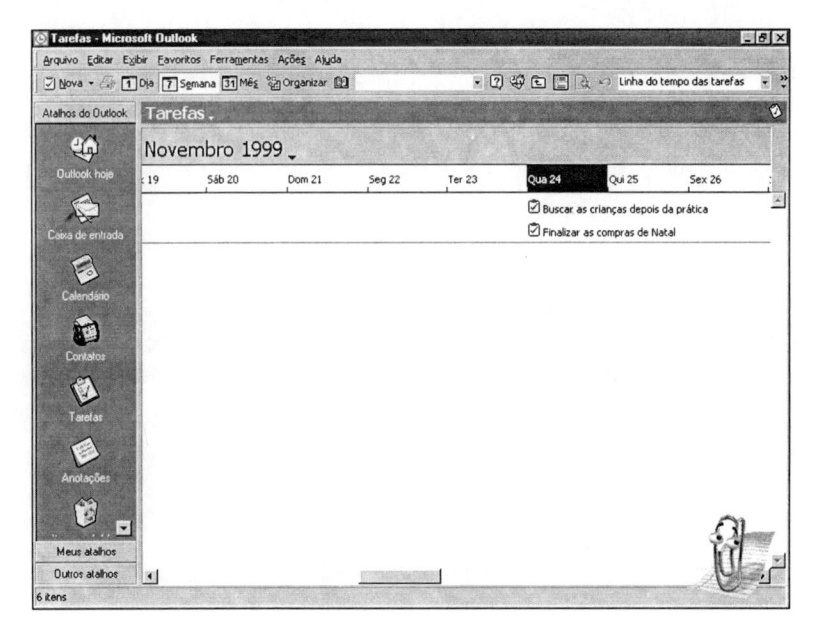

O modo de visualização Linha de Tempo das Tarefas mostra as mesmas pelas datas marcadas.

O mínimo que você precisa saber

- Uma tarefa é qualquer coisa que precisa ser feita, não importando sua complexidade.
- A lista de tarefas do Outlook ajuda a vigiá-las, priorizá-las, organizá-las, e acompanhá-las até o final.
- Usando o formulário de Tarefas você pode registrar uma delas em detalhes, ou rapidamente a partir da pasta Tarefa.
- Designe uma tarefa arrastando para o ícone com o mesmo nome uma mensagem de correio eletrônico ou um item do calendário na Marca de Tarefa.
- Delegue tarefas usando o comando Designar Tarefa, que envia uma mensagem para a pessoa responsável pela mesma. Você pode rastrear estas tarefas delegadas automaticamente.

Parte V

Sobras de novo?
Outros recursos do Outlook

Esta seção abrange tópicos que não tem relação com outras áreas. Um ou outro talvez, ou eles se relacionam com todas elas. Por exemplo, como imprimir itens do Outlook e Cópia do programa são aqui abordados.. Além disso, abordaremos o uso do Outlook Express para a leitura de diversos grupos de debates. Finalmente, apresentaremos todos juntos olhando como o Outlook interage com outras aplicações do Office.

Capítulo 21

Impressão

Neste capítulo
- Escolhendo um modo de impressão
- Estilos específicos para o Calendário
- Estilos específicos para os contatos
- Como visualizar antes de imprimir
- Como imprimir
- Como encontrar suas pastas de arquivos
- Como arquivar manualmente e com o Arquivo Automático
- Como exportar seus arquivos
- Como fazer cópia dos seus arquivos

Este capítulo abrange dois tópicos que aparentemente podem não estar relacionados - Impressão e Cópia. Verdade, eles normalmente não são agrupados e não são considerados parte de um módulo comum do Outlook. Vamos gastar um minuto, pensar e ver como eles estão ligados.

Fazer cópia dos seus arquivos é tudo o que você precisa para ter certeza que não irá perder dados. No mundo computadorizado de hoje, uma cópia diária (semanal ou mensal) é algo banal. Afinal de contas, não existe sensação mais desagradável do que descobrir que a sua apresentação preparada para aquela reunião importante da manhã foi apagada acidentalmente do seu laptop.

Se um arquivo muito importante foi perdido, existem duas formas de você se salvar. Você pode restaurar o arquivo a partir de uma cópia (*se* você fez uma), ou usar uma cópia impressa dos dados (*se* você imprimiu uma).

É claro, impressões não são utilizadas apenas para fazer cópias de documentos. Muitos usuários do Outlook guardam a sua lista de contatos em um diretório que pode ser facilmente acessado. Ou, imprimem o calendário diário toda manhã, podendo assim consultá-lo quando estiverem longe de seus computadores. Talvez sendo até mais comum, as pessoas irão imprimir as suas listas de tarefas para carregá-las.

Outra forma de levá-los com você - sendo mais exato, levá-los para casa - é transferir os seus arquivos do computador do seu trabalho para o computador de sua casa. Esta é uma maneira de exportar, uma forma de fazer uma cópia de seus arquivos, que é abordada neste capítulo.

Qual É O seu Estilo?

O Outlook oferece uma variedade de estilos de impressão para escolha. As opções disponíveis dependerão bastante do módulo do Outlook de onde você irá imprimir. Por exemplo, os estilos disponíveis no Calendário são diferentes dos disponíveis nos Contatos.

Muitas Opções

Existem tantas formas diferentes de impressão quanto diferentes impressoras disponíveis no mercado. Algumas pessoas poderão imprimir em tamanhos de papel diferentes de outras e seria impossível enumerar todas as opções que podem estar disponíveis para você neste livro. Então, a não ser que seja observado, as opções discutidas neste capítulo abrangem o papel carta (8 ½ por 11). Se você puder usar um papel mais longo ou curto, terá mais considerações sobre configurações de páginas além das que serão explicadas aqui.

Os estilos de impressão embutidos no Outlook são mais do que suficientes para o usuário mediano. Contudo, você pode mudá-los caso convenha, ou criar os seus próprios.

Os estilos de impressão serão selecionados quando você for imprimir. Para fazer a sua escolha, o(s) item(ns) que você deseja que o Outlook imprima devem ser abertos na tela. Depois, abra o menu Arquivo e selecione Imprimir. Você verá uma janela como a mostrada na figura abaixo.

Capítulo 21 ➤ Impressão

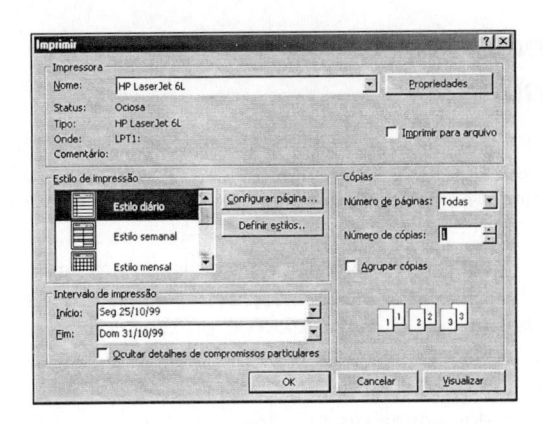

A janela de Impressão vista no Calendário

O quadro estilo de Impressão no centro desta figura é onde você faz a sua escolha. Esta figura foi criada no Calendário, então as opções vistas na sua tela poderão ser levemente diferentes.

Você também pode selecionar um estilo de impressão a partir do menu Arquivo selecionando Configuração de Página e depois qualquer estilo de impressão que você queira a partir da lista disposta.

Os Estilos Básicos – Tabela e Memorando

Dois estilos estão disponíveis na maior parte dos módulos do Outlook – Tabela e Memorando.

O estilo Memorando é o modo mais direto e amplamente disponível nos estilos de impressão. Ele mostra o item como um arquivo de texto com um cabeçalho no topo do papel. A aparência irá variar levemente entre os módulos, mas não muito. O estilo Memorando está em quase todo o Outlook. A Caixa de Entrada, Contatos, Tarefas, Diário e Notas o usam. Apenas o Calendário não suporta este estilo em todas as suas visualizações. Para usá-lo no Calendário, você deve ter uma entrada selecionada (mais detalhes nos estilos especiais de Calendário mais a frente).

O estilo Tabela também é bastante direto. Na maioria dos casos, a tabela irá se parecer muito com a visualização de Tabela de qualquer módulo que você estiver. Por exemplo, quando você visualiza sua Caixa de Entrada na Visualização de Mensagens, ele mostra a lista como uma tabela — em colunas e linhas. Quando você imprime esta lista na Lista de Tabelas, ela imprime quase que exatamente como aparece na sua tela.

O estilo Tabela está disponível nos três módulo que são mais facilmente transformados em uma tabela — Tarefas, Contatos e Caixa de Entrada. Ela também é suportada em certos modos de visualização de Notas e Diário.

Estilos Especiais para o Calendário

Por causa dos seus atributos únicos, o Calendário não oferece nenhum dos estilos básicos de impressão, a não ser que você mude dos modos de visualização Dia/Semana/Mês. No lugar, ele oferece cinco estilos próprios que você poderá escolher. Seguem-se suas descrições breves :

> ➤ Estilo Diário — Mostra o número de compromissos em um lado da página, dividida em períodos de meia-hora crescentes, assim como é vista na tela no modo de visualização de um dia. O mês atual e o próximo são impressos como parte do cabeçalho. No lado direito da página está a Marca de Tarefa e a Área de Notas.

> ➤ Estilo Semanal — Mostra o número de compromissos, com os cinco dias de trabalho semanais mostrados em caixas grandes e os dois dias do fim de semana em uma caixa, com cada metade para cada dia. Novamente, o mês atual e o próximo são mostrados no topo da página como parte do cabeçalho.

> ➤ Estilo Mensal — Mostra um mês completo em uma página, como um típico calendário de parede. As cinco primeiras caixas são os dias da semana e os dias do fim de semana dividem uma caixa no lado direito mais distante da página. Ela é impressa em modo horizontal.

> ➤ Estilo de Três Dobras — A página é dividida em três partes e impressas em modo horizontal. O lado esquerdo é um calendário diário, dividido em períodos de meia-hora crescentes. O centro é o seu Marcador de Tarefas. O lado direito mostra a semana do Calendário.

> ➤ Estilo Detalhes do Calendário — Mostra os Itens do Calendário que você tem exibido, em formato de lista. Junto com o assunto de cada compromisso estão os seus detalhes completos, incluindo qualquer coisa que você possa ter digitado nas notas do formulário do Calendário.

Estilos Especiais para Contatos

Como mencionado anteriormente, você pode imprimir seus contatos no estilo Memorando. Mas há também estilos especiais que você pode usar para imprimir os contatos. Eis aqui uma breve descrição deles:

> ➤ Cartão — Imprime a lista de contatos do modo como você vê em sua tela quando você mostra os contatos no modo Cartão de Endereços. Você tem cabeçalhos para cada letra do alfabeto para os quais você tem contatos listados e cada contato inclui o nome, endereço, telefones e endereço de correio eletrônico. Eles são impressos em duas colunas.

> ➤ Pequeno Livro — Imprime a lista de contatos em uma coluna planejada para ser colocada em um pequeno livro, com oito páginas no papel carta. O programa perguntará se a sua impressora suporta o modo de impressão de dupla-face, pois este é o estilo recomendado para este tipo de documento.

Capítulo 21 ➤ Impressão

➤ **Livro Médio** — O mesmo do item anterior, exceto que a configuração é para quatro páginas de folhas de papel carta.

➤ **Catálogo Telefônico** — Imprime como um catálogo telefônico, com os nomes dos contatos, uma série de pontos e depois o telefone. Impresso em uma coluna

Vamos dar uma olhada

Quando você imprime um item de uma nova forma pela primeira vez, é uma boa idéia você ver como ficará a impressão através do modo visualização de impressão em sua tela antes de gastar papel em uma idéia equivocada.

Caso você já trabalhe com computadores, provavelmente está acostumado a usar a função Visualizar Impressão disponível em diversos e diferentes programas. O Outlook também a tem e ela pode ser um salva-vidas. Ou pelo menos representar uma economia de papel, pois podendo-se ver o que você irá imprimir, pode-se evitar o desperdício.

Uma vez selecionado seu estilo de impressão, clique no botão Visualizar Impressão na parte inferior da janela Imprimir. Você terá uma imagem reduzida que representa a página a ser impressa, mostrada na figura mais à frente.

É tão pequena que você não poderá ver muitos detalhes, mas você pode clicar na imagem para aumentar a porcentagem da visualização, tendo assim uma imagem melhor.

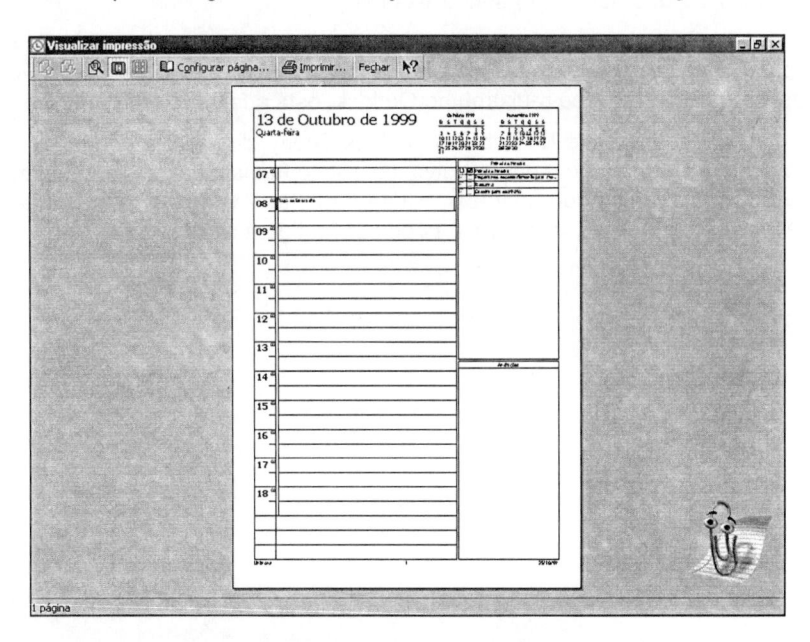

A janela Visualização de Impressão mostra a você o que será impresso sem desperdiçar papel.

Finalmente, Imprimindo

Feitas todas as escolhas, imprimir é fácil. Você pode imprimir diretamente a partir da tela Visualizar Impressão clicando no botão Imprimir. Ou, caso você não tenha aberto esta janela, você pode clicar o botão Imprimir na janela com o mesmo nome (onde você escolhe seu estilo de impressão).

Se você quiser imprimir seus itens sem selecionar um estilo ou visualizando a impressão, imprima a qualquer momento no Outlook clicando no botão da Impressora na barra de ferramentas. O botão se parece com uma impressora.

Se você tiver mais de um item selecionado, eles serão todos impressos quando clicar o botão Imprimir.

Achando Seus Arquivos e Pastas

Então você tem todos os seus contatos e compromissos registrados no Outlook. Tem uma lista de tarefas e a está usando para mandar e receber mensagens. Sim, o Outlook tornou-se uma parte essencial da sua vida.

O que você irá fazer caso perca tudo? As chances existem, você poderia ficar muito triste.

Bem, esta seção irá ajudar a prevenir para que isto não aconteça. Você aprenderá a fazer uma cópia dos seus arquivos e a como manter o Outlook funcionando suavemente, guardando arquivos que não estão sendo usados.

Mas antes de fazer isso, você precisa saber onde o Outlook armazena seus arquivos e pastas e então poderá manipulá-los quando for conveniente. Acredite ou não, todos os arquivos e pastas pessoais, tudo que você registrou no Outlook, está guardado em um único arquivo.

A melhor maneira de encontrá-lo é abrir o Outlook Today clicando no ícone da barra de Atalhos do Outlook . A partir do menu Arquivo, selecione Pasta e depois Propriedades para Pastas Pessoais. Na janela que aparecer, clique no botão Avançado. A caixa de diálogo Pastas Pessoais irá aparecer, como você pode ver na figura abaixo:

Capítulo 21 ➤ Impressão 255

*O arquivo nomeado no campo Percurso
é o seu Arquivo do Outlook.*

A caixa Percurso contém o endereço completo do seu arquivo do Outlook, mais o nome do arquivo. Como você pode ver na figura anterior, o nome do meu arquivo do Outlook é outlook.pst. Ele está localizado na unidade C:, no diretório Windows. Se o seu endereço for muito extenso para ser visto nesta caixa, clique dentro dela para que você possa mover o cursor para os dois lados e assim ver o endereço completo.

Certifique-se de que esta informação permaneça escrita em um local seguro para que você saiba onde ela está, caso você precise.

Da mesma forma, caso o Outlook comece a funcionar lentamente, você terá que apagar muitos arquivos mais tarde. Você poderá clicar o botão Compactar Agora para reduzir o tamanho do arquivo. Isto reorganizará o arquivo fazendo com que ele ocupe menos espaço e seja operado de forma mais eficiente.

Arquive!

Se você tem um arquivo, sabe que de vez em quando deve esvaziá-lo. Quando vou para o meu, normalmente encontro muitas coisas que posso jogar fora. Mas, também encontro muitas coisas que devem ser mantidas por perto, caso venha a precisar delas no futuro. Eu tiro estas coisas e as coloco em caixas e as guardo no meu lugar de armazenagem. Deste modo, posso encontrá-las facilmente caso as precise de novo, mas elas não ficam na gaveta de uso diário do meu arquivo.

É para isto que um arquivo serve e arquivar no Outlook não é muito diferente. Se você tem muitas informações registradas nele e não as arquiva, o desempenho do programa irá diminuir um pouco. Se você colocar algumas destas informações em um local seguro - não apagando e sim arquivando-o Outlook funcionará mais rápido e ainda lhe dará acesso às coisas guardadas.

Você pode adiar esta necessidade de arquivar sendo atento na eliminação de arquivos e regularmente limpando a sua pasta Itens Excluídos. Contudo, você simplesmente não terá tempo para apagar cada compromisso depois que cumpri-lo e eventualmente estes itens irão se acumular.

Manualmente

Você pode guardar arquivos e pastas no Outlook 2000 selecionando Arquivar no menu de mesmo nome em qualquer módulo do Outlook. Uma janela como a da figura abaixo aparecerá.

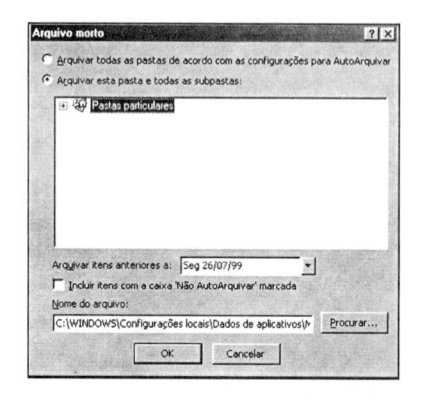

Configure o modo do arquivamento manual nesta janela.

No topo da janela, você pode dizer ao Outlook para usar as configurações do Arquivo Automático para armazenar todas as pastas. Este recurso será abordado na próxima seção deste capítulo.

Você pode fazer as mesmas configurações para todas as suas pastas do Outlook destacando Pastas Pessoais na lista e selecionando para arquivar esta pasta e todas as suas subpastas.

No campo data, selecione o período desejado para arquivar os itens. Abaixo, você poderá configurar o local para onde o arquivo será armazenado.

Ao clicar o botão OK, todos os itens do Outlook anteriores à data especificada por você serão arquivados. Isto inclui mensagens de correio eletrônico, compromissos, tarefas e tudo o mais. Você ainda poderá ser capaz de recuperar estes itens posteriormente - eles apenas estão sendo removidos do seu arquivo atual. A informação arquivada é guardada em algum lugar do seu disco rígido. Além do que, sua Pasta Contatos não será arquivada.

Capítulo 21 ➤ Impressão 257

Usando o Arquivo Automático

Geralmente, é mais fácil e mais eficiente usar a função Arquivo Automático do Outlook para decidir quando os itens devem ser descartados. Você programa a execução para arquivamento antecipado e o Outlook simplesmente cumpre suas instruções.

Para fazer isto, abra o menu Ferramentas e clique em Opções. Na guia Outros, clique no botão Arquivo Automático para trazer a caixa de diálogo como a da figura seguinte.

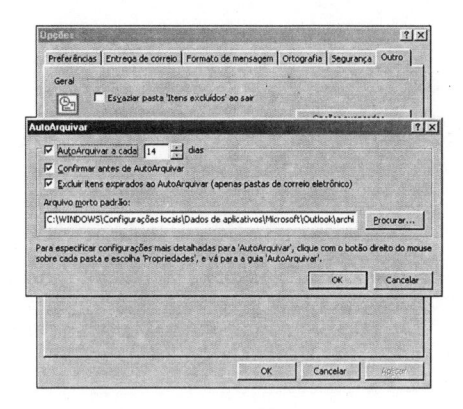

Faça as configurações do Arquivo Automático aqui

Aqui você pode fazer amplas configurações para o Arquivo Automático. Você pode configurar o número de dias entre as sessões deste recurso, se você quiser ser avisado primeiro e muito mais. De novo, você poderá ver o nome do arquivo onde os outros arquivos serão colocados.

Como você pode ver a partir da parte inferior da janela, você pode fazer configurações diferentes para diversas pastas do Outlook. Para isto, clique com o botão direito do mouse no ícone da pasta na barra de Atalhos do Outlook e depois selecione Propriedades. Depois, você pode usar a guia de Arquivo Automático para determinar o arquivamento individual de pastas.

Como exportar arquivos do Outlook

Quando você exporta um arquivo, uma cópia do mesmo é feita mas o original fica no mesmo local. Ao exportar, você não reduz nem remove itens dele. Isto é útil para a cópia do Outlook, mas também para atualizar os arquivos do programa em um outro computador.

Você exporta arquivos de pasta em pasta. Pode exportar apenas seus contatos ou o seu calendário. Por exemplo, digamos que você use o Outlook em seu trabalho e na sua casa. No fim da semana, você quer atualizar o calendário em sua casa com as mudanças feitas no mesmo em seu trabalho durante a semana. Deste modo, ao referir-se ao calendário de sua casa, ele estará com todas as informações que você precisar.

Para fazer isto, primeiro abra seu calendário no trabalho. A partir do menu Arquivo, selecione Importar e Exportar. No Assistente de Importação e Exportação, escolha Exportar para arquivo.

Instalação Sob Demanda

O recurso Importar/Exportar não é instalado imediatamente junto do Outlook. Este recurso (e alguns outros) são instalados apenas quando você tentar acessá-los pela primeira vez. Então, não se surpreenda se o Outlook solicitar que você insira o disco de instalação em sua unidade de CD para ter este recurso.

Você irá querer selecionar o arquivo Pastas Pessoais (.pst) pois mais tarde irá importar esta informação para o Outlook instalado no computador de casa.

Depois, selecione a pasta que você quer exportar (a pasta Calendário é pré-selecionada, pois você escolheu a opção Importar e Exportar quando estava nela).

Por último, você pode nomear o arquivo a ser criado e escolher como quer manipular itens em duplicidade na caixa Exportar Pastas Pessoais, como mostrado na figura a seguir.

Você também deve selecionar para onde o arquivo exportado irá — um disquete, uma unidade Zip, uma unidade SuperDisk e assim por diante.

Ao chegar em casa, você pode seguir as mesmas instruções usando Importar. O Calendário do Outlook do computador de sua casa será atualizado igualando-se à cópia de seu trabalho.

Capítulo 21 ➤ Impressão   **259**

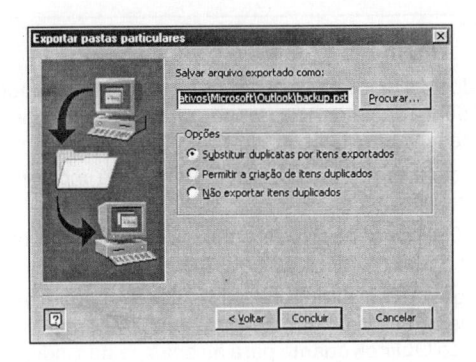

Faça escolhas finais sobre sua exportação aqui.

Como copiar arquivos

A cópia dos arquivos do Outlook é muito simples, caso seja isto que você queira concluir. Tudo que você tem a fazer é ir à sua unidade C:, encontrar o arquivo que contenha todas as informações do seu Outlook ,(o meu é outlook.pst), e copiá-lo para um disco Zip ou qualquer outro meio de armazenamento.

Encontrando o Arquivo

Dependendo do computador que você estiver usando, este arquivo pode ser mais difícil de encontrar do que foi para mim. Se você estiver em apuros, use o recurso Localizar no seu menu Iniciar do Windows e digite "outlook.pst" e o seu computador localizará o arquivo para você.

Contudo, a cópia do Outlook deve fazer parte das cópias planejadas para todo o seu sistema, ou pelo menos para os arquivos que você criar nele. Existem diversos programas que podem ajudá-lo a concluir uma cópia. Qualquer projeto de cópia que você comprar (uma unidade Zip, uma unidade SuperDisk, ou uma unidade de fita para cópia ou algo do tipo) virá acompanhado de um programa ou função que permite fazê-la do seu sistema.

Caso você não queira fazer isto, não terá ninguém para culpar a não ser você mesmo.

O Mínimo que você precisa saber

➤ Outlook oferece dois recursos básicos de impressão – Memorando e Tabela - para todos os seus módulos, dependendo do modo de exibição. Também oferece estilos especiais de impressão para Calendário e Contatos.

➤ Você pode visualizar a impressão do(s) item(ns) que irá imprimir usando a função Visualizar de Impressão.

➤ Todos os itens do Outlook são salvos em um único arquivo. Encontre-o e faça uma cópia regularmente para manter a sua informação a salvo.

➤ Arquivar itens antigos do Outlook faz com que ele funcione mais devagar. Você pode arquivar manualmente ou configurar a função Arquivo Automático, tanto para todos os seus arquivos do Outlook quanto para as suas pastas individuais.

Capítulo 22

Novidades que você pode utilizar

Neste capítulo

- O que é o Outlook Express?
- Como entender os grupos de debates
- Como utilizar o leitor de notícias do Outlook para ler as mensagens dos grupos de debates.
- Como configurar a conexão do servidor de grupos de debates.
- Quantos grupos de debates existem?
- Como ler as mensagens.
- Como participar dos grupos de debates.
- Como utilizar a barra de ferramentas para Web do Outlook
- Como avançar e voltar.

Até agora, nós falamos muito brevemente do uso do Outlook para enviar e receber mensagens de correio eletrônico através da Internet. Mas nós não "mergulhamos" na Internet. O Outlook permite que você o faça de vários modos, desde que tenha instalado uma parte dos aplicativos Microsoft Office (o que a maioria faz de qualquer forma). Deste modo, você terá o Internet Explorer 5 e o Outlook Express instalados com estes aplicativos. Sem estes dois programas, o Outlook não poderá interagir com a Internet a não ser através do correio eletrônico. Se este for o seu caso e você tiver uma conexão completa para Internet, terá uma capacidade ilimitada para dominá-la

**O que você quer dizer
com "conexão completa para Internet"?**

Uma conexão completa para Internet dá acesso para todas as facetas da mesma, como o correio eletrônico, a Web, grupos de debates e outros. Lembre-se de que a Internet é muito mais do que a Web. A maioria das pessoas que tem uma conexão com a Internet através da sua própria placa de modem e tem o Outlook em Apenas para Internet estão configurados com seu provedor de acesso a Internet (ISP) que oferece estes serviços. Porém, muitas empresas permitem que seus empregados tenham correio eletrônico mas não permitem que eles naveguem pela Web ou leiam mensagens dos grupos de debates.

O que é o Outlook Express?

Quando você instala o Microsoft Office, você obtém o Internet Explorer 5. E quando tem o Internet Explorer 5, você tem o Outlook Express.

O Outlook Express é um programa que interage com a Internet Explorer fornecendo alguns serviços que o Explorer não dá — isto é, correio eletrônico e grupos de debates. Ao contrário do Navegador Netscape, o Explorer não possui um programa de correio eletrônico inserido nele. Ele permite que você selecione o programa de correio eletrônico que você usa e manda o Outlook Express como uma das opções.

Ao contrário da versão completa do Outlook, o Outlook Express não possui todos os recursos avançados do primeiro. De qualquer maneira, você não precisa deles, pois você já está utilizando a versão completa do Outlook.

O principal valor do Outlook Express para os usuários do Outlook é a utilização dos grupos de debates. De fato, ao acessar o Outlook Express a partir do Outlook, você está usando o Express no modo "apenas notícias/debates". É isto, a única parte do Outlook Express que você estará utilizando é a função de leitura de mensagens dos grupos de debates. Esta função do Express é chamada de Outlook Leitor de Notícias.

O que são os grupos de debates?

Participar de grupos de debates, que tem uma semelhança muito grande com o antigo BBS, é uma das atividades mais antigas na Internet. De fato, bem antes que a tecnologia HTML permitisse a distribuição de informação multimídia pela World Wide Web, os grupos de debates eram a única diversão encontrada na Internet (na minha humilde opinião). Enquanto o correio eletrônico é como passar um comentário para um colega de turma, os grupos de debates são como parar em frente à turma e fazer um discurso.

Os grupos de debates são organizados e nomeados por tópicos, então a discussão é freqüentemente focalizada no tópico em questão. Grupos de debates são como revistas - não importa o quão obscuro seja o tópico, em algum lugar existe uma revista dedicada a ele. O mesmo se aplica a eles. Se você estiver interessado em pipas, jogo de pulgas, gamão, etc, provavelmente sempre haverá um grupo de debates para você.

Mas eles não são apenas sobre seu passatempo favorito. Existem muitos grupos de debates de assuntos mais sérios também, desde política passando por esportes e economia e... bem, o que você desejar. Existem muitos deles dedicados ao Microsoft Outlook, por exemplo.

Nos grupos de debates, as pessoas enviam mensagens que podem ser lidas por todo o grupo. Outros podem enviar suas próprias mensagens ou responder a outras existentes. O melhor — e às vezes o mais inconveniente — dessas discussões é que elas são desenfreadas.

Vigie o que você escreve

Lembre-se, qualquer mensagem que você enviar para um grupo de debates poderá ser lida por qualquer um. Você pode achar que uma piada específica é engraçada e seus amigos também, mas outras pessoas irão ler e ficarão profundamente ofendidas. O humor é normalmente reservado para uma forma mais particular de comunicação.

Muitos grupos de debates não são moderados por nenhum indivíduo ou por uma corporação. Ao enviar uma mensagem, ela vai sem censura e sem edição. Isto causa problemas quando debates são colocadas à prova e a emoção da pessoa chega ao topo, mas para a maior parte, eles são locais para conversas calmas.

Muitas grandes empresas mantém grupos de debates para os seus empregados e muitas também têm uma pessoa cujo trabalho é monitorar as discussões destes grupos sobre seus produtos. Por exemplo, se você tiver um problema com algum produto da Microsoft e mandar uma mensagem sobre ele em um grupo de debates, provavelmente receberá uma resposta de um empregado da Microsoft, ou, de algum autor de um livro sobre este produto. Você receberá respostas de pessoas normais como você que gostariam de ajudar.

Como usar o Leitor de Notícias do Outlook para ler mensagens dos grupos de debates

O Leitor de Notícias do Outlook foi projetado para facilitar a leitura das mensagens destes grupos. Antes de poder participar deles, contudo, você deve encontrá-los. Este recurso o ajuda neste assunto, também.

Você pode abrir o Leitor de Notícias através do menu Exibir no Outlook, selecionando Ir Para, depois escolhendo Notícias/Debates. O Leitor do Outlook é iniciado. Deverá aparecer uma janela semelhante à figura abaixo:

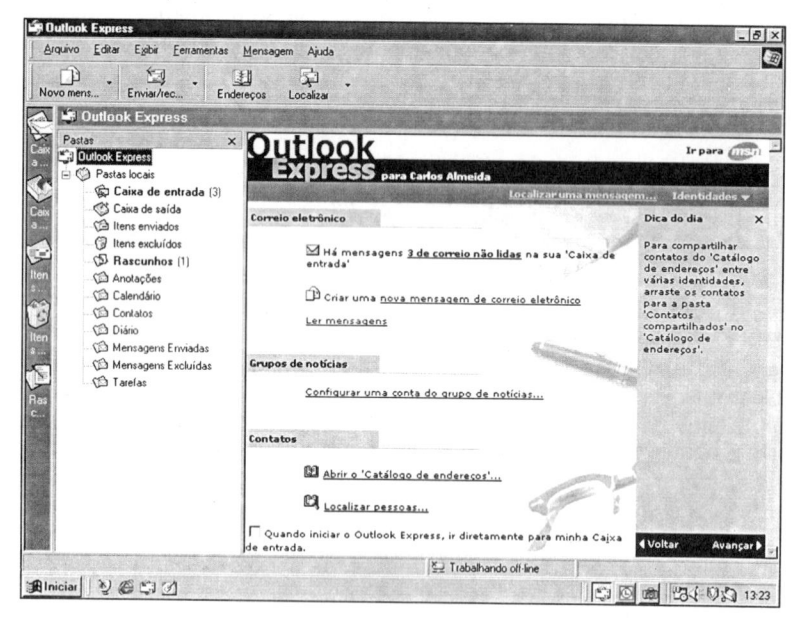

O Leitor de Notícias do Outlook permite que você leia mensagens de grupos de debates fora da Internet.

Como configurar o seu Leitor de Notícias

Dependendo do programa que o seu provedor lhe fornecer, ou como eles o conduzirem durante a configuração de sua conta, você não terá muito o que fazer para configurá-la.

Se você for um usuário de uma empresa, não deixe de pegar algumas instruções com o seu administrador do sistema sobre como configurar seu leitor de notícias antes de mexer em qualquer configuração de sua estação de trabalho.

Em grande parte dos procedimentos de configuração de contas, em algum momento você será perguntado para indicar o servidor que irá utilizar para ler as notícias. Isto é fiel ao Assistente de Configuração de Conta da Internet que a Microsoft usa no Internet Explorer.

Quer aprender mais?

Há dezenas de newsgroups relacionados à Microsoft e seus produtos. Na verdade, você pode incluir o Microsoft News Server (msnews.Microsoft.com) para discussões sobre produtos da Microsoft, inclusive o Outlook.

Se você já possuir uma conta configurada, ela será mostrada na lista de pastas do Leitor de Notícias do Outlook no lado esquerdo da tela. Caso não tenha, você poderá configurar uma abrindo o menu Ferramentas neste recurso, escolhendo Contas (usuários corporativos deverão selecionar Serviços) e depois clicar no botão Adicionar. Isto irá dar continuidade ao processo, perguntando para dar um nome, um endereço de correio eletrônico para resposta e o endereço do seu servidor de notícias.

Se você quiser fazer mudanças em sua conta a qualquer momento, volte ao menu Ferramentas, selecione Contas, o nome da conta e clique no botão Propriedades.

Como encontrar grupos de debates

Para abrir a sua conta, selecione-a na lista de Pastas no lado esquerdo da janela do Leitor de Notícias do Outlook. Na primeira vez que você fizer isso, ele perguntará se você quer baixar uma lista de grupos de debates disponíveis. Dependendo do seu servidor de notícias, esta poderá ser uma lista pequena ou muito grande. Meu provedor dá acesso a mais de 25.000 grupos diferentes!

Isto só precisa ser feito uma única vez e você não poderá ler nenhuma mensagem antes de fazê-lo, então não há como não fazer. Leva apenas alguns minutos, se a lista for longa. Uma lista de grupos em ordem alfabética, como você verá na figura seguinte, é o que você encontrará:

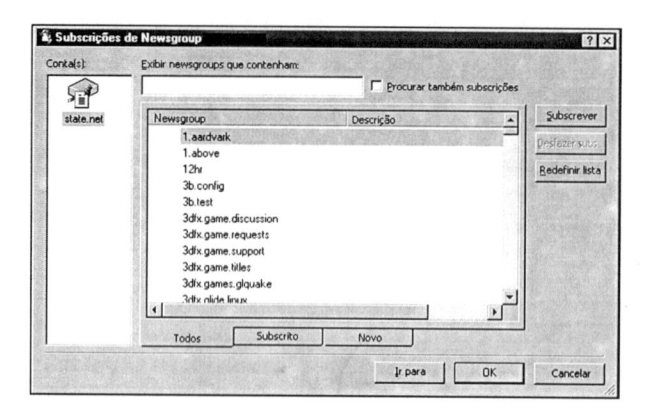

Sua lista de grupos de debates será mostrada na primeira vez que você acessar sua conta.

Há um problema — os grupos não estão nomeados em ordem alfabética pelo tópico abrangido. De fato, eles tem um número de prefixos diferentes que determinam o seu tipo, como alt para alternativo, rec for recreação e assim por diante. Para encontrar grupos que se enquadrem em seus interesses, você precisará procurar por esta lista. O Leitor de Notícias do Outlook torna isto fácil permitindo que você digite um critério de busca no campo Mostrar grupos de debates. Digite uma palavra, aguarde e a lista será mostrada baseado no critério escolhido.

Uma inscrição sem um cartão

Inscrever-se em um grupo de debates é totalmente diferente de assinar uma revista. Não há um cartão de identificação para ser preenchido, taxa a pagar e espera pela primeira ou próxima edição. Inscrever-se em um grupo de debates envolve menos do que uma obrigação.

A inscrição (e cancelamento, para este assunto) é instantânea. Quando você se inscreve em um grupo que lhe interessa, o Leitor de Notícias do Outlook irá atualizá-la automaticamente e lhe dirá quantas mensagens foram enviadas em cada grupo desde a sua última verificação.

Capítulo 22 ➤ Novidades que você pode utilizar   **267**

Inscrever-se em um grupo não significa que todos os outros participantes irão saber tudo sobre você — a não ser que você envie uma mensagem falando sobre sua vida. Você poderá se inscrever nos grupos que desejar e ler todas as mensagens sem ninguém saber que está fazendo isto.

Para inscrever-se, selecione o nome de um grupo de debates na janela e clique no botão Inscrever. Você pode retornar à lista completa de grupos clicando o botão Retornar à lista ou apagando o seu critério de pesquisa para que o campo fique em branco. Assim que você se inscrever, o nome do grupo aparecerá no seu painel de Pastas no lado esquerdo.

Como ler as notícias

Para ver o conteúdo das mensagens, basta selecionar o seu nome na lista de Pastas. As mensagens aparecerão no alto à direita da janela, como mostra a figura abaixo:

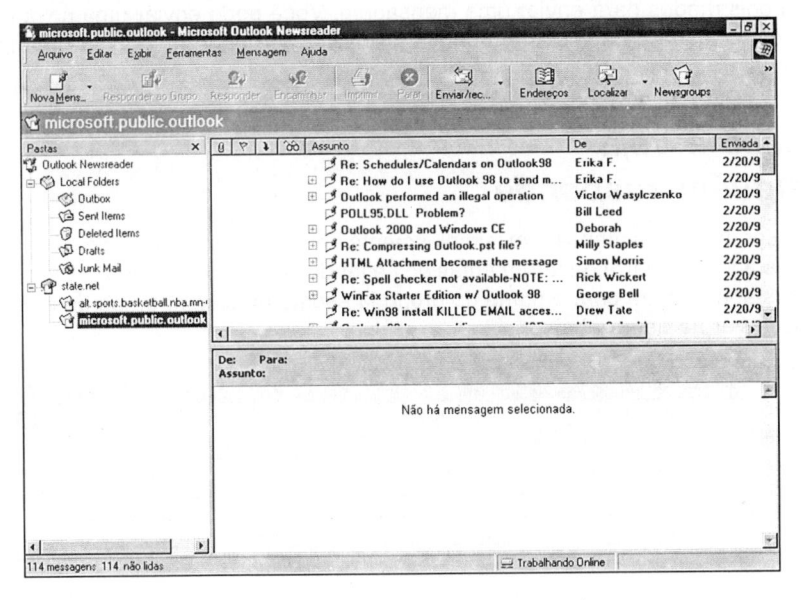

O conteúdo de uma grupo de debates visto no Leitor de Notícias do Outlook.

Você pode ordenar a lista clicando nos cabeçalhos de cada campo no topo. Por padrão, as mensagens são ordenadas pela data recebida, com a mais recente na parte inferior da lista.

Um sinal positivo à esquerda da mensagem significa que ela já foi respondida. Clique no mesmo sinal e as respostas serão mostradas abaixo da mensagem original.

Perceba que algumas mensagens têm sido respondidas por diversas vezes., tornando-se discussões. Se você quiser verificar uma discussão em particular, clique no ícone em formato de óculos que fica acima da janela de assunto e depois clique na linha que você desejar seguir. O Outlook Newsreader irá verificar para você. Clique na linha mais uma vez e você verá um círculo vermelho atravessado por uma linha perto do assunto. Isto significa que o Outlook irá ignorar esta linha em particular.

Para ler uma mensagem, simplesmente selecione-a. O conteúdo irá aparecer na parte inferior da janela.

Como fazer a sua marca

Ler mensagens de grupos de debates pode ser engraçado e informativo. Mas, para envolver-se, você precisa mostrar-se e contribuir para a discussão.

Existem dois modos para enviar uma mensagem. Você pode enviar uma nova mensagem que foi direcionada para iniciar uma nova discussão, ou pode responder uma mensagem já existente.

Comece e veja se alguém responde

Para enviar uma nova mensagem, simplesmente entre no grupo desejado e clique no botão Nova Postagem na barra de ferramentas do Leitor de Notícias do Outlook. Uma nova janela Nova Postagem abrirá com o nome do grupo já escrito no campo grupo de debates, como você pode ver na figura abaixo.

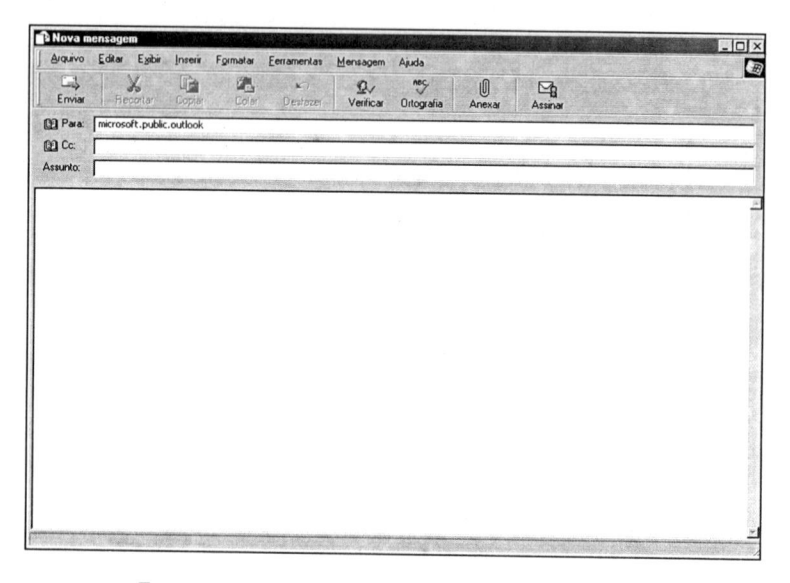

Escrever uma mensagem para um grupo de debates é muito parecido com escrever para o correio eletrônico

Digite o assunto de sua mensagem, o conteúdo e clique no botão Enviar. Às vezes demora um pouco para a sua mensagem aparecer, mas ela irá chegar. Às vezes isto é quase instantâneo.

Como responder uma mensagem já existente

Para responder uma mensagem já existente, você precisa selecionar a mensagem e certificar-se de que ela aparecerá na janela de mensagem. Depois, clique no botão Grupo de resposta.

De novo, a janela Nova Postagem aparece com o campo grupo de debates preeenchido. Desta vez, o campo Assunto está preenchido. Digite a sua mensagem e clique Enviar.

Como tornar público

Lembre-se, qualquer coisa que você enviar a um grupo de debates pode ser visto por qualquer um neste grupo, não apenas a pessoa que você está respondendo. Se você quiser responder uma mensagem em modo privado, leia a próxima seção.

Como responder em modo privado

Às vezes, você poderá querer responder para uma pessoa que enviou uma mensagem sem que todo o grupo leia a mesma.

Para isto, clique no botão Responder. Neste caso, uma janela de correio eletrônico abrirá com o nome da pessoa já escrito no campo Para:. Digite sua resposta e envie a mensagem como correio eletrônico, assim o resto do grupo não verá a mensagem.

Como trabalhar com a Web

Parte do fascínio do Outlook é que ele pode se integrar com outros programas do Office, incluindo o Internet Explorer. Os vínculos do Outlook com outros programas do Office serão abordados no próximo capítulo.

O Outlook tem uma barra de ferramentas que pode ser usada para acessar rapidamente a Web. Em outras seções deste livro, você tem usado as barras de ferramentas Padrão e Avançada para realizar as suas tarefas.

Você também pode colocar a barra de ferramentas Web, mas poderá achar que a sua área destinada às barras de ferramentas está ficando um pouco cheia. Para exibir a barra de ferramentas Web, clique o botão direito do mouse em qualquer área da barra de ferramentas aberta, e depois escolha Web. Se você quiser esconder a barra de ferramentas Avançada, desmarque-a usando os mesmos procedimentos e clique na opção Avançada. Na figura a seguir, todas as três barras de ferramentas são mostradas. Eu tenho colocado a barra Web abaixo das outras.

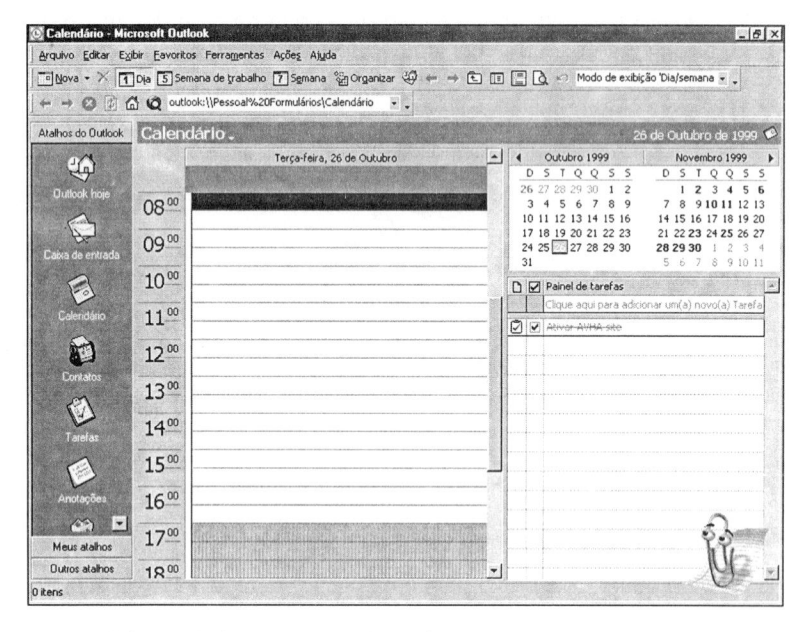

A barra de ferramentas Web está colocada abaixo das outras.

Como ver sites

Bem acima no lado direito da barra de ferramentas Web está o campo de endereço. Ela mostra o que estiver aberto em sua tela naquele momento. (Na figura, estou vendo meu calendário, então ele indica que a pasta com o mesmo nome está aberta.) Para visualizar rapidamente um site da Web, apenas digite o endereço neste campo.

O que acontece é realmente surpreendente. Você poderá pensar que o Internet Explorer será iniciado. Tecnicamente é, mas é como um navegador dentro do Outlook. Poderia explicar toda esta coisa em uma linguagem técnica confusa, mas acredito não ser necessário. Tudo

Capítulo 22 ➤ Novidades que você pode utilizar   **271**

que você precisa saber é: ao invés de ter juntamente dois programas ocupando a sua memória RAM, você poderá visualizar páginas da Web dentro do Outlook. Elas aparecem na janela do programa, como você poderá ver na figura a seguir.

Você pode iniciar o Internet Explorer a hora que quiser, mas não precisa fazer isso.

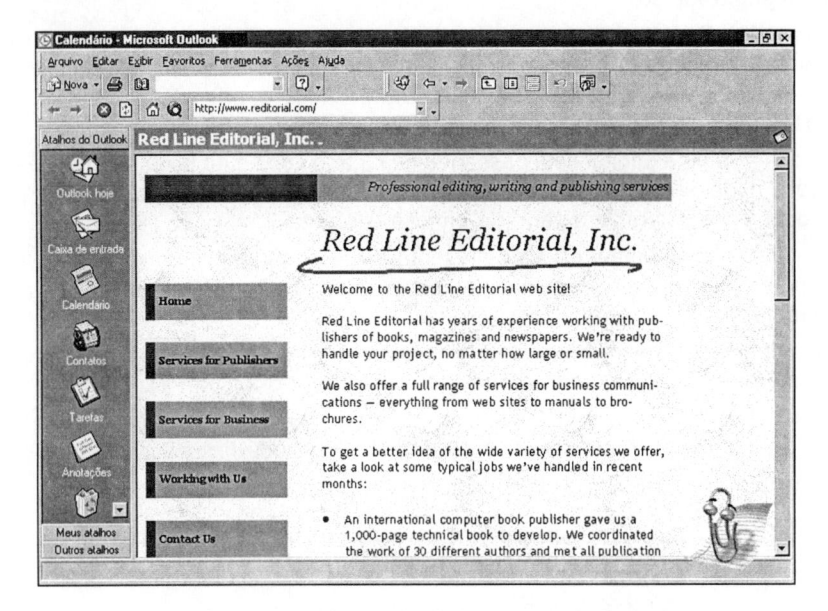

Você pode ver páginas da Web sem sair do Outlook

Favoritos

O Outlook inclui um menu Favoritos, igual ao Internet Explorer. De fato, qualquer favorito identificado no Internet Explorer (ou marcadores feitos em outro navegador da Web) foram importados para o Outlook quando você o instalou. Você pode usar este menu Favoritos da mesma forma que em qualquer navegador.

Para visitar um site que você tenha marcado, selecione o nome do mesmo no menu Favoritos. Ele irá aparecer na janela ativa. Novos favoritos também podem ser adicionados, da mesma forma como você faz no Internet Explorer.

O resto da barra
de ferramentas Web

Trabalhar com o resto da barra de ferramentas é como trabalhar dentro do Internet Explorer. Segue um resumo rápido:

- ➤ Para Trás e Para Frente — As setas esquerda e direita são os botões Para Trás e Para Frente. O botão Para Trás o leva de volta à página anterior que você visualizou. Uma vez que você usou este botão, o Para Frente é ativado, permitindo que você vá para a página onde estava ao clicar no botão Para Trás.
- ➤ Parar — Se uma página está passando devagar e você quer fazer alguma movimentação, pode pressionar o botão Parar para interromper a passagem da página. Depois, você estará livre para ir a um site diferente.
- ➤ Renovar — Este botão renova o presente site. Use-o quando um site não estiver se apresentando apropriadamente, tal como quando alguns gráficos não estiverem aparecendo.
- ➤ Iniciar página — Leva diretamente à pagina que você configurou como página inicial no Internet Explorer (a página que você vê ao abrir o Internet Explorer).
- ➤ Pesquisar a Web — Abre uma página de busca da Internet (no meu caso AOL NetFind) como mostra a próxima figura. A partir daí, você pode fazer buscas na Web para encontrar sites que lhe interessem.

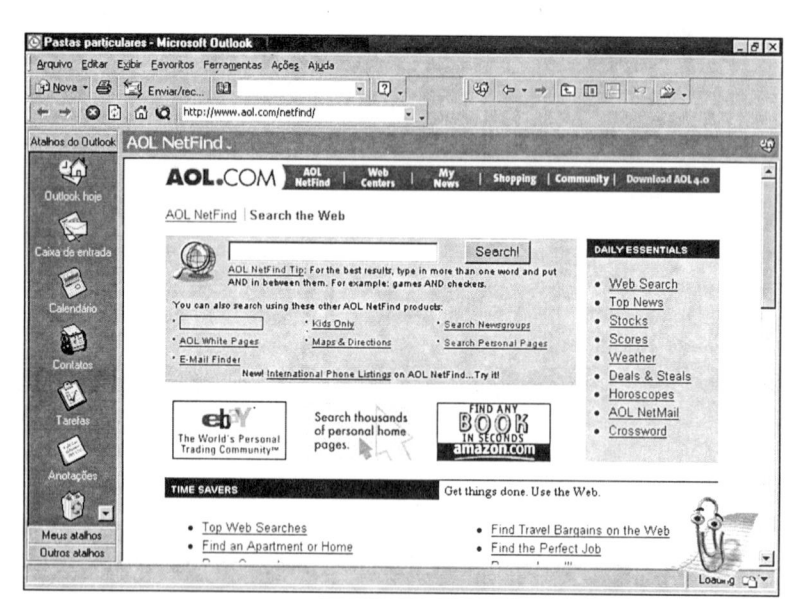

Uma página de busca da Internet se abre quando você clica no botão Pesquisar a Web

É claro, existe muita coisa quando se fala em trabalhar com a Web. Nós não vamos ver tudo neste livro, mas você encontrará muitos livros voltados a este assunto.

Capítulo 22 ▶ Novidades que você pode utilizar

Arraste e Solte

Um recurso pouco conhecido que pode ser utilizado ao navegar pela Internet com o Outlook 2000 é que você pode arrastar um hyperlink de uma página da Web e soltar na sua barra do Outlook. Isto permitirá que você vá para esta página mais tarde simplesmente clicando no ícone na barra de ferramentas do Outlook.

O mínimo que você precisa saber

- ▶ O Outlook trabalha em conjunto com o Outlook Express na leitura de mensagens de grupos de debates (através do Leitor de Notícias do Outlook) e com o Internet Explorer para visualizar Sites na World Wide Web.
- ▶ O Leitor de Notícias do Outlook é basicamente o Outlook Express funcionando no modo "notícias apenas". Permite que você leia mensagens de grupos de debates dentro do Outlook.
- ▶ Os Grupos de debates estão entre os serviços mais antigos oferecidos pela Internet. Existem centenas, divididos em tópicos, sendo que você certamente irá encontrar um de seu interesse.
- ▶ Você deve se inscrever em um grupo antes de poder ler as mensagens. A inscrição requer apenas um clique em um botão e não o obriga a enviar qualquer informação pessoal. Você não se torna membro de um grupo ao inscrever-se.
- ▶ Você poderá enviar as suas mensagens para um grupo e pode responder a uma mensagem com uma resposta cujo todo o grupo irá ler ou através de uma mensagem privada.
- ▶ O Outlook permite que você visualize páginas da Web sem abrir o Internet Explorer. Usando a barra de ferramentas Web, você pode digitar um endereço no campo correspondente. Ou, você pode selecionar um a partir do seu menu Favoritos.
- ▶ A barra de ferramentas Web atua de modo semelhante à barra de ferramentas do Internet Explorer.

Capítulo 23

Como tornar o Outlook parte da família

> EU FICO COM A IMPORTAÇÃO DE ARQUIVOS. VOCÊ PREPARA ESTES DOCUMENTOS NOVOS.

Neste capítulo
- ➤ Porque o Outlook faz parte do Office 2000
- ➤ Como criar um novo documento do Office no Outlook
- ➤ Como levar arquivos do Office para dentro do Outlook
- ➤ Como criar atalhos para os arquivos do Office
- ➤ Como Importar e Exportar arquivos do Office
- ➤ Como vincular e embutir e outras travessuras

Uau!

Finalmente chegamos aqui. O último capítulo deste livro. É hora de juntar tudo e concluir.

Você leu os 22 capítulos deste livro para aprender sobre os módulos do Outlook e outros recursos. Nós até debatemos como estes módulos podem interagir entre eles ajudando-o a se tornar mais produtivo. No capítulo anterior, olhamos para fora do Outlook e conversamos sobre como ele interage com o Outlook Express em relação aos grupos de debates e com o Internet Explorer para navegar pela Web.

Agora, é hora de olhar um pouco mais para fora do Outlook e falar sobre o seu relacionamento com os seus irmãos e irmãs do pacote de programas Office. Falaremos como trazer informações e dados do Outlook para outros programas do Office e vice-versa. Veremos como acessar facilmente os seus documentos criados usando o Outlook.

Porque o Outlook faz parte do Office?

Tudo no mundo do computador acontece na velocidade da luz comparado ao resto do nosso mundo real. Parece que os programas tem estado por aí sempre, mas na realidade, não é tanto tempo assim.

Quando a Microsoft uniu os programas para fazer o Office, abrangia apenas o Word e o Excel. Com o passar do tempo, outros programas foram sendo incluídos, a maioria por razões de mercado. Por exemplo, a Edição Comercial do Office será diferente da Profissional e da Completa deste mesmo pacote.

Quando a Microsoft adiciona um programa ao Office, eles não o jogam em uma caixa e dizem, "Aí vai!" Eles integram o programa completamente e o tornam parte da família.

Mas, no passado, o Outlook já vinha sendo diferente do resto dos programas presentes no Office. A maioria dos outros programas podiam ser comprados individualmente no momento que você quisesse, mas o Outlook sempre tinha sido uma espécie de "bônus extra" no Office.

A Microsoft decidiu que no Office 2000 o Outlook já tinha sido um membro estranho na família por muito tempo e integrou-o completamente com os outros programas. Agora o Outlook senta à mesa de jantar com os outros programas do Office, passando a salada e o purê de batatas e... com licença por um minuto. Esta analogia está me deixando com fome.

Como criar um novo documento do Office

Como já devo ter falado diversas vezes, sou um grande defensor do trabalho completo com a tela do Outlook Today por quase todo o dia. Claro, às vezes você precisa fazer outras coisas no seu computador. Mas já falamos como é fácil realizar as funções mais básicas a partir do Outlook Today. Afinal, você pode enviar e receber mensagens de correio eletrônico, agendar compromissos, comunicar-se com os seus contatos e até navegar na Web - a partir do Outlook Today.

O que você precisa para criar uma nova planilha, uma apresentação, ou uma carta? Bem, você pode fazer isto a partir do Outlook também.

Como você já pode ter visto ao abrir o menu Novo muitas vezes ao ler este livro, ele contém uma opção para criar um novo documento do Office. De qualquer parte do Outlook, clique apenas no botão Novo do menu suspenso e selecione Documento do Office. A janela Novo Documento do Office abre, como você pode ver na figura abaixo.

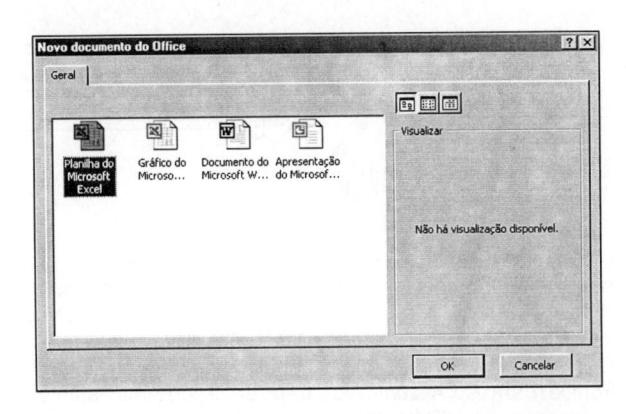

Capítulo 23 ➤ Como tornar o Outlook parte da família

Crie um novo documento do Office a partir desta janela

O Outlook permite que você crie um novo documento no Microsoft Word, uma planilha ou gráfico no Excel, ou uma apresentação no Power Point. Apenas selecione o tipo de documento que você queira abrir e clique no botão OK.

Antes que o documento abra, você será perguntado se quer colocá-lo na pasta escolhida ou em outra qualquer. Na maior parte dos casos, você irá selecionar a opção Postar. Isto abre um novo documento onde você poderá trabalhar normalmente. Porém, se você quiser criar um documento para enviá-lo pelo correio eletrônico, escolha a opção Enviar. Uma janela do correio eletrônico se abrirá, permitindo que você crie um documento que é parte de uma mensagem de correio eletrônico. Entretanto, você pode criar um documento normalmente e enviá-lo anexado à sua mensagem caso você queira; dessa maneira recomendo o uso da opção Postar.

No capítulo anterior, você viu como navegar na Web usando o Internet Explorer sem dar-se conta que o abriu . Não é o caso quando você cria um documento do Office. Seja qual for o programa que você escolher, ele será iniciado e uma janela de um novo documento será aberta, minimizada, no topo de sua janela do Outlook.

Um envio rápido

Um dos novos melhores recursos dentro do Office 2000 é o Envelope do Office. Se você estiver trabalhando no Word, Excel, Powerpoint, ou em algumas janelas de Acesso, haverá na barra de ferramentas um ícone com um envelope sobre o topo da tela. Clique nele e todos os seus documentos serão convertidos em uma mensagem no formato HTML com todos os campos necessários para envio de mensagens de correio eletrônico (Para; Cc; Assunto) sobre ele. Você pode imediatamente enviar este arquivo, convertido para HTML, para qualquer pessoa que você queira. Elas não precisaram ter o mesmo programa para visualizar o documento pois o arquivo já terá sido convertido para o formato HTML.

Considere

Existem diversos problemas que você pode vir a encontrar caso não instale o Outlook 2000 como parte do Office 2000. A opção Novo Documento do Office funcionará se você o tiver instalado. Caso esteja usando uma versão antiga do Office ou não o tenha instalado completamente, você não poderá utilizar este recurso.

O que você tem agora é um típico documento do Office seja qual for o programa que você tenha escolhido. Você pode maximizar a janela (ou não) e trabalhar com aquele arquivo da mesma forma, caso você não o tivesse iniciado através do Outlook.

Do Office para o Outlook

Usando o método arrastar e soltar, você pode usar os programas do Office para criar itens do Outlook, caso queira. Embora pareça tolo sair do seu caminho para usar um programa diferente para criar um item do Outlook, terá ocasiões em que isto poderá ser útil.

Capítulo 23 ➤ Como tornar o Outlook parte da família   **279**

O mais notável, é que isto vem a calhar quando você já tem criado um documento do Office e quer rapidamente trazê-lo para o Outlook. Por exemplo, você pode transformar um documento do Word em um registro de calendário, caso queira.

Voltando ao capítulo 18, "Trabalhando com o Calendário," lá eu disse que você pode arrastar e soltar uma mensagem de correio eletrônico, por exemplo. Ao fazer isto abre-se um novo item do calendário, com certos campos preenchidos e o texto da mensagem no espaço de notas. O mesmo é razoavelmente correto ao trazer documentos do Office para o Outlook.

De documento para item

Digamos que você tenha um documento do Word em seu computador que precisa ser atualizado na segunda-feira pela manhã. Isto para mim se parece com uma tarefa. Você pode abrir uma nova janela Tarefa e digitar todas as informações, ou deixar que o Outlook lhe ajude.

Para fazer a última opção, use a barra Outros Atalhos para encontrar o seu arquivo em seu disco C: Assim que você o localizar na janela do lado direito, abra a barra de Atalhos do Outlook então você poderá ver todos os ícones do programa. Sua tela se parecerá com a figura a seguir.

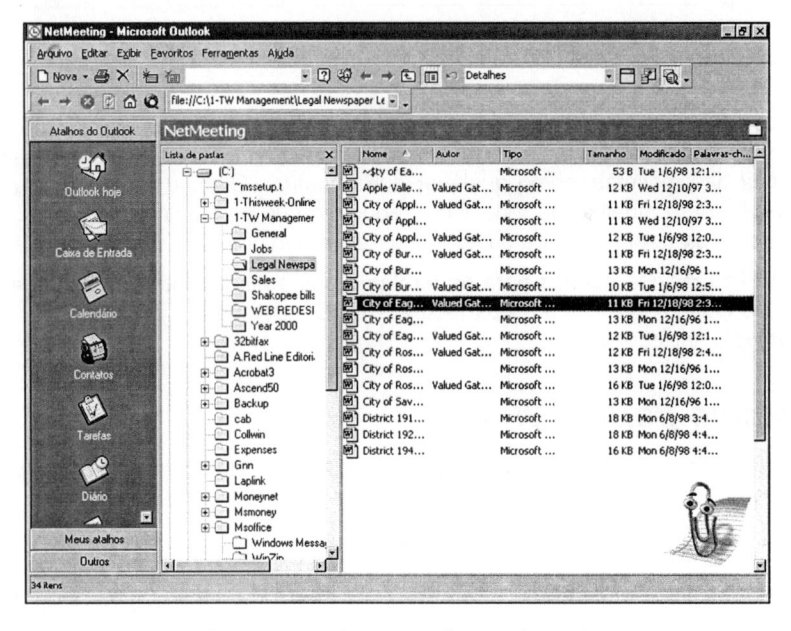

Arraste o arquivo para o ícone adequado

Como você pode perceber, o arquivo está selecionado e todos os ícones do Outlook estão na sua barra no lado esquerdo. Agora, arraste o arquivo e solte-o no ícone Tarefas e uma nova janela com o mesmo nome abrirá. Mas como você pode ver na próxima figura, existem algumas vantagens.

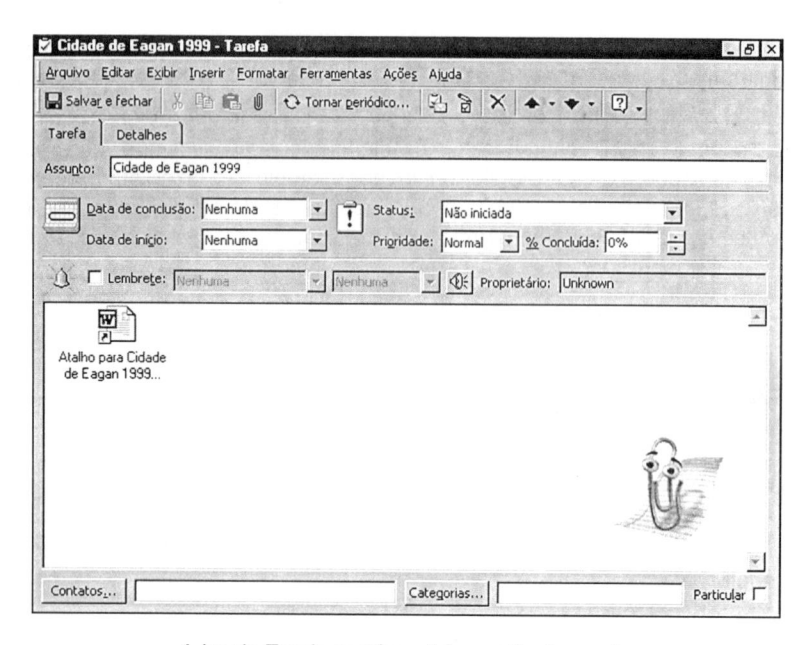

A janela Tarefa contém a informação do arquivo

O nome do arquivo está no campo assunto, mas o mais importante, um atalho para o arquivo, está no campo de anotações. Assim que você terminar de digitar esta tarefa, ela aparecerá na sua lista das mesmas, como qualquer outra comum. Quando você precisar vê-la na segunda-feira para atualizá-la, pode dar um duplo-clique no atalho para o arquivo e abri-lo diretamente da tarefa. Isto é uma economia de tempo.

Mas isso não funciona apenas para as tarefas. Você pode fazê-lo para qualquer um dos módulos do Outlook. Este é um dos recursos do Outlook para o qual você irá encontrar incomparáveis utilidades.

Um atalho para o Office

Muitos de nós têm certos arquivos do Office que são utilizados todo o tempo. Eles estão sempre sendo atualizados. Por que não criar um atalho para estes arquivos dentro do Outlook? É muito fácil.

Novamente, você precisa acessar a sua unidade C: a partir da janela do Outlook usando a barra Outros Atalhos. Encontrando o arquivo, arraste-o para dentro da barra de Atalhos do Outlook onde você queira que ele apareça. Você verá uma linha preta inserida na pasta assim que você arrastar o arquivo. Quando a linha estiver no ponto que você quiser, solte o arquivo. Ele aparecerá como um ícone na barra de atalho que você escolher, como você pode ser visto na figura a seguir.

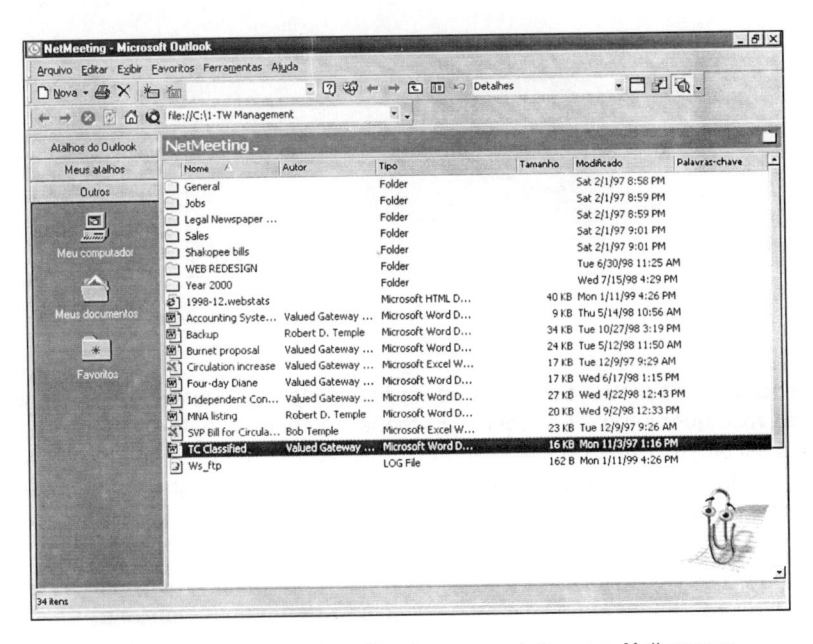

Capítulo 23 ➤ Como tornar o Outlook parte da família 281

Adicione um arquivo muito utilizado em um atalho para fácil acesso.

A próxima vez que você precisar do arquivo, clique no ícone e ele irá iniciar o programa e abrirá o arquivo.

Importar/Exportar

Você acabou de aprender como trazer um documento do Office para dentro do Outlook. Quando você o fez, contudo, aquele documento manteve seus atributos originais. É isto, mas ainda assim é um documento do Office.

No exemplo, você tinha um ícone para o arquivo que precisava ser atualizado na área de anotações da tarefa, mas ainda assim era um documento do Office. Estava meramente embutido em um item do Outlook.

O que você acha de importar dados de um programa do Office para uma pasta do Outlook ou exportar dados do Outlook para um programa do Office? Uma das utilizações mais prováveis deste recurso será provavelmente para as informações de Contatos.

Voltando ao capítulo 14, "Como gerenciar contatos", nós vimos como importar contatos de um banco de dados externo. Muitas pessoas também exportam suas informações dos contatos para, digamos, uma planilha do Excel (ou banco de dados do Access).

Vamos dar uma outra olhada em como executar estas funções. A partir do menu Arquivo, selecione Importar e Exportar. Na janela que aparecer, selecione Importar de outro Programa ou Arquivo e depois clique em Próximo. Depois, selecione o programa de onde você está importando o arquivo, como pode ver na figura que se segue.

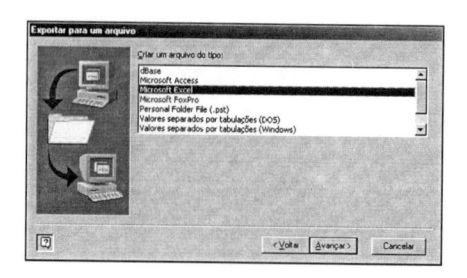

Como importar um arquivo usando a função Importar e Exportar

Depois, você deve encontrar o arquivo que você quer importar. Finalmente, selecione a pasta para onde você quer importar o arquivo. Então, ele é convertido no tipo de item do Outlook que você escolheu. Porém, caso o arquivo que você esteja importando tenha campos diferentes daquele que você está trazendo para o Outlook, o programa ordenará que você selecione os campos que queira importar. Isto é chamado de *mapeamento de campos dos dados*.

Para exportar selecione Importar e Exportar a partir do menu Arquivo e siga os mesmos passos usados para importar, exceto que você irá por um outro caminho.

Como vincular e embutir e outras travessuras

A tecnologia que permite a transferência e compartilhamento de informações entre aplicações (OLE) é utilizada por diversos programas da Microsoft, para permitir que você atualize mais de um arquivo de uma só vez. Compartilhamento significa criar uma conexão entre dois programas de forma que ,quando a informação for atualizada em um, automaticamente ela será atualizada no outro, como usar o Excel para criar uma planilha em um documento do Word.

Uma utilização comum para a tecnologia OLE ocorre no Office. Digamos que você tenha uma planilha do Excel incluída em um documento do Word que você está utilizando para escrever um relatório. Se você vincular os dois documentos, a qualquer momento que você atualize a planilha no Excel, ela será atualizada no Word automaticamente.

Você também, pode fazer isto com o Outlook. Por exemplo, você pode vincular um arquivo importante em uma mensagem de correio eletrônico que é enviada regularmente para seus clientes. Isto manterá o arquivo atualizado de forma que a qualquer momento que você enviar a mensagem, o conteúdo terá um arquivo atualizado.

Capítulo 23 ➤ Como tornar o Outlook parte da família 283

Você também pode embutir um arquivo dentro de uma mensagem de correio eletrônico, então cada vez que você enviar aquela mensagem para o seu cliente, o arquivo atualizado irá permanecer embutido.

Sem Ofensas, Mas...

Este é um tipo de tópico avançado e honestamente, OLE é mais usado com mais freqüência entre outros programas do Office., não com o Outlook. Você poderá achar mais efetivo apenas anexar arquivos às mensagens.

Para vincular ou embutir um objeto existente em uma mensagem de correio eletrônico, abra uma nova mensagem. Com o seu cursor no corpo da mensagem, abra o menu Inserir e selecione Objeto. Clique em Criar a partir do Arquivo, e depois encontre o arquivo que você deseja vincular ou embutir. Selecione a caixa de seleção Vínculo se você quiser vincular o objeto. Se quiser embuti-lo, deixe desmarcada esta caixa. Você também pode escolher mostrar o objeto como um ícone marcando esta caixa. Porém, OLE apenas será compatível se o formato da mensagem do correio eletrônico for em HTML ou Rich Text Format (.RTF).

O mínimo que você precisa saber

- ➤ O Outlook ajusta-se satisfatoriamente com o Office 2000, adicionando o gerenciamento do seu tempo diário e outros recursos com outras diversas ofertas de programas do Office.
- ➤ Você pode criar um novo documento do Office a partir do menu Novo do Outlook. Ele inicia qualquer programa que você tenha escolhido.
- ➤ Você pode colocar um documento do Office em um item do Outlook arrastando o arquivo para a pasta apropriada. Isto mantém o arquivo em seu formato original e cria um atalho para o mesmo de dentro do item do Outlook.
- ➤ Você pode adicionar atalhos para arquivos do Office em sua barra do Outlook, dando um clique de acesso aos seus arquivos mais utilizados.
- ➤ Importar um documento do Office transfere os dados dos campos do documento para o Outlook. Exportar faz o inverso.
- ➤ Você pode vincular e embutir objetos no Outlook.

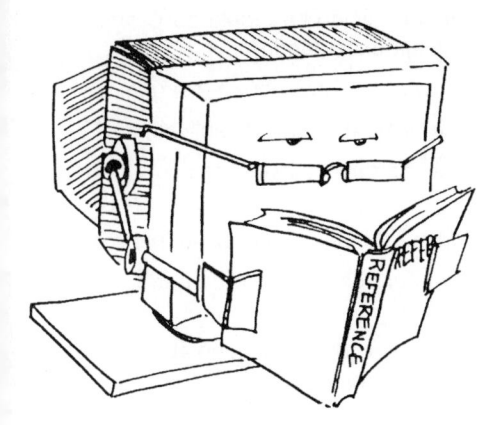

Glossário

Este glossário contém uma lista de termos e abreviaturas que podem ser encontradas ao utilizar o Outlook. Não são fornecidas definições extensas, que podem vir a ser necessárias em outras circunstâncias.

administrador — Pessoa que controla um grupo de trabalho, uma rede local ou serviço (como um Exchange Server).

Agenda de endereços — Pasta que contém os nomes dos contatos, bem como seus endereços e outras informações.

America Online (AOL) — provedor de acesso à Internet que, também, oferece serviços especiais aos seus assinantes.

anexo — Arquivo ou objeto que está associado, ou que faz parte, de um item do Outlook. Os arquivos e objetos podem estar anexados a mensagens, contatos, compromissos, tarefas entre outros.

Anotações — Tela do Outlook que exibe as anotações. Os itens exibidos neste item estão armazenados na pasta Anotações.

Anúncio — . Barra que fica na parte superior da tela. O anúncio possui o nome da pasta com seus itens exibidos na tela.

arquivo — arquivo que contém itens do Outlook anteriores a uma data específica. Ao armazenar itens, o Outlook remove-os de suas pastas atuais para uma pasta de armazenamento.

arquivo — Unidade básica de armazenamento em mídias como discos ou fitas.

Arquivo Automático — recurso do Outlook para mover itens, a partir de uma determinada data, do arquivo Pastas Pessoais para um arquivo de armazenamento.

Arrastar e soltar — Recurso que possibilita selecionar um objeto e movê-lo para outra área, como por exemplo a barra do Outlook, aumentando a funcionalidade.

assinatura — Texto que o Outlook pode adicionar, automaticamente, em todas as mensagens enviadas. Na maior parte das vezes utilizado para assinar mensagens.

Assistente — Seqüência de janelas que fornece ajuda ao usuário, a fim de descomplicar uma operação complexa.

Assistente do Office — Ícone animado que pode ser exibido na janela do Outlook para fornecer ajuda em qualquer tarefa que o usuário esteja executando.

assunto — Breve descrição de um compromisso, evento, reunião ou mensagem.

atalho — Um vínculo para uma informação em uma pasta ou para um aplicativo.

AutoDate — recurso do Outlook que faz a conversão da descrição de uma data para uma outra específica do calendário.

Balão — Caixa de mensagem utilizada pelo assistente do Office que exibe informações.

Barra de ferramentas — Linha de botões, localizada em geral abaixo da barra de menu, que fornece acesso rápido aos recursos mais utilizados.

Barra de menu — Linha que contém os nomes dos menus, localizada logo abaixo da barra de título. Ao clicar em um nome, os itens de cada menu são exibidos.

Barra de status — Linha localizada na parte inferior da tela que exibe determinadas informações sobre o restante da janela.. A barra de status localizada na parte inferior do Outlook mostra o número de itens exibidos na tela.

Barra de tarefas — Linha localizada na parte inferior da área de trabalho do Windows que exibe o botão Iniciar bem como os botões representando os aplicativos ativos.

Barra do Outlook — A barra localizada do lado esquerdo da tela do Outlook que contém os atalhos para as pastas.

Caixa de diálogo — Janela exibida pelo sistema operacional ou aplicativo que necessita de uma resposta do usuário.

Caixa de Entrada — Janela do Outlook que exibe mensagens recebidas, porém ainda não movidas para outras pastas. Os itens exibidos nesse modo de informações ficam armazenados na pasta Caixa de Entrada.

Caixa de saída — Tela do Outlook que exibe mensagens que foram criadas, porém ainda não enviadas. Os itens exibidos nesta tela estão armazenados na pasta com o mesmo nome.

Caixa postal — Espaço, em um servidor de correio eletrônico, dedicado ao armazenamento das mensagens de um cliente.

calendário — Componente do Outlook em que os usuários planejam suas atividades. O Outlook salva os itens do calendário na pasta com o mesmo nome.

campo — É o espaço que exibe um tipo determinado de informação em um formulário ou no qual o usuário pode digitar determinadas informações. O Outlook utiliza campos diferentes para cada tipo de informação, como primeiro nome, segundo nome, último nome, endereço, cidade entre outros.

Catálogo de endereços particular — Um catálogo de endereços com uma lista particular contendo nomes de contatos e informações sobre eles. O catálogo particular de endereços pode ser utilizado para criar listas de distribuição.

categoria — Identificador para um item do Outlook. Uma ou mais categorias podem ser atribuídas a cada item.

CC — Ver **cópia de cortesia**

Glossário

chamada — Recurso que recupera uma mensagem enviada. O Outlook pode chamar novamente mensagens ainda não lidas.

cliente — Computador, ou programa nele executado, que acessa dados ou serviços em outra máquina.

Cliente de correio eletrônico — Computador, ou programa nele executado, que pode realizar trocas de correio eletrônico com o servidor. Ver também Servidor de Correio Eletrônico.

Cliente Exchange — cliente de correio eletrônico no Windows 95, Windows 98 e Windows NT. Fornece recursos de troca de mensagens semelhantes aos do Outlook, porém sem contar com os recursos de programação. A Microsoft refere-se ao Cliente Exchange como Troca de Mensagens do Windows .

compromisso — Horário que fica reservado para um propósito específico no calendário do usuário do Outlook.

Conta — Acesso à rede ou Internet.

contato — Uma pessoa ou organização. O Outlook mantém uma lista de contatos na pasta com o mesmo nome Cada item contém informações sobre um contato.

Contatos — Pasta do Outlook que exibe as informações sobre os contatos. Os itens exibidos nesta tela ficam armazenados nesta pasta.

conversação — Uma seqüência de mensagens relacionadas, às vezes conhecida como *thread* (*encadeamento*).

Cópia de cortesia invisível(BCC) — Cópia de uma mensagem que é enviada para várias pessoas, sem que os nomes dos destinatários apareçam nas cópias das outras que vão receber a mesma mensagem.

Cópia de cortesia(CC) — Cópia de uma mensagem de correio eletrônico enviada para mais de um destinatário. Os nomes CC são incluídos nas mensagens enviadas para todos os destinatários.

Correio da Microsoft — conjunto de funções API que o Outlook ou outros aplicativos Windows podem utilizar para enviar e receber mensagens de correio eletrônico dentro de um work group.

Correio eletrônico — Mensagem enviada de um computador para um ou mais usuários através de uma rede local ou Internet.

Criar Automaticamente — recurso do Outlook que converte, automaticamente, um item de um tipo para outro diferente.

destinatário — Caixa de correio à qual a mensagem foi endereçada.

diário — Recurso do Outlook para criação de itens de Diário que registram, de forma automática, atividades como: trabalhos com os arquivos Office, envio e recebimento de mensagens de correio eletrônico. Os itens exibidos nesta tela ficam armazenados na pasta Diário

Diário Automático — recurso do Outlook que cria, automaticamente, itens de diário que registram atividades envolvendo contatos específicos e acesso aos arquivos do Office.

documento — Qualquer arquivo criado em um aplicativo Office, como por exemplo uma tabela feita no Access, um texto no Word, uma planilha criada no Excel ou uma apresentação desenvolvida no PowerPoint.

Encadeamento — As mensagens relacionadas em um grupo de debates. Ver também **conversação**.

Encaminhar — Enviar um correio eletrônico recebido para outra pessoa.

Endereço Automático — recurso do Outlook para separação de um endereço em campos de rua, cidade, estado, CEP e país.

Evento — Atividade que ocupa um ou mais dias, mas que não necessita do usuário para determinar seu tempo.

Favoritos — Pasta que contém atalhos para itens, documentos, outras pastas e URLs.

fax — abreviatura de "fac-símile". Um método de transmissão de textos e gráficos em formato digital através de linha telefônica. O Outlook pode enviar e receber mensagens de fax.

filtro — Recurso do Outlook utilizado para acessar informações que atendam a critérios específicos. Esses critérios referem-se aos conteúdos dos campos. Os filtros podem ser utilizados para localizar itens que contêm determinados textos, nos campos de texto, e valores (ou faixas de valores, em campos numéricos).

formulário — Janela utilizada para exibir e coletar informações. O Outlook oferece formulários para diversas finalidades como criação e visualização de mensagens, compromissos e informações de contatos. É possível modificar alguns destes formulários para atender às necessidades pessoais e criar outros personalizados.

FTP — Ver Protocolo de Transferência de Arquivo

grupo — Classificação dos itens exibidos em uma lista ou os horários em seções, cada uma contendo itens com características comuns. Por exemplo, uma lista de contatos pode ser dividida em categorias, empresas ou outras características.

Grupo de trabalho — Formado por duas ou mais pessoas que utilizam o Windows 95 ou que são clientes do Windows NT e que possuem seus computadores conectados, formando uma rede não-hierárquica.

Grupos de debate — Uma série de mensagens enviadas pelo servidor de notícias. As pessoas que acessam um grupo de debate podem ler mensagens já existentes e enviar as suas próprias. Estes grupos disponíveis na Internet são geralmente conhecidos como *Usenet*. Ver também **Servidor de Notícias**.

hipertexto — Texto que contém links para outras informações no mesmo documento ou em outros.

HTML — Ver **Hyper Text Markup Language**

inscrição — Tornar-se usuário regular de um fórum on-line. Ao se inscrever em um grupo de debates, fica mais fácil de encontrá-lo.

IntelliSense — sistema assistente do Outlook que tem como objetivo auxiliar o usuário em tarefas comuns.

Internet — rede mundial de computadores, que fornece serviços de informação e comunicação.

Glossário

Internet Explorer — navegador de Internet desenvolvido pela Microsoft.

intranet — ambiente semelhante ao da Internet, porém acessível apenas dentro de uma empresa.

ISP — Ver **Provedor de Serviços da Internet**

item — unidade de informação do Outlook. Mensagens de correio eletrônico, compromissos, contatos, tarefas, registros de diário e notas, todos são exemplos de itens.

Item enviado — Mensagem enviada ao servidor de correio. O Outlook move, automaticamente, os itens enviados da subpasta Outbox para a pasta Itens Enviados.

Itens enviados — Pasta do Outlook que exibe as mensagens enviadas.

Itens excluídos — Pasta que contém itens excluídos de outras pastas do Outlook.

Janela — Uma área de exposição da tela que oferece acesso a um sistema operacional ou aplicativo, que contenha informações relativas àquele sistema ou aplicativo.

LAN — Ver Rede Local

lembrete — Aviso sonoro ou visual emitido pelo Outlook em um horário determinado antes da realização de um item. O Outlook pode emitir lembretes antes de horários de compromissos, reuniões, eventos ou tarefas.

Linguagem de Hyper Text Markup (HTML) — linguagem utilizada para criar documentos hipertexto para uso no World Wide Web.

Linha de tempo — Visualização do Diário ou outros itens organizados de acordo com os horários.

Lista de categorias principais — Relação de categorias a partir da qual o usuário pode escolher cada item.

Lista de contatos — Lista mantida pelo Outlook.

Lista de distribuição — Relação de pessoas para as quais uma mensagem é enviada.

Lista de mala direta — Ver também Lista de Distribuição.

Local/posição — Local de realização de um compromisso, evento ou reunião.

Marcador de tarefas — O painel na parte inferior-esquerda da tela de Calendário que contém uma lista de tarefas.

mensagem — Qualquer informação enviada para uma ou mais pessoas. Em geral, uma mensagem tem origem e é recebida pelo computador, mas não necessariamente. Correio eletrônico, correio de voz e fax são os principais meios de envio de mensagens. Eles podem ser recebidos, também, através de outros meios como pagers, por exemplo.

Menus IntelliSense — menus "inteligentes" da Microsoft, que se adaptam apenas às opções mais utilizadas pelo usuário.

Meu computador — Um ícone da área de trabalho do Windows que fornece acesso às pastas de todos os discos existentes no computador de um usuário do Outlook e a discos de outros usuários da rede que estejam compartilhados.

Meus documentos — Pasta que contém uma relação de documentos criados ou modificados recentemente por um aplicativo do Office executado em Windows 95. Ver também **Pastas Pessoais**.

Microsoft Exchange — Ver **Cliente Exchange** e **Servidor Exchange**

Microsoft Fax — conjunto de funções API que o Outlook ou outros aplicativos Windows podem utilizar para enviar e receber mensagens de fax.

Microsoft Network — sistema que fornece recursos de informação e comunicação aos usuários de computador. O Outlook pode enviar e receber correio eletrônico via Microsoft Network.

Microsoft Outlook — programa gerenciador de informações que possui uma variedade de recursos de gerenciamento de mensagens, agenda e informações.

Microsoft Outlook Express — aplicativo, fornecido junto com o Internet Explorer, que fornece recursos de correio eletrônico e permite acesso aos newsgroup (grupos de notícias).

Microsoft Word — processador de textos que pode ser definido como o editor de correio eletrônico do Outlook.

Modelo — Item do Outlook que pode ser utilizado como base para a criação de outros itens.

modem — dispositivo que transforma a informação digital em analógica (som), própria para transmissão por linha telefônica. Também transforma as informações analógicas em formato digital.

Modo Apenas Internet — tipo de instalação do Outlook que oferece apenas recursos de Internet. Também conhecido como *modo Apenas Correio de Internet (IMO)*.

Modo corporativo ou grupo de trabalho — forma de instalação do Outlook que possibilita utilizar outros sistemas de mensagem, além da Internet, para correio eletrônico. Ver também **Modo Apenas Internet**.

navegador — Aplicativo utilizado para a localização de informações na World Wide Web.

Navegador de data — Seção da tela Calendário que exibe um mês ou mais. É possível utilizá-la para ir, rapidamente, para datas específicas.

Navigator — navegador de Internet desenvolvido pela Netscape.

NetMeeting — aplicativo Microsoft que suporta sessões de comunicação entre dois ou mais usuários de Internet. É também o nome utilizado para esse tipo de comunicação. Durante uma sessão do NetMeeting os usuários podem trocar textos, sons, gráficos e imagens.

Nomear Automaticamente — recurso do Outlook para separar o nome completo de uma pessoa em campos de (primeiro nome), (nome do meio) e (último nome).

nota — Tipo de item do Outlook formado por dados que serão utilizados posteriormente para outras aplicações.

object linking and embedding (OLE) — Tecnologia através da qual os objetos podem ser incorporados ou vinculados a outros objetos. O Outlook utiliza OLE para incorporar diferentes tipos de objetos em mensagens e outros itens.

objeto — Entidade que pode conter dados e também propriedades e métodos. O OLE associa dados de apresentação e originais a objetos. O Outlook, bem como outros aplicativos Office, possui uma estrutura de hierarquia de objetos.

Objeto embutido — Um objeto que está incluído dentro de outro. O dado incluído compreende os dados originais do objeto e os dados da apresentação.

Glossário

Objeto vinculado — Objeto incluído em outro. Os dados incluídos representam os dados de apresentação do objeto e referência aos seus dados originais.

Outlook Express — Ver **Microsoft Outlook Express**

Outlook Today — Janela do Outlook que fornece um resumo das informações importantes para o dia atual e os próximos dias.

Página da Web — Um grupo de documentos afins em HTML possíveis de serem acessados pela World Wide Web.

painel — Área dentro de uma janela que possui informações. Ver também **Visualizar Painel**.

Papel de carta — Padrão ou fundo que o Outlook pode adicionar às mensagens enviadas.

Pasta — Local para informações. O Outlook utiliza um arquivo chamado Pastas Pessoais para armazenar diversas pastas, uma para cada tipo de item. Cada uma delas possui também subpastas ou itens de um tipo específico. É possível aumentar a estrutura inicial de pastas adicionando novas pastas e também uma hierarquia de subpastas.

Pasta compartilhada — Uma pasta localizada em um servidor que pode ser acessada por diversos usuários, compartilhando informações.

Pasta da Rede — pasta que pode ser compartilhada através da Internet, intranet ou outro sistema de mensagem.

Pasta pública — Pasta mantida em um servidor, como o Servidor Exchange , que pode ser acessada pelos usuários autorizados.

periódico — Compromisso, evento ou reunião que acontece regularmente.

personal folders — pastas particulares. Conjunto de pastas nas quais o Outlook armazena os itens. O Outlook cria uma pasta separada para cada tipo de item. Os usuários podem adicionar suas próprias hierarquias de pastas e subpastas podendo, assim, também mover os itens de uma pasta para outra.

Personal information manager (PIM) — gerenciador de informações pessoais. Aplicativo que salva e gerencia as informações pessoais, incluindo calendário, catálogo de endereço e lista de afazeres.

PIM — Ver **Personal information manager – PIM** (gerenciador de informações pessoais).

POP3 — Ver **Post Office Protocol 3**.

post — remeter. Colocar uma mensagem em uma pasta pública de um servidor, como por exemplo o Exchange server ou um news server.

post office — correio. Recurso disponível em uma rede que guarda as informações sobre cada usuário, incluindo endereços de caixa postal, e gerencia o processo de envio e recebimento de mensagens.

Post Office Protocol 3 (POP3) — protocolo de troca de mensagens utilizado, em geral, por provedores de serviço de Internet. As mensagens enviadas são transmitidas em formato POP3.

Preview pane — visualizar painel. A área dentro da tela do Outlook que exibe as mensagens recebidas.

prioridade — No Outlook, e em outros programas, as mensagens podem ter prioridade alta, normal ou baixa.

private — particular. São os itens, como compromissos e contatos, que estão disponíveis apenas para quem os criou.

profile — perfil. Conjunto de informações que define parâmetros personalizados de utilização do Outlook. O perfil define os serviços de informações a serem utilizados e as senhas necessárias para acessá-los. Cada perfil pode ser protegido por uma senha.

property — propriedade. Característica de um ícone, formulário ou objeto de um formulário. As propriedades incluem características como nome, posição do objeto em um formulário, fonte utilizada e outras configurações.

protocol — protocolo. Conjunto de regras que definem a forma como os computadores se comunicam. Um protocolo pode conter outros protocolos.

Protocolo de transferência de arquivos(FTP) — método comum de envio de arquivos de um computador para outro através da Internet.

Provedor de serviço — Empresa que fornece acesso a serviços relativos à computação. Por exemplo, um provedor de serviços de Internet (ISP) que fornece acesso à Internet.

Provedor de serviços da Internet (ISP) — Empresa que fornece acesso à Internet.

rascunho. — Versão de uma mensagem preparada para ser enviada, mas que ainda precisa de revisão. O Outlook salva as mensagens de rascunho na pasta com o mesmo nome.

rascunhos — Pasta do Outlook na qual são salvos os rascunhos das mensagens.

Rede — Grupo de computadores conectados.

Rede de acesso de discagem — Conexão de uma rede através de um acesso discado por meio de linha telefônica.

Rede local(LAN) — Uma rede de computadores em um pequeno espaço. Como, por exemplo, um edifício.

registro — Registro de tipos específicos de eventos. Por exemplo, o Outlook pode criar um registro de evento que emita um sinal ao final de cada seção de correio eletrônico.

regra — Instrução sobre como as mensagens são tratadas pelo Outlook ou Servidor Exchange No Outlook, o Assistente de regras pode guiar um usuário através do processo de criação de uma regra.

Relatório de status — Informações sobre o progresso de uma tarefa atribuída a outra pessoa.

remetente — Pessoa que envia uma mensagem, ou em nome de quem ela é enviada.

reunião — Representa no Outlook um horário reservado por um ou mais usuários.

Rich Text Format (RTF) — método de formatação de textos que permite a transferência de documentos entre vários aplicativos executados em diferentes plataformas. O Outlook pode utilizar RTF.

RTF — Ver **Rich Text Format**

Salvar Automaticamente — salva, automaticamente, os dados para um arquivo, em intervalos predeterminados.

Glossário

Selecionador de campos — Lista de campos que podem ser adicionados a um formulário.

sensibilidade — É possível para um remetente marcar uma mensagem como normal, pessoal, particular ou confidencial no Outlook. O destinatário de uma mensagem não pode alterar sua sensibilidade.

servidor — Computador, ou programa nele executado, que fornece serviços a computadores clientes.

Servidor de correio eletrônico — Computador, ou programa nele executado, que oferece serviços de correio eletrônico aos clientes. Esse serviço inclui o armazenamento de mensagens enviadas pelos clientes até que estas sejam recuperadas.

Servidor de notícias — Computador no qual as mensagens dos grupos de debate estão armazenadas. Muitos servidores de notícias possuem acesso público, porém alguns são particulares, permitindo o acesso apenas às pessoas que fornecem o nome do usuário e senha.

Servidor Exchange — servidor de colaboração e correio eletrônico que é executado em servidor Windows NT. O serviço de informação do Servidor Exchange pode ser adicionado a um perfil, o que possibilita ao Outlook utilizar os recursos deste servidor.

sinalizador — Indica que a mensagem necessita de algum tipo de acompanhamento. As mensagens estão sinalizadas com o símbolo de uma bandeira na coluna Status do sinalizador da lista de mensagens.

Status de mensagem — Uma indicação de que há alguma característica especial na mensagem, sinalizada por um sinalizador .

subpasta — Componente de uma pasta. No Outlook, uma pasta pode possuir diversas subpastas. Cada subpasta possui itens de um tipo específico e ainda pode conter outras subpastas.

tabela — Informação organizada em linhas e colunas. No Outlook, uma tabela mostra os itens separados com um item para cada linha. Cada coluna possui informações de um campo específico.

tarefa — Item do Outlook que descreve algo que precisa ser feito. Uma tarefa pode ter um prazo inicial e final. Quem cria uma tarefa pode atribuí-la a outra pessoa. Quem recebe uma tarefa atribuída pode aceitar ou rejeitar a atribuição ou atribuí-la novamente a outra pessoa.

Tarefas — Pasta do Outlook que mostra as informações sobre as tarefas.

Tipo de campo — Tipo de dado permitido em um campo. Cada campo do Outlook pode conter um dos seguintes tipos de dados: combinação, moeda, data/hora, duração, fórmula, inteiro, palavras-chave, número, percentual, texto e sim/não.

ToolTip — descrição de ferramenta. Caixa temporária que aparece abaixo do botão da barra de menu para identificá-lo.

Usuário — Pessoa que utiliza o Outlook ou outro aplicativo

Utilitário de pesquisa — Um aplicativo que realiza pesquisas na Internet para encontrar páginas e grupos de debates com informações que atendam a critérios específicos.

Verificação de Nomes Automática — recurso do Outlook que verifica os nomes digitados nas caixas Para:, CC e BCC que existem no catálogo de endereços.

Visualização Automática — recurso do Outlook que exibe as três primeiras linhas da mensagem sem que o usuário precise abri-la.

Visualização de cartão — Um dos formatos em que o Outlook exibe ou imprime a informação do contato. Parece um cartão de índice.

Visualizador de Fax — Recurso de exibição de mensagens de fax enviadas.

visualizar — Forma que o Outlook exibe a informação de uma pasta. O usuário pode selecionar diversas formas de visualização e pode também criar visualizações personalizadas. O Outlook utiliza as visualizações como formatos para impressão de itens.

Word — Ver **Microsoft Word**.

World Wide Web (WWW) — Servidores de hipertexto que se encontram conectados através da Internet e que oferecem aos usuários acesso a arquivos de textos, gráficos, vídeo e sons.

WWW — Ver **World Wide Web**.

Apêndice A

O que há de novo no Outlook 2000?

O Outlook passou por diversas melhorias desde sua versão 98. Em sua nova versão, o Outlook 2000, possui melhor desempenho e velocidade, além de recursos novos e aperfeiçoados.

Pasta Home pages

O Outlook 2000 permite associar uma home page padrão a qualquer uma de suas pastas pessoais. Isto permite às empresas fornecer instruções, calendário e outras informações. Aos usuários também é permitido associar home pages às pastas, facilitando o acesso rápido às informações necessárias.

Escolha do editor e formato de correio eletrônico

O Outlook 2000 permite escolher se o Word será utilizado como o editor padrão para correio eletrônico, bem como os formatos texto pleno, HTML ou Rich Text Format. Esses três formatos de mensagem estão disponíveis utilizando tanto o Word quanto o Outlook ,como editor de correio eletrônico. É possível escolher qualquer um deles como o formato padrão, bem como selecionar um formato diferente para escrever uma nova mensagem.

Troca de formato de correio

Nessa nova versão é possível alterar o formato ao editar uma mensagem.

Confirmação
de leitura padrão

O Outlook cria e faz um acompanhamento padronizado de confirmação de leitura das mensagens na Internet.

Listas de distribuição
pessoais

O Outlook 2000 permite a criação de listas de distribuição personalizadas, utilizando os contatos de diversas pastas Contatos e da lista de endereços global existente no Servidor Microsoft Exchange.

Acompanhamento
de atividade do contato

O Outlook permite fazer um acompanhamento de mensagens de correio eletrônico, tarefas, compromissos e itens de diário relativos a um contato. É possível fazer isso associando os contatos a itens específicos do Outlook. Por exemplo, visualizar uma lista de compromissos e tarefas recebida de uma determinada pessoa. Os contatos também podem ser criados a partir de itens com os quais estão associados.

Encontrar um contato

Um novo recurso da barra de ferramentas que permite encontrar um contato, rapidamente. Basta digitar o nome do contato no caixa Encontrar um Contato e pressionar Enter.

Mesclar informação
do contato

Ao adicionar novos contatos, o Outlook informa se aquele nome já existe. O que torna possível mesclar, automaticamente, as novas informações com os dados já existentes ou seguir em frente na criação de um novo contato.

Mala direta avançada

Para criar arquivos de dados para mala direta a partir do Outlook, é possível fazer um filtro da lista de contatos e utilizar somente as informações selecionadas.

Programação de recursos

Ao utilizar o Servidor Exchange , é possível definir recursos tais como salas de reunião e equipamentos, que serão considerados como usuários, podendo ser configurados para aceitar ou rejeitar, automaticamente, solicitações de reuniões. Mesmo sem o Servidor Exchange ,também é possível fazer isso. No entanto, será necessária a instalação do Outlook (ou de um perfil) definido como recurso.

Salvar como página da Web

A versão Outlook 2000 permite salvar um calendário particular ou de um grupo em formato HTML. Isso torna possível publicá-lo na Web ou enviá-lo como correio eletrônico.

Atalhos para Web no Outlook

Com o Microsoft Internet Explorer definido como seu navegador padrão, é possível visualizar páginas da Web na janela do Outlook. Escolha os sites a partir da pasta Favoritos ou arraste os atalhos para sua barra do Outlook.

Correio eletrônico do Office

O Outlook 2000 permite a criação de mensagens em qualquer programa do Office, incluindo o Microsoft Word, Microsoft Excel, Microsoft Access e Microsoft PowerPoint. As mensagens são enviadas em formato HTML, tornando possível a leitura a quase todos os destinatários. Isto possibilita que outros usuários tenham acesso aos seus documentos mesmo que não possuam o Office ou um programa específico. O Outlook permite, ainda, o envio de correio eletrônico a partir de (quase) todos os programas do Office.

Reunião de Rede Microsoft

O Outlook permite a utilização da Reunião da Rede Microsoft para agendar tele e áudio conferências, bem como sessões de chat on-line e em tempo real.

Serviços NetShow

O Outlook possibilita o envio de requisições/convites para reuniões de modo a programar transmissões de serviços NetShow.

Menus e barras de ferramentas personalizados

Características opcionais do Outlook para configuração de menus e barras de ferramentas personalizadas, que exibem somente os comandos e ferramentas mais utilizados pelo usuário.

Maior capacidade de reconhecimento de arquivos de outros programas de correio eletrônico

Agora, o Assistente de Inicialização do Outlook é capaz de reconhecer uma quantidade maior de programas de correio eletrônico instalados em seu computador, tais como o Outlook Express, o Eudora e produtos da Netscape. Ele configura o Outlook para importar, de forma automática, as mensagens de correio eletrônico e as informações do catálogo de endereços. O Assistente detecta, ainda, as contas existentes de correio de Internet e configura o Outlook para utilizá-las, automaticamente.

Apêndice B

Como se inscrever em uma conta na Internet

Atualmente existe uma infinidade de provedores de serviços de Internet (*Internet service provider* – ISPs) e uma variedade igual de formas para a configuração de uma conta em um ISP. IBM, Mindspring, CompuServe, America Online (AOL), Erols entre outros são exemplos de empresas que fornecem não apenas a conexão à Internet, mas freqüentemente também seu próprio pacote de softwares (normalmente fornecido em CD) para deixar tudo pronto para o acesso.

Às vezes esses softwares são úteis – como no caso do AOL – mas, em muitos casos, não são. Eles podem vir acompanhados de outros programas, como versões antigas do Netscape, Internet Explorer e Eudora, que nunca são tão boas quanto àquelas que você já possui instaladas em seu próprio computador. Na maioria das vezes a rede dial-up (Dial-up networking – DUN), que vem junto com os sistemas Windows pré-instalados, é tudo o que se precisa para se conectar à Internet. E, uma vez conectado, o Outlook 2000 e o Microsoft Internet Explorer, versão 5 ou posterior, representam ferramentas melhores do que as fornecidas em CD pelos provedores.

Este anexo não pretende indicar qual o provedor a ser escolhido e, nem mesmo, quais as combinações de softwares que estão sendo oferecidas para conexão à Internet. Entretanto, *podemos* rever quais as informações mais importantes e orientar sobre como fazer uma conexão à Internet utilizando os próprios recursos do Windows.

Os seguintes itens são necessários para utilizar a rede dial-up do Windows, muitos deles devem ser fornecidos pelo provedor:

- uma linha telefônica;
- um modem, que tenha sido configurado para o seu computador e que esteja conectado a uma porta;
- o número do telefone para fazer a conexão com o provedor;
- um nome de conta (em geral, diferente do nome de logon de correio POP).

- uma senha (diferente da senha POP)
- o número IP (a não ser que o provedor utilize um endereçamento de IP *dinâmico*, no qual seu número é verificado todas as vezes que é feita a conexão);
- o número de IP do DNS primário (servidor de nome de domínio, se necessário); e
- o número IP do DNS secundário (caso disponível).

Nota
Este procedimento é o utilizado para fazer conexões com o Windows 98. Já com o Windows NT 4 e o Windows 2000, o procedimento será diferente. Consulte a documentação para mais informações.

Nota
Muitos provedores atribuem os números de IP de forma dinâmica. Alguns deles configuram também os números DNS. No entanto, é possível obter logons mais rápidos ao informar os endereços de DNS nos campos fornecidos.

Estas informações serão úteis para configurar uma conexão discada à Internet. Ao conectar-se, o navegador, o programa de correio eletrônico e outros softwares de Internet irão funcionar utilizando esta mesma conexão.

1. Escolha Iniciar, Programas, Acessórios, Comunicações, Dial-up Networking.
2. Na janela Dial-up Networking, escolha Fazer Nova Conexão.
3. Digite um nome para a nova conexão (por exemplo, "Conexão Mindspring"). Em Selecionar um Dispositivo, utilize a seta para baixo para selecionar o tipo de modem que você possui, caso não apareça o nome correto na lista. Em geral, as configurações padrão estão corretas. Se a conexão não funcionar, é possível abrir mais tarde as propriedades de conexão para solucionar o problema. Clique no botão Próximo.
4. Digite o código da área, o número do telefone, o código do país e a seguir clique em Próximo.

Apêndice B ➤ Como se inscrever em uma conta na Internet   **301**

5. Clique no botão Encerrar para terminar a instalação básica.
6. O ícone da nova conexão vai aparecer na pasta DUN. Clique com o botão direito do mouse e escolha Propriedades.
7. Clique na guia Tipos de Servidores. Abaixo de Tipos de Servidores Dial-Up, o padrão PPP: a configuração de Internet está normalmente correta. Altera-a somente se tiver certeza de que a sua configuração precisa ser diferente.
8. Clique em TCP/IP Settings. Se seu provedor atribuir, automaticamente, endereços IP e DNS, não será necessário fazer nada neste ponto. Caso contrário, informe o número de IP e endereço DNS fornecidos pelo provedor. Clique em OK ao terminar.
9. Desmarque os itens NetBEUI e IPS/SPX Compatíveis em Tipos de Servidores (caso estejam selecionados). Clique no botão OK para fechar as configurações da conexão.
10. Volte para a pasta DUN e dê um duplo clique com o mouse para abrir a conexão.
11. O processo de discagem será iniciado. Ao aparecer a caixa de diálogo Usar Logon, digite o nome ou número de sua conta e a senha. Essas informações às vezes são diferentes do ID e da senha de correio eletrônico. Em seguida, clique em OK.
12. O Windows negocia uma conexão e a caixa de mensagem Conectar em é minimizada para a barra de tarefas do Windows, situada à esquerda do relógio.

Para desconectar, clique com o botão direito do mouse no ícone Conexão da barra de tarefas e escolha Desconectar. Para ver o tempo de conexão e qual a taxa de transmissão e recebimento de dados, clique com o botão direito no ícone Conexão e escolha Status.

Nota

Neste tópico, não foi mencionada a guia Scripting. Para a maioria dos provedores norte-americanos, a preocupação com os scripts é desnecessária. Porém, se os scripts internos do Windows não realizarem a conexão, talvez seja necessário efetuar uma conexão manual para determinar se esta pode ser estabelecida a partir das informações digitadas. Em caso afirmativo, provavelmente será necessário utilizar um script. Se não, algumas de suas configurações talvez estejam erradas ou o servidor de autenticação do provedor pode não estar funcionando. Nos dois casos, entre em contato com seu provedor para diagnosticar a natureza do problema. Caso seja necessário um script, consulte a seção Conexão manual e por scripts deste anexo.

Conexão manual e por scripts

A criação de scripts tem sido um tópico de discussão freqüente principalmente para os provedores que não trabalham dentro dos procedimentos padrão de logon. Aqui, um *script* representa uma lista de prompts e respostas que simulam a sessão de logon, não sendo, portanto, necessário realizar uma conexão manual a cada vez que for feito um acesso à Internet.

A maioria dos provedores utiliza um padrão de script interno – que nem chega a ser visto – dispensando a necessidade de intervenção do usuário. No entanto, existem alguns casos em que se faz necessário obter um script com o provedor. Talvez seja preciso tentar se conectar manualmente com o servidor a fim de determinar se há algum tipo de problema.

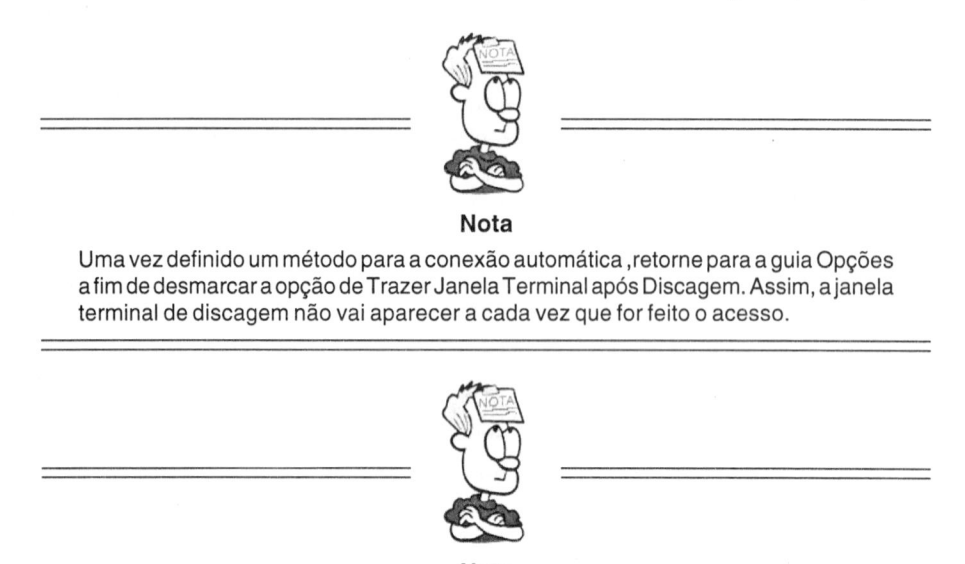

Nota

Uma vez definido um método para a conexão automática, retorne para a guia Opções a fim de desmarcar a opção de Trazer Janela Terminal após Discagem. Assim, a janela terminal de discagem não vai aparecer a cada vez que for feito o acesso.

Nota

Ao realizar a conexão manual, copie os prompts e as demais informações para a área de transferência. Abra, em seguida, um arquivo de rascunho no Bloco de notas e cole-as. Esse arquivo poderá fornecer dados importantes para a criação e correção de scripts. Para abrir o Bloco de Notas, clique em Iniciar, Programas, Acessórios, Bloco de Notas.

Como fazer
uma conexão manual

1. Clique em Iniciar, Programas, Acessórios, Comunicações, Dial-up networwing. Clique com o botão direito do mouse no ícone da conexão para abrir as configurações.
2. Na guia Geral, clique em Configurar.
3. Clique na guia Opções, para verificar a opção Trazer a Janela Terminal após Discagem. Clique no botão OK para fechar as propriedades do modem, em seguida clique novamente em OK para fechar as configurações da conexão.
4. Clique duas vezes na conexão para começar a discagem. Depois de negociar a conexão com o modem, é exibida a tela de Terminal pós-discagem. Clique no botão Maximizar para expandir a janela. Prossiga com a realização da conexão manual. Uma vez conectado, é possível pressionar F7 para minimizar a janela da conexão para a bandeja na barra de tarefas do Windows. Caso esteja realizando a conexão manual com o objetivo de diagnóstico, pressione F3 para encerrar a conexão.

Pode ser necessário também o uso de scripts. Às vezes, se os scripts internos não funcionam, a conexão manual pode fornecer as informações necessárias para desenvolver seu próprio script. No entanto, o melhor caminho é entrar em contato com o provedor para que ele os forneça. Caso tenha que desenvolver seu próprio script, o Windows possui diversos exemplo que podem ser utilizados como ponto de partida.

Como fazer
uma conexão com scripts

1. Clique em Iniciar, Programas, Acessórios, Comunicações, Dial-up networking. Clique no ícone da conexão com o botão direito do mouse para ver as configurações.
2. Clique na guia Scripting. Para definir um script, clique em Navegador. Procure os arquivos com a extensão .SCP, para localizar os arquivos de script no sistema. O Windows mantém os arquivos .SCP armazenados em um local padrão. Caso novos scripts tenham sido adicionados ao sistema num local diferente, então será necessário localizá-los. Entre os scripts fornecidos encontram-se, normalmente, um que é próprio para a conexão com a CompuServe (cis.scp), um sistema de menu PPP (pppmenu.scp), sistema non-menu SLIP padrão (slip.scp) e um sistema de menu SLIP (slipmenu.scp).
3. Clique duas vezes no script que deseja utilizar, copiando-o para a caixa Arquivo Nome na guia de scripts. Caso haja a necessidade de depurar ou modificar o script, desmarque a opção Iniciar Tela Terminal Minimizada e selecione Ande pelo Script. Clique no botão OK para fechar as configurações da conexão. Nota: depois de modificar os scripts, restaure esses itens para sua configuração padrão de modo a tornar possível conectar-se novamente sem que seja preciso visualizá-los sempre.

4. Se esta for uma sessão de desenvolvimento de scripts ou de diagnóstico abra o Bloco de Notas (Iniciar, Programas, Acessórios, Bloco de Notas) para tomar nota de quaisquer diferenças descobertas no script. Clique duas vezes na conexão para iniciar a discagem. Depois de negociada a conexão, copie a toda a sessão (Ctrl+A, Control+C) para a área de transferência e cole as informações no Bloco de Notas, para auxiliar no desenvolvimento dos scripts. Consulte as observações contidas nos arquivos .SCP para obter mais informações. Clique, ainda, em Iniciar, Ajuda e digite Script no campo para palavra-chave do Índice. As pesquisas com "Script files, Dial-up Networking" e "Script.doc" podem fornecer informações úteis também.

Índice

Símbolos

+ (sinal de adição), 50
− (sinal de subtração), 50

A

abrir
    Calendário, 196-197
    conexões, 301
    Outlook, 24
abrir uma tela, 25
acessar os scripts de logon, 303
acompanhar atividades do contato, 296
Ajuda, 36, 39-43. *Ver também* Assistente do Office
    Assistente de Resposta, 41
    conteúdo, 41
    Dicas Rápidas, 43
    Serviço Faxback, 43
    menu Ajuda, 40-41
    Índice, 41
    Base de Conhecimento da Microsoft, 43
    Assistente do Office, 39
    Office na Web, 42-43
    online, 43
    exibir/ocultar, 40
    tópicos, 41
    O que é isto?, 42
    janela, 40-41
anexos, 84, 133-142
    arquivo anexo, 137
    botão, 136
    compactados, 138
    arquivos grandes, 138
    localizar arquivo, 136-137
    abrir arquivo, 142
    objetos do Outlook, 139
    ícone clipe de papel, 140
    receber, 141
    visualização do destinatário, 138
    salvar para o disco, 142
    enviar, 135
    enviar para a Caixa de Saída, 137
    comando Visualizar Anexos, 140
    problemas com vírus, 141

aniversários, 216
Arquivo Automático, 256-257
arquivo, 255-260
arquivos compactados, 138
arquivos, 45-47, 58
    arquivar, 255-256
    Arquivo Automático, 256-257
    compactar, 254-255
    copiar, 54-55
    gerenciar, 45-46, 58
    mover, 54-55
    sistemas de rede, 49
    caixa Path, 254-255
    armazenar, 255
    visualizar, 49
Assistente de Cartas do Microsoft Word, 165
Assistente de Configuração, 16-17
Assistente de Importação e Exportação, 112, 257-258
Assistente de Resposta, 41
Assistente do Office, 26, 36-40, 43
    adicionar atalho, 52-53
    botão, 36
    caracteres, 37
    fechar, 38
    excluir pastas, 56
    guia Galeria, 39-40
    janela Ajuda, 38
    palavras-chave, 37
    caixa de verificação Mover quando estiver no caminho, 39-40
    abrir, 36
    botão Opções, 39
    perguntar, 37-38
    remover, 39-40
    botão Pesquisar, 37-38
    configurações, 39
    janela, 39-40
assistentes
    Assistente de Resposta, 41
    Importação e Exportação, 257-258
    Assistente de Importação e Exportação, 112
    Assistente de Contas na Internet, 265
    conexão à Internet, 16-19, 20
    Inicialização, 16-17

atalho para itens excluídos, 30
atalhos, 30, 46-48
   Calendário, 32-33
   criar, 54
   barra Meus Atalhos, 30
   Outros, 30
   Web, 297
atribuir home pages padrão, 295

B

barra Atalhos do Outlook, 46
   botão Calendário, 32-33
   atalho Calendário, 197
   botão Contatos, 33
   botão Caixa de Entrada, 80
   botão Notas, 223-224
   tarefas, 34
barra de atalhos do Microsoft Office, 223
barra de atalhos Outros, 47
barra de ferramentas Atalhos do Office, 24
barra de ferramentas Atalhos do Outlook, ícone Tarefas, 239
barra de ferramentas Avançada, 60-61, 86-87, 163
barra de ferramentas Formatação, 95-96
barra de ferramentas Standard, 27, 98
   fechar, 61
   botão Organize, 126
barras de ferramentas
   Avançada, 60, 86-87
   botões, fechar, 61
   fechar, 61
   Formatação, 95-96
   mover, 61, 126
   Leitor de Notícias, 268-269
   Personalizada, 298
   Standard, 27, 98
   Web, 269-270
barra do Outlook, 29, 60, 68
   personalizar, 60
   arrastar hyperlink para, 273
   atalhos, 60
Base de Conhecimento da Microsoft, 43
botão Assistente de Regras, 127
botão Categorias, 171-172
botão clipe de papel, 135
botão Compactar Agora, 255

botão Convidar Subordinados, 217
botão Enviar, 94
botão Enviar/Receber, 32, 94
botão Filtro, 177
botão Grupo de resposta, 269
botão Imprimir, 120-121
botão Inscrição, 266-267
botão Lista de Categorias Principais, 172-173
botão Maximizar, 303
botão Meu Computador, 47
botão Nova Nota, 222-223
botão Nova Postagem, 268-269
botão Novo (compromisso), 200-201
botão Novo, 27, 31, 109
botão Organizar, 126
botão Repetição, 202-203
botão To, 92-93
botão Visualização de Impressão, 253
botões
   anexos, 135
   Arquivo Automático, 257
   Calendário, 32-33
   opções do Calendário, 199
   Categorias, 171-172
   Compactar Agora, 255
   Contatos, 33
   excluir, 56
   Filtro, 177
   Caixa de Entrada, 80-81
   Convidar Subordinados, 217-218
   lista Categoria Principal, 172-173
   Maximizar, 303
   Meu Computador, 47
   Novo, 109
   Novo (compromisso), 200-201
   Menu Novo, 27, 31
   Nova Postagem, 268-269
   Notes, 223-224
   Assistente do Office, 36
   Pesquisa do Assistente do Office, 37
   Organize, 126
   clipe de papel, 136
   Impressão, 120-121
   Visualizar Impressão, 253
   Repetição, 202-203
   Grupo de Respostas, 269
   Assistente de Regras, 127
   Enviar, 94
   Enviar/Receber, 32, 94

Índice

barra de ferramentas Standard Outlook, 28
Inscrever, 266-267
To, 92-93
O que é isto?, 42

C

caixa de diálogo Criar Nova Visualização, 63-64
caixa de diálogo Pastas Pessoais, 254-255
caixa de diálogo Resumo de Visualização, 176
caixa de diálogo Usuário de Logon, 302
Caixa de Entrada, 32, 46, 80-81, 89-90
    Adicionar campo, 85-86
    todos os campos, 86-87
    botão, 80
    exibir por Tópico de Conversação, 87
    exibir por Sinalizadores de Follow-up, 87
    exibir por Remetente, 87
    criar novo campo, 86-87
    Personalizar Visualização Atual, 85-86, 88-89
    campos padrão, 81-82
    visualizar Sinalizado pelos próximos Sete Dias, 87
    visualizar Últimos Sete Dias, 87
    visualizar Linha de Tempo de Mensagem, 88
    visualizar mensagens, 87
    Mensagens com Auto Visualização, 64, 81, 87
    mover mensagem de correio eletrônico para a lista de tarefas, 240-241
    imprimir, 250-251
    remover campo, 85-86
    visualizar Enviar Para, 88
    atalho, 30
    classificar por campos, 81-82
    visualizar Mensagens Não-Lidas, 88
    opções de visualização, 86-87
    visualizar, alteração, 61, 86-87
caixa de ferramentas Controle, 187
caixa Encontrar um Contato, 296
caixa Particular, 160
caixa Path, 254-255
caixas de diálogo
    Arquivo Automático, 257
    Criar Nova Visualização, 63
    Assistente de Importação e Exportação, 112

Pastas Pessoais, 254-255
Login do Usuário, 301
Resumo de Visualização, 176
caixas de mensagem,
    conectar a, 301
Calendário, 9, 32-33, 195-197, 205
    visualizar Compromissos Atuais, 203-204
    caixa Evento de um Dia Todo, 201-202, 214-215
    visualizar Eventos Anuais, 204
    painel Calendário de Compromissos, 198
    compromissos, 200-201, 207
    cor de fundo, escolher, 199
    aniversários, 216
    visualização Por Categoria, 204
    modo Corporativo, 197
    criar novo compromisso, 200-201
    criar tarefa, 242
    Navegador de Data, 198
    Visualizar Dia/Semana/Mês, 198
    Dia/Semana/Mês com visualização automática, 203
    visualização padrão, 198
    eventos, 201-202, 214-215
    visualizar Eventos, 204
    exportar, 257-258
    recursos, 199-200
    ocultar pasta pública, 21-22
    convidar outros, 217-218
    marcação, 32-33
    função planejamento de reunião, 217
    visualizar mês, 198
    mover para tarefas, 242
    rede, 217
    área para anotações, 200-201
    horas fora, 199
    abrir data, 198
    botão opções, 199
    Outlook Today, 32-33
    guia Preferências, 65-66
    imprimir, estilos, 252
    faixa de repetição, 203
    padrão de repetição, 203
    compromissos repetidos, 202-203
    visualizar Compromissos Periódicos, 204
    lembretes, compromisso, 201-202
    salvar como página da Web, 297
    janela configurar, 199
    compartilhar com outros usuários, 21-22

atalho, 30
iniciar, 197
campo assunto, 200-201
Taskpad, 198, 241
campos de horas, 200-201, 202-203
horas de trabalho, 199-200
campo Assunto, 82
campo De, 81-82
campo Envelope, 84
campo Importância, 83
campo Profissão, 160-161
campo Recebido, 82
campo Sinalizador, 84
campo Tamanho, 81-82
campos, Caixa de Entrada, 81-84
    padrão, 81-82
    tamanho, 81-82
    ajuste da largura, 88-89
cancelar conexões, 303
catálogo de endereços, 7, 107-109, 113-114, 118
    caixa de diálogo Contato, 109-110
    listas de distribuição, 116-117
    digitar endereços, 109-110
    de correio eletrônico, 113
    guia Geral, 109-110
    importar, 112
    salvar endereço do correio eletrônico, 110
categoria Cartões de Festas, 159-160
categoria Cliente-chave, 159-160
categorias de comando do menu Editar, 172
classificar por visualização, 65
comando Adicionar Contas (menu Ferramentas), 265-266
comando Arquivo (menu Arquivo), 256
comando Caixa de Entrada (menu Mensagens), 80-81
comando Categorias (menu Editar), 172
comando Categorias (menu Notas), 227
comando Configuração de Página (menu Arquivo), 250-251
comando Contas (menu Ferramentas), 18-19
comando Contato (menu Novo), 157-158
comando Definir Exibição, 63
comando Determinar este Formulário (menu Ferramentas), 181-182
comando Dial-Up Networking (menu Comunicações), 300-301, 303
comando Encontrar (menu Ferramentas), 174
comando Escolher Formulário (menu Novo), 191
comando Filtro (menu Exibir), 130
comando Fundo (menu Formatar), 100
comando HTML (menu Formatar), 97
comando Importar e Exportar (menu Arquivo), 112, 257-258, 281
comando Imprimir (menu Arquivo), 120-121, 250-251
comando Inserir (menu Arquivo), 135
comando Item (menu Inserir), 139
comando Lista de Distribuição (menu Novo), 115
comando Lista de Pastas (menu Exibir), 49, 124-125
comando Mensagem de Fax (menu Novo), 146-147
comando Mensagem de mala-direta (menu Novo), 5-6
comando Mostrar Assistente do Office (menu Ajuda), 39-40
comando Mover para Pasta (menu Arquivo), 124-125
comando Note (menu Novo), 223
comando Notícias (menu Exibir), 264
comando Nova Carta para Contato (menu Ações), 165
comando Nova Pasta (menu Arquivo), 52-53, 122
comando Novo Contato da Mesma Empresa, 169-170
comando Office na Web (menu Ajuda), 43
comando Opções (menu Ferramentas), 65, 199, 226
comando Pasta (menu Ferramentas), 57
comando Pasta (menu Novo), 168
comando Personalizar menu Exibir, 64, 85-86
comando Publicar Formulário Como (menu Ferramentas), 190
comando Registro de Diário (menu Novo), 230
comando Rich Text (menu Formatar), 95-96
comando Serviços (menu Ferramentas), 21
comando Tarefa (menu Novo), 235
comando Verificação Ortográfica (menu Ferramentas), 98-99
comandos do menu Ações
    Novo compromisso com o contato, 212
    Nova carta para o contato, 165
comandos do menu Ajuda
    Office na Web, 42-43
    Mostrar Assistente do Office, 39-40
comandos do menu Comunicações
    Dial-Up Networking, 300, 303

Índice

comandos do menu Exibir
    Visualização Atual, 86-87
    Personalizar Visualização Atual, 64
    Definir Visualização, 63
    Filtro, 130
    Lista de Pastas, 49, 124-125
    Notícias, 264
comandos do menu Ferramentas
    Contas, 18
    Adicionar Contas, 265
    Determinar Este Formulário, 181
    Esvaziar pasta de itens excluídos, 57
    Encontrar, 174
    Opções, 65, 199, 226
    Publicar Formulário As, 190
    Serviços, 21-22
    Verificação Ortográfica, 98-99
comandos do menu File
    Arquivo, 256
    Pasta, 254-255
    Importar e Exportar, 112, 257-258, 281
    Inserir, 135
    Mover para Pasta, 124-125
    Nova Pasta, 52-53, 122
    Configuração de página, 250-251
    Imprimir, 120-121, 250-251
comandos do menu Formatar
    Fundo, 100
    HTML, 97
    Buscar Texto, 95-96
comandos do menu Inserir
    Item, 139
Comandos do menu Mensagens
    Caixa de Entrada, 80-81
comandos do menu Notes
    categorias, 227
comandos do menu Novo
    Escolher Formulário, 190-191
    Contato, 157-158
    Lista de Distribuição, 115
    Mensagem de Fax, 146-147
    Pasta, 168
    Registro de Diário, 230-231
    Mensagem de Mala-direta, 5-6
    Notas, 222-223
    Tarefas, 235-236
comandos
    menu Ações
        Novo Compromisso com
            Contato, 212

    Nova Carta para Contato, 165
menu Comunicações
    Dial-Up Networking, 300, 303
menu Editar
    Categorias, 172
menu Arquivo
    Arquivo, 256
    Pasta, 254-255
    Importar/Exportar, 112, 257-258, 281
    Inserir, 135
    Mover para pasta, 124-125
    Nova Pasta, 52-53, 122
    Configuração de Página, 251
    Imprimir, 120-121, 250-251
menu Formatar
    Fundo, 100
    HTML, 96-97
    Rich Text, 95-96
menu Ajuda
    Office na Web, 43
    Mostrar Assistente do Office, 39-40
menu Inserir
    Item, 139
menu Mensagens
    Caixa de Entrada, 80-81
menu Novo
    Formulário de Escolha, 191
    Contato, 157-158
    Lista de Distribuição, 115
    Mensagem de Fax, 146-147
    Pasta, 168
    Registro de Diário, 230-231
    Mensagem de Correio, 5-6
    Note, 222-223
    Tarefa, 235-236
menu Notes
    Categorias, 227
menu Ferramentas
    Contas, 18-19
    Adicionar Contas, 265
    Determinar este formulário, 181
    Esvaziar Pasta de Itens
        Excluídos, 57
    Encontrar, 174
    Opções, 65, 199, 226
    Publicar Formulário Como, 190
    Serviços, 21-22
    Verificação Ortográfica, 98-99

menu Exibir
    Visualização Atual, 86-87
    Personalizar Visualização
       Atual, 64
    Definir Visualizações, 63
    Filtro, 130
    Lista de Pastas, 49, 124-125
    Novo, 264
compactar arquivos, 254-255
compromissos, 9, 208, 219. Ver também
    Calendário
    evento anual, 216
    Disponibilidade de Subordinado, 218
    cancelar, 214
    categorias, 211
    alterações, 213
    lista de contatos, marcar a partir de, 212
    campo Contatos, 211
    criar, 208, 212
    visualização diária, 214
    data, 210, 214
    data/hora padrão, 210
    excluir, 214
    Listas de Distribuição, 217-218
    calendário, 210
    editar, 213-217
    evento, 214-215
    convidar outros, 217-218
    menu Local, 209
    marcar no Calendário, 32-33
    campo observações, 211
    janela Outlook Today, 208
    barras de ferramentas e menus perso-
       nalizados, 298
    repetição, 215-216
    lembretes, 211
    selecionar, 213
    Exibir a hora como campo, 211
    linha Assunto, 208-209, 214
    hora, 210, 214
    janela, 208-209, 213-215
conectar manualmente, 302-303
conexões dial-up, 299-301
conexões, 301-303
configuração, hardware mínimo, 10-11
configurar o Outlook, 13, 22
    modo Corporativo, 16
    correio eletrônico, 15-21
    configuração Apenas Internet, 15-16
    configuração da versão anterior, 14

Contatos e Diário, guia Preferências, 65-66
copiar, 54-55
cópias de segurança, 249-250, 259-260
correio eletrônico Apenas Internet, 15-17
correio eletrônico, 5-6, 32, 71-77, 91, 106.
    Ver também Caixa de Entrada
    contas originais, 72
    endereço (seu), 18
    Catálogo de Endereços, 93
    Endereços, 74-76, 92-93. Ver também
       catálogo de endereços
    vantagens do, 73-74
    sempre fazer a verificação antes de
       enviar, 99
    botão Aplicar Cor, 127-128
    Anexos, 84, 120-121, 133
    Classificação Automática, 127
    Visualização Automática, 102-103
    fundos, 100
    bcc, 93
    cc, 93
    verificar mensagens, 102-103
    cor, 93
    compatibilidade, destinatário, 95
    configuração, 14-21
    conectar à Internet, 94
    tipo de conexão, 19
    listas de contato, 155, 162-163, 165
    modo Corporativo, 20-21, 123
    criar, 5-6, 32-33, 92
    criar uma regra, 127
    excluir, 120
    lista de distribuição, 115
    ponto, 75-76
    rascunhos, 32
    editores, 295
    emoticons, 89
    campo Envelope, 84
    etiqueta, 89
    Eudora, 16-17
    transmissão de arquivos, 73-74
    filtrar mensagens inúteis, 129
    filtros, 130
    indicador, 98
    campo sinalizador, 84
    pastas, 122-123, 127
    formatar, 95
    Encaminhar, 104-105
    campo Origem, 81-82
    formato HTML, 96-97

Índice

311

hyperlinks, 97
importar configurações antigas, 16-17
prioridades, 83, 98
Caixa de Entrada, 32, 46, 122-123
mensagens recebidas, 80-81
configuração Apenas Internet, 15-16
convidar para reunião, 217
ISP, 17
opções de correio eletrônico dispensadas, 130
palavras-chave, classificar por, 131
mala direta, 73-74
gerenciar, 119-120, 122-123, 125-128, 130-131
mensagens nos programas do Office, 297
visualizar mensagens, 102-103
mover mensagem, 127
mover para pasta, 123-124
mover para lista de tarefas, 240
barra Meus Atalhos, 32-33
janela de nova mensagem, 92
abrir o catálogo de endereços a partir de, 112
ferramenta Organize, 125
Caixa de Saída, 94
Outlook Express, 16-17
Outlook Today, 32
ícone clipe de papel, 140
figuras, 97
texto todo, 95
servidor POP3, 18
guia Preferências, 65
imprimir, 120-121
chamar novamente, 106
campo Recebido, 82
registro do destinatário, 113-114
nomes de destinatários, 95
responder para, 104-105
formato RTF, 95-96
botão Assistente de Regras, 127
salvar endereço, 110
enviar, 94-95
enviar mensagens imediatamente, 101-102
enviar para listas de distribuição, 116-117
botão Enviar/Receber, 32
assinaturas, 98
servidor SMTP, 18

classificar por cor, 127-128
filtrar spam, 129
spam, 90
verificação ortográfica, 98-99
papel de carta, 100-101
assunto, 82, 93
tarefas, 237-238
texto, 93
botão To, 92-93
campo To, 113
guia Usar Cores, 127-128
guia Usar Pastas, 127
visualizações, 128
problemas com vírus, 141
escrever, 92-93
criar
visualização personalizada, 63-64
listas de distribuição, 296
correio eletrônico, 5-6, 297
pastas, 122
atalhos, 54

D

definição, recursos, 297
desconectar da Internet, 301
diagnosticar problemas, 146-147
Diário, 228, 231
registro automático, 230
categorias, 231
botão fechar, 231
contatos, 231
janela Registrar, 230-231
registros manuais, 230-231
área de notas, 231
abrir, 229-230
janela Opções, 230
botão Pausa do Timer, 231
tipo de chamada, 231
Imprimir, 250-252
botão Salvar e Fechar, 231
iniciar, 230
campo Iniciar Hora, 231
comando Iniciar Timer, 231
assunto, 231
tipo de registro, 231
Contatos, 229-230
Dicas rápidas, 43

E

embutir, 282-283
endereços de DNS, 300-301
esvaziar Itens excluídos, 57
Eudora, 16-17
Excel, 277
excluir
   botão, 56
   pastas, 56
   tarefas, 244
Exibir dia/semana/mês, 198
exportar arquivos, 249, 257-258
exportar para o Office 2000, 281-282

F

fazer uma conexão manualmente, 302-303
ferramenta O que é isto?, 42
ferramenta Organizar, 125
   criar uma regra, 127
   guia Usar Cores, 127-128
   guia Usar Pastas, 127
filtros, 111
formato RTF (Rich Text File), 95-96
formatos, 295
formulário Contatos, 179-180, 191
   adicionar campos, 184-186
   adicionar nova página, 188-189
   campo Todos os Contatos, 182
   controle Caixa de Seleção, 188
   controle Caixa de Combinação, 187
   controle Botão de Comando, 188
   Caixa de Ferramentas Controle, 187
   criar novo banco de dados, 181-182
   criar novo campo, 186
   personalizar, 179-180, 191
   excluir campo, 182-183
   desenvolver novo, 181-182
   exibir páginas, 188-189
   caixa Escolha de Campo, 182-184
   campos, 180
   controle Quadro, 188
   controle Imagem, 188
   controle Rótulo, 187
   controle Caixa de Listagem, 188
   mover campo, 182-183
   controle Páginas Múltiplas, 188
   formulário, nomear novo, 190-191
   controle Caixa de opção, 188
   publicar novo, 190
   recriar banco de dados externo, 180
   redimensionar campos, 183-184
   controle Barra de rolagem, 188
   controle Selecionar Objetos, 188
   guias, 181-182, 188-189
   controle TabStrip, 188
   controle Botão de Alternância, 188
   campos definidos pelo usuário, 186
formulário de contatos
   adicionar categoria, 171-172
   atividades, acompanhamento, 296
   visualizar Cartões de Endereços, 156, 163, 174
   busca avançada, 175
   barra de ferramentas Avançada, 163
   compromisso, marcar, 212
   datas do calendário, 161
   categorias, 171, 173-174
   janela Contato, 157-158
   criar nova categoria, 172
   apagar um contato, 163
   visualizar Cartões de Visita Detalhados, 163
   guia Detalhes, 160-161
   edição, 162
   endereço de correio eletrônico, 162-163
   formulário de correio eletrônico, 165
   registrar dados, 157-158
   passar um fax, 147-148
   campos, alteração de, 158
   caixa File as, 157-158
   filtro, 177
   Janela Filtro, 178
   Localizar contato, 174-175, 296
   pasta, 168-169, 178
   guia General, 157-158
   categoria Cartão de Feriado, 159-160
   Categoria Cliente-chave, 159-160
   vincular contatos, 160
   botão Lista de Categorias Principais, 172-173
   mesclar informação, 296
   Assistente de Carta do Microsoft Word, 165
   Comando Novo Contato da Mesma Companhia, 169-170
   espaço para anotações, 160
   organização, 174
   guia Preferências, 66

Índice

impressão, 250-252
caixa Particular, 160
campo Profissão, 160-161
remover pesquisa, 175
salvar contato, 161
pesquisa, 160-161, 174-175, 177
compartilhamento na rede, 160-161
atalho, 30
classificação, 8, 164, 176
registro do número de telefone, 170
visualizar opções, 163
endereço de Web site, 163-164
função de agenda de compromissos, 217

G

Gerenciador de Informações Pessoais (PIM), 4
grupo, visualizar, 65
grupos de debates, 10, 261-263, 273
    etiqueta, 263
    listar, 265-266
    Servidor de Notícias da Microsoft, 265
    enviar para, 268-269
    prefixos, 266
    resposta em particular, 269
    mensagem pública, 269
    respostas, 268
    inscrever-se, 266-267
    cadeias, 267-268
    visualizar mensagens, 267-268
guia Detalhes, 160-161
guia General, 303
guia Opções, 303
guia Preferências, 65-66
guia Tipos de Servidor, 301
guias, 182, 303

H

hardware necessário, 10-11
home pages padrão, 295
HTML (Hypertext Markup Language), 96
hyperlinks, 97, 273

I

ícone clipe de papel, 140
ícone Envelope, 84
ícone Meu Computador, 30, 66

importar do Office 2000, 281-282
impressão, 249-254, 260
    botão, 254
    Calendário, 252
    Estilo de Detalhes do Calendário, 252
    Estilo de Cartão, 252
    estilos dos contatos, 252
    Estilo Diário, 252
    correio eletrônico, 120-121
    Estilo de Livro Médio, 252
    Estilo Memorando, 251
    Estilo mensal, 252
    Estilo de Catálogo Telefônico, 253
    pré-visualizar, 253
    imprimir, 253-254
    janela Imprimir, 250-251
    dependência da impressora, 250
    Estilo de Pequeno Livro, 252
    estilos, 250-251
    Estilo Tabela, 251
    Estilo de Três dobras, 252
    Estilo Semanal, 252
iniciar o Outlook, 24
Internet Explorer, 3-4, 8, 14, 262
Internet, 72-73
    Assistente de Contas
    conexão completa, 262
    Assistente de Conexão, 16-19, 20-21
    conexões discadas, 299-301
    desconectar a partir de, 301
    mensagem, ler recebidas, 296
ISP (Provedores de Serviços da Internet), 17, 72, 299-301
    configuração de conta, 77
    desconectando de
      chamadas recebidas, 146-147
    inscrever-se em, 299, 301

J

janela Abrir Anexo de Correio, 140-141
janela Criar Nova Pasta, 168-169
janela Dial-Up Networking, 300
janela Personalizar Outlook Today, 67

L

Leitor de Notícias, 10, 261-264, 273
    seguir linhas, 267-268
    abrir, 264
    abrir conta, 265-266
    enviar mensagem nova, 268-269
    prefixos, 266
    responder em particular, 269
    responder às mensagens, 269
    pesquisar por critério, 266-267
    configurar, 265
    classificar mensagens, 267-268
    inscrever-se, 266-267
    barra de ferramentas, 268
    visualizar mensagens, 267-268
ligações telefônicas
    Diário, 231
    gravar, 228
lista de afazeres. *Ver* Tarefas
lista de distribuição, 115-118
    adicionar destinatário, 115
    catálogo de endereços, 116
    campo bcc, 117
    criar, 115, 296
    convite para um compromisso, 217-218
    nomear, 115
    notas, 116
    remover nome antes de enviar, 117
    enviar para, 116
listas de contatos, 7, 155, 165-168, 178. *Ver também* catálogo de endereços
localizar
    contatos, 296
    outlook.pst, 259

M

mala direta, 296
manter registro, 228
maximizar tamanho da janela, 26
Mensagens com Visualização Automática, 64, 81
mensagens em HTML, 278
menu Iniciar, 24
menu IntelliSense, 28
menu suspenso Local, 209
menus
    barra de, 27
    IntelliSense, 28

Personalizar, 298
Atalho, 29-30
mesclar informação de contato, 296
Meus Atalhos, 47
    barra, 30, 230
    barra de ferramentas, 169
Microsoft Fax. *Ver* passar um fax
Microsoft NetMeeting, 4, 297
Microsoft Office 2000. *Ver* Office 2000
modems, 146-147
Modo Corporativo, 20-21
    Calendário, 197
    Pastas de correio eletrônico, 123
mover arquivos, 54-55

N

navegação, 66
Notas, 221-223, 231
    Adicionar contato, 227
    Botão, 223-224
    visualizar por categoria, 227
    visualizar por cor, 227
    categorias, 226
    fechar nota, 224
    cores, 226
    criar nova, 223
    configurações padrão, 226
    excluir, 225
    editar, 225
    pasta, 225-226
    fontes, 226
    função, 9
    visualizar ícones, 227
    visualizar Últimos Sete Dias, 227
    limitações, 221-222
    visualizar lista Notas, 227
    janela Opções de Notas, 226
    na área de trabalho, 223-224
    opções, 225
    janela Opções, 226
    guia Preferências, 66
    imprimir, 250-251
    salvar, 223
    atalho, 30
    tamanhos, 226
    visualizações, 227
    janela, 223

Índice

Novo Compromisso com Contato (menu Ações), 212
números de IP, 300-301

O

Office 2000, 3-4, 275-276, 283
    criar atalho no Outlook, 280
    arrastar documento para o Outlook, 278-280
    recurso Envelope, 278
    planilha do Excel, 277
    exportar para, 281-282
    importar de, 281-282
    integração com o Outlook, 276
    opção Postar, 277
    apresentação do PowerPoint, 277
    opção Enviar, 277
    tarefa, arrastar documento para, 278-279
    documento do Word, 277
OLE, 282-283
opção Enviar, 277
opção Postar, 277
opções Mensagens de correio eletrônico descartadas, 130
Outlook Express, 16-17, 261-263
Outlook Today, 25-27, 276
    Calendário, 32-33
    Contatos, 33
    marcar um compromisso, 208
    personalizar, 67
    editar tarefas, 242
    correio eletrônico, 32
    pasta, 49
    botão Caixa de Entrada, 80
    atalho, 30
    tarefas, 34, 234
    escrever uma mensagem de correio eletrônico, 92
outlook.pst, 259
Outros Atalhos, 30

P

palavras-chave, Assistente do Office, 37-38
passar um fax, 6, 20-21, 143-144, 152
    área de configuração da conta, 145-146
    documento anexo, 149-150
    anexos, 151

lista de contatos, 155
modo Corporativo, 145, 152
informações da folha de rosto, 145
guia Fax, 145-146
grupos, 150
Microsoft Fax, 144
configuração do modem, 146-147
registro de número, 147-148
abrir mensagens recebidas, 151
opções, 145-146
rastrear, 149
receber, 151
configurações de rediscagem, 146-147
enviar, 147, 150
registro de assunto, 148-149
registro do número de telefone, 147-148
modelos, 146-147
diagnóstico de problemas, 146-147
janela, 147
WinFax Starter Edition, 144
pasta Favoritos, 47
pasta Itens Excluídos, 56, 57
pasta Meus Documentos, 47
Pastas da Rede, 22
pastas particulares, 22
Pastas Pessoais, atribuir home pages padrão, 295
pastas públicas, 22
pastas, 45-47, 58
    área Conteúdos, 122
    copiar, 54-55
    criar nova, 52-53
    excluir, 56
    Itens Excluídos, 56, 57
    visualizar Lista de Pastas, 60
    visualizar lista, 49
    mover, 54-55
    nomear, 52-53
    Outlook Today, 49
    caixa Path, 254-255
    renomear, 55
    armazenar, 255
    subpastas, 50
    nível acima, 51
permissões, 22
personalização, 59, 67-68
PIM. *Ver* Gerente de Informações Pessoais, 4
POP3 (Protocolo de Correio), 18
PowerPoint, 277
programa Contatos. *Ver* listas de contatos, 156

programas do Office, criar mensagens de correio
  eletrônico, 297
propriedades, Arquivo Automático, 257
proteção contra vírus, 141
Protocolo de Transferência de Correio Simples.
  Ver SMTP
Provedores de Acesso à Internet. Ver ISPs

R

Rascunhos, 32
rastrear, 149
recurso Envelope, 278
recurso importar/exportar, 257-258
recursos, 297
registrar contatos, 157-158

S

sair do Outlook, 34
salvar calendários como páginas da Web, 297
scripts de logon, 303
scripts, 302-303
selecionar tudo, 57
serviços da NetShow, 298
Servidor Microsoft Exchange, 21-22, 297
Servidor de Notícias da Microsoft, 265
sinal de adição (+), 50
sinal de subtração (–), 50
SMTP, 18
subpastas, 50

T

tamanho da janela, 25
tamanho da tela, 25
tarefas em rede, 237
tarefas, 233-234, 245-246
  campo % concluído, 237
  visualizar tarefas atuais, 244
  visualizar atribuição, 245
  endereço para cobrança, 238
  visualizar por categoria, 245
  visualizar por responsável, 245
  Taskpad da Visualização do Calendário,
    241
  código de cores, 244
  concluídas, 244
  visualizar tarefas concluídas, 245
  criar a partir do calendário, 241
  criar nova, 235, 239
  datas, 236
  delegar, 242-243
  excluir, 244
  visualizar lista detalhada, 244
  guia Detalhes, 237-238
  editar, 242
  enviar por correio eletrônico, 238
  pasta, 239
  formulário, 240, 242
  ícone, 239
  mover mensagem de correio eletrônico
    para a lista de tarefas, 240-241
  mover a partir do calendário, 241
  em rede, 237
  janela Nova Tarefa, 236
  visualizar próximos sete dias, 244
  notas, 236-237
  barra Atalhos do Outlook, 34
  Outlook Today, 234, 242
  visualizar tarefas vencidas, 245
  campo Proprietário, 237
  guia Preferências, 66
  imprimir, 250-251
  campo prioridade, 237
  campo de progresso, 236-237
  atalho, 30
  visualizar lista simples, 239, 244
  campo status, 237
  assunto, 236
  visualizar linha de tempo da tarefa, 245
tela terminal pós-discagem, 303
tipos, 186-187
transferir arquivos, 250
transmissões, NetShow Services, 298
trocar formatos, 295

V

verificador ortográfico, 98-99
versões anteriores do Outlook, 14
vincular, 282-283
Visualização Atual, 61-62

visualizações
    adicionar campo a, 63-64
    criar padrão, 63-64
    Visualização Atual, 61
    personalizar, 63
    Mensagens com Visualização
        Automática, 64
    classificar em, 65
visualizar Cartões de Endereços, 156
visualizar Lista de Pasta, 60
visualizar mensagens, 104
visualizar páginas da Web, 297

W

Web, 72-73
    endereço, 163, 270-271
    botão Para Trás, 272
    navegador, padrão, 14
    lista de contatos, 163-164
    Favoritos, 271
    botão Avançar, 272
    Base de Conhecimento da Microsoft, 43
    páginas, 270-273, 297
    botão Renovar, 272
    botão Pesquisar na Web, 272
    atalhos, 297
    botão Iniciar Página, 272
    botão Parar, 272
    barra de ferramentas, 269-271
    visualizar, 270, 273, 297
WinFax, 20, 144
Word 2000, 278-279
WWW (World Wide Web). *Ver* Web.

Impressão e acabamento
Editora Ciência Moderna Ltda.
Rua Alice Figueiredo, 46
CEP: 20950-150, Riachuelo – Rio de Janeiro – RJ – Brasil
Tel: (021) 201-6662 /201-6492 /201-6511 /201-6998
Fax: (021) 201-6896 /281-5778
E-mail: lcm@novanet.com.br